革命文獻與民國時期文獻
保護計劃

成果

革命文献与民国时期文献保护计划成果

民国时期

重庆电力股份有限公司档案汇编

第9辑

重庆市档案馆◎编

唐润明◎主编

學苑出版社

目录

六、财务状况

目录

目录

七、其他

目录

六、财务状况

重庆电力股份有限公司一九三七年损益计算表、盈余分配表、资产目录表、余额表、材料年报表等（一九三七年） 0219-2-5

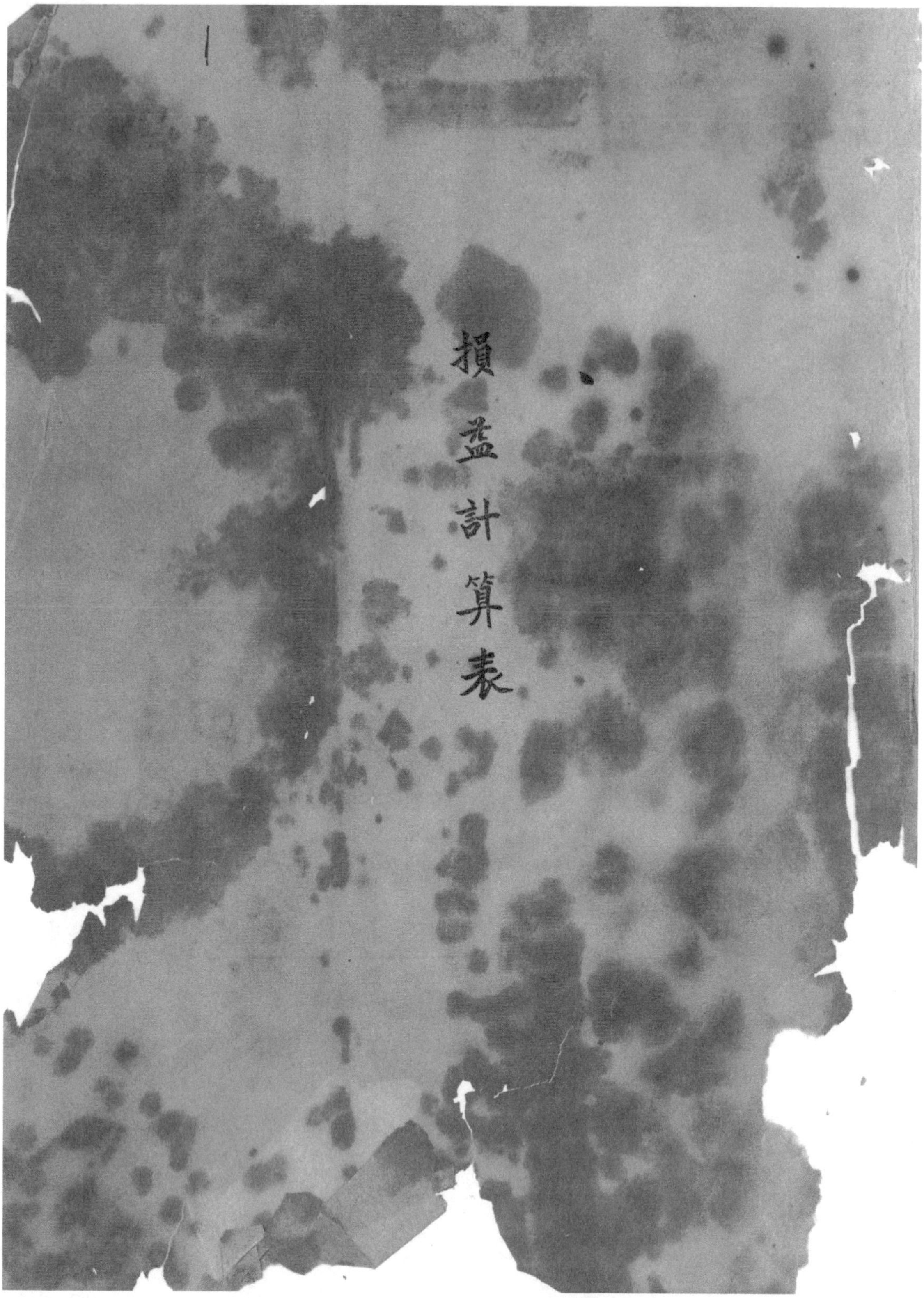

損益計算表

重慶電力股份有限公司損益對照表

起	一 月 一 日
止	十二月卅一日

民國26年12月31日製　　字第　　號

科目	金額	合計	科目	金額	合計
（損失類）			收益類		
經常開支		68900120	營業收入		106187640
發電費用	30059640		電燈收入	86543032	
供電費用	8254884		電力收入	11770723	
營業費用	6498895		電熱收入	426858	
管理費用	24086805		路燈收入	2000760	
特項開支		1980941	自用電度收入	1158690	
特價損失	1980941		補繳電費收入	45077	
盈餘		39601947	營業外收入		[illegible]
本期盈餘	39601947		業務手續收入	1210300	
			雜項收入		
			利息收入	1229540	
			房地租金收入	153600	
			售貨利益	6898	
			補助費收入	206288	
			物材料盤盈	153188	
			其他雜項收入	1239578	
合計	110488012	110488012	合計	110488012	110488012

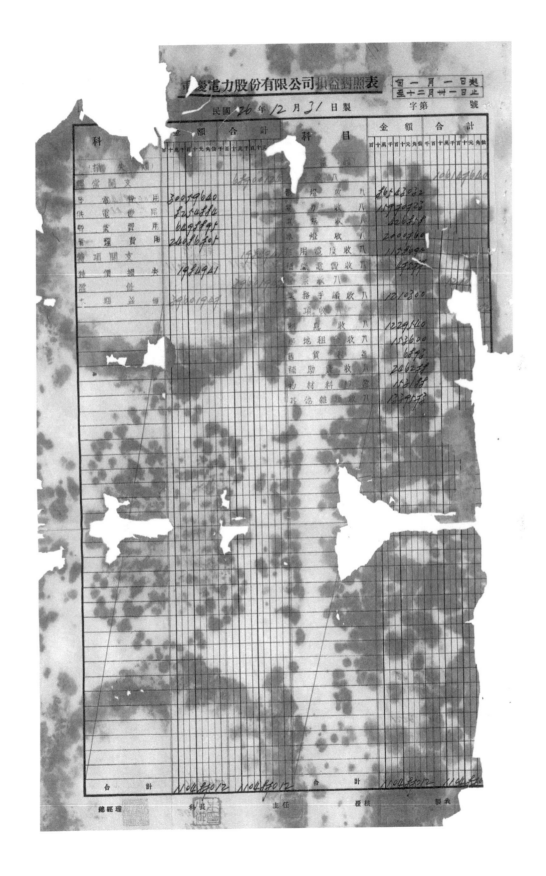

總經理　　科長　　主任　　覆核　　製表

3

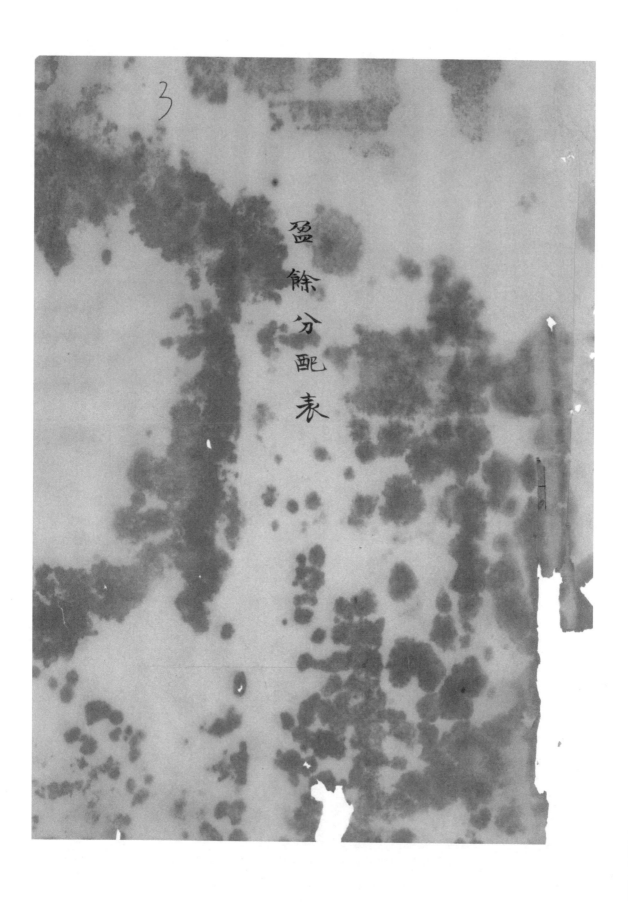

盈餘分配表

4

民國二十六年度
第二屆決算

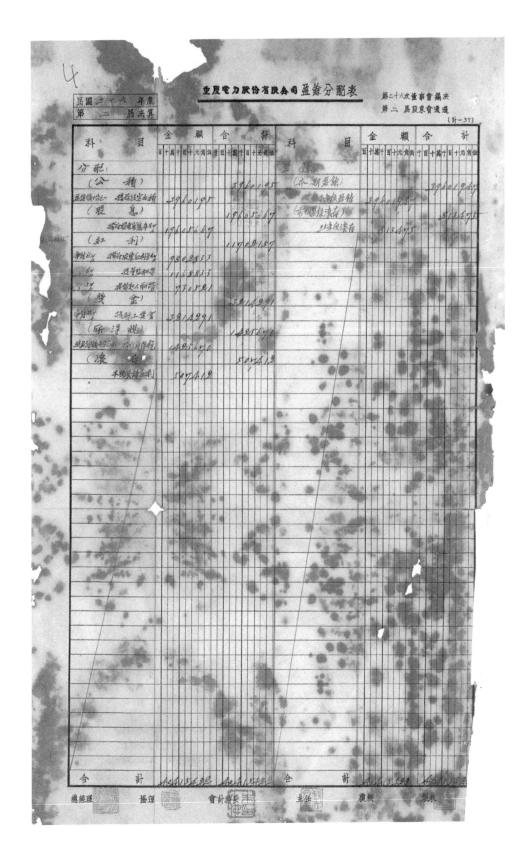

重慶電力股份有限公司盈餘分配表

第二十六次董事會議決
第二屆股東會通過

（計—37）

科目	金額	合計	科目	金額	合計
分配：			盈餘		
（公積）		39601.95	（本期盈餘）		396019.47
盈餘額十分之一 提存法定公積	39601.95		本年度盈餘	396019.47	
（股息）		196056.67	（前期盈餘滾存）		8134.75
撥付股東當息年8%	196056.67		25年度滾存	8134.75	
（紅利）		117021.87			
淨餘60% 撥付股東紅利	98028.33				
〃8% 提董監酬勞	11688.33				
〃5% 提獎勵人酬勞	7305.91				
（獎金）		39142.91			
淨餘 % 提職工獎金	39142.91				
（所得稅）		14256.70			
照盈餘額十分之 撥付所得稅	14256.70				
（滾存）		5074.12			
本期淨餘紅利	5074.12				
合計	404154.22	404154.22	合計	404154.22	404154.22

總經理　協理　會計科長　主任　覆核　製表

.5

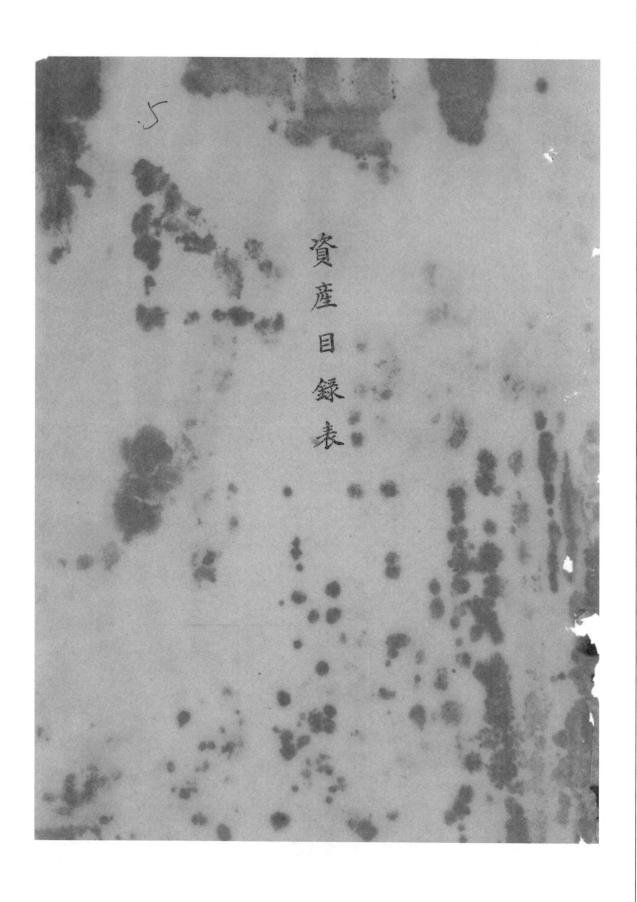

資產目錄表

6

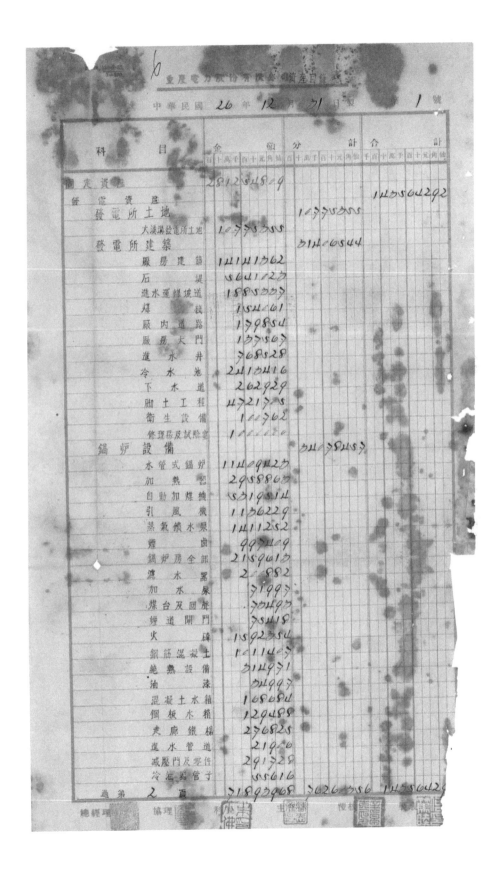

重慶電力股份有限公司資產目錄表

中華民國 26 年 12 月 31 日製　　　　第 1 號

科目	金額	分計	合計
固定資產	281254809		
發電資產			143564292
發電所土地		10775355	
大溪溝發電所土地	10775355		
發電所建築		31406544	
廠房建築	14141362		
石堤	5641123		
進水運煤坡道	1885337		
煤棧	154061		
廠內道路	179854		
廠房大門	137567		
進水井	768528		
冷水池	2410416		
下水道	262929		
砌土工程	472175		
衛生設備	100762		
修理廠及試驗室	1000000		
鍋炉設備		34078457	
水管式鍋炉	11409423		
加熱器	2958863		
自動加煤機	5319314		
引風機	1136229		
蒸氣噴水泵	1411252		
煙囱	997409		
鍋炉房全部	2159613		
濾水器	2[illegible]882		
加水泵	71997		
煤台及回聲	70493		
煙道閘門	75418		
火磚	1592354		
鋼筋混凝土	1011407		
絕熱設備	314971		
油漆	34997		
混凝土水箱	168084		
鋼板水箱	129488		
走廊鐵梯	276825		
進水管道	21906		
減壓門及零件	291728		
冷油器管子	55616		
過第 2 頁	71893968	7026[illegible]356	1435642[illegible]

總經理　　協理　　科[illegible]　　主[illegible]　　覆核　　[illegible]

重慶電力股份有限公司資產目錄表

中華民國 26 年 12 月 31 日製　第 2 號

科目	金額	分計	合計
接第 1 頁	71890968	76260056	143564292
安裝費用	4360388		
原動及發電機		53158438	
發電機	43305504		
循環水管	2574015		
熱水器	609528		
噴水器	1324483		
花鐵地板	98283		
絶熱設備	239145		
油漆	62702		
混凝土基礎	905328		
分油器及溫度表	379450		
安裝費用	3600000		
電氣設備		8255423	
發電板調節器磁車器	3377191		
饋電板	2460030		
廠用電板	456145		
電壓板上鋼子及變壓器	94995		
電纜	433960		
避雷器	30000		
安裝費用	1457102		
廠内附屬設備		5455163	
抽水進水管道濾器設備	2025344		
修理房設備	098529		
全廠電燈設備	472457		
起重機	980376		
安裝費用	672457		
六他發電資產		434912	
防空設備	434912		
輸電配電資產			87009085
輸電配電土地		306588	
過江鐵塔地皮	141588		
分電站地皮	165000		
輸電配電建築		330400	
配電站建築	330400 ~~141588~~		
配電所設備		6009377	
配電站	2590000		
配電盤	3185000		
分電站機件	287777		
過第 2 頁	150270657	150270657	231233337

總經理　協理　科長　主任　覆核　製表

8

重慶電力股份有限公司資產目錄表

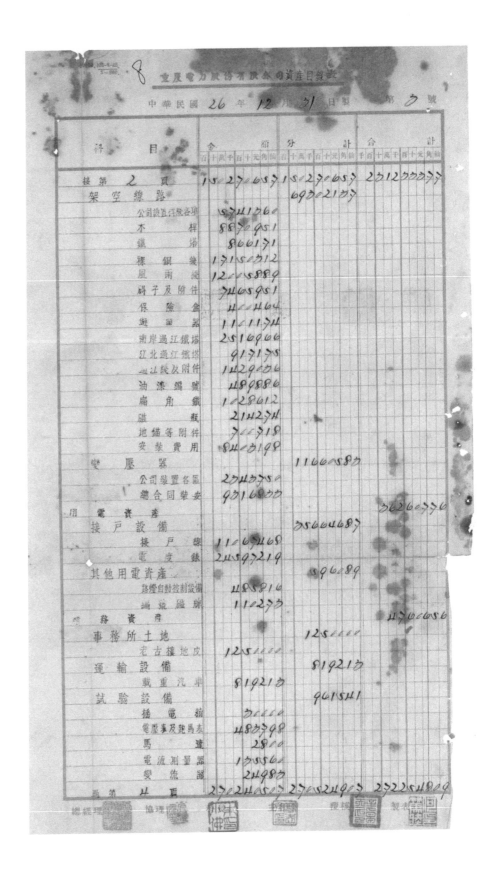

中華民國 26 年 12 月 31 日製　第 3 號

科目	金額	分計	合計
接第 2 頁	150270657	150270657	231233377
架空線路		69302137	
公司設置得發各項	5741360		
木桿	8870951		
鐵塔	866171		
裸銅綫	17150312		
風雨綫	12005889		
磚子及附件	7465951		
保險盒	400464		
避雷器	1101174		
南岸過江鐵塔	2516966		
江北過江鐵塔	917175		
過江綫及附件	1429036		
油漆編號	489886		
扁角鐵	1028612		
磁瓶	214274		
地錨等附件	700718		
安裝費用	8403198		
變壓器		11660583	
公司裝置各區	2343750		
總合同裝安	9316833		
用電資產			36260776
接戶設備		35664687	
接戶線	11067468		
電度錶	24597219		
其他用電資產		596089	
路燈自動控制設備	485816		
編號磁牌	110273		
業務資產			4760656
事務所土地		1250000	
老古樓地皮	1250000		
運輸設備		819213	
載重汽車	819213		
試驗設備		961541	
搖電箱	30000		
電壓表及跑馬表	483798		
馬達	2800		
電流測量器	135560		
變流器	24983		
過第 4 頁	270240507	270524907	272254809

總經理　協理　主任　覆核　製表

計(36.)126-8-25 / 3-300 9

重慶電力股份有限公司資産目録表

中華民國 26 年 12 月 31 日製　第 4 號

科目	金額	分計	合計
接第3頁	270240507	270524907	272254809
綠用電流變壓器	56400		
五門驗表台	228000		
器具設備		1529517	
營業用具	1516717		
其他用具	12800		
其他業務資産		200385	
防空建築	200385		
其他固定資産			90000000
舊廠財産		90000000	
人和灣舊廠土地	50000000		
人和灣舊廠建築	20000000		
舊廠機器設備	20000000		
流動資産	64126470		
現金			485046
本月庫存	485046	485046	
銀行存款			2795760
美豐銀行	740	740	
川康平民商業銀行	2787971	2787971	
川鹽銀行	1517	1517	
平民銀行江北辦事處	194	194	
四川省銀行	5338	5338	
應收票據			3398330
自來水整理處	3398330	3398330	
應收帳款			8911455
應收電燈費		4655774	
各區用戶	4655774		
應收電力費		3085900	
各區用戶	3085900		
應收電熱費		3741	
各區用戶	3741		
應收路燈費		1166040	
路燈管理所	1166040		
存出款			20600000
華西公司	8000000	8000000	
中國銀行信託部	12600000	12600000	
材料			16935879
物料		9658351	
本月庫存各料	9658351		
過第5頁	327100751	327100751	334381279

總經理　協理　科長　覆核　製表

10 重慶電力股份有限公司資產目錄表

中華民國 26 年 12 月 31 日製　　第 5 號

科目	金額	分計	合計
接第 4 頁	327103751	327103751	334381279
電錶		6325474	
本月庫存各錶	6325474		
燃料		952054	
歐廟左煤	952054		
有價證券			11000000
保證代現券	11000000	11000000	
雜項資產	258080986		
投資企業		500000	500000
國民印刷所	500000		
開辦費			1014506
旅費		325879	
吳錫瀛	188759		
程本藏	137120		
財務費		240000	
正則會計師事務所	240000		
註冊費		368627	
建設委員會	368627		
工務費		80000	
鑑定電廠工程	80000		
存出保證金			892000
房屋押金		715000	
遠蔭堂	200000		
劉孚達	300000		
賀嘏先	100000		
鄧祖璜	30000		
鄧朋益	80000		
陳福隆	2000		
姚家鳳律師事務所	3000		
水錶押金		54000	
自來水整理處	54000		
自用電錶		29000	
本公司	29000		
電話押金		88000	
電話總所	88000		
保險箱押金		6000	
美豐銀行	6000		
暫付款項			30002789
擴充廠房建築外繳		27952222	
過第 6 頁	347783385	375740003	337790574

總經理　協理　科長　　複核　製表

計(38.)26-8-25
5-300
11

重慶電力股份有限公司資產目錄表

中華民國 26 年 12 月 31 日製　　第 6 號

科目	金額	分計	合計
接第 5 頁	3477877785	3757400007	3777905714
廠房建築	3281391		
工資	2702639		
旅雜費	199440		
物料費	2458752		
設計費	400000		
新機借款利息	18910000		
町減雜撥		866465	
鍋炉及透平機	858465		
電壁材料	8000		
暫記各項		1184102	
救國公債	500000		
楊長驥	100000		
劉航琛	100000		
馬記	220000		
益中公司	6902		
市徵收處	139200		
遠蔭堂	108000		
鄧朋益	10000		
應計欠項			90054
應計未收款項		90054	
范紹增	40367		
暫記	5860		
路燈管理所	36848		
國民政府	6979		
預付款項			1976714
預付費用		1774684	
庶務股	175434		
川康平民商業銀行	675000		
劉季還	9000		
遠蔭堂	90000		
麗福成	8000		
劉樹成	6750		
杜明炎法律事務所	50000		
四川省銀行	760500		
預付購料款項		202030	
購置股	40000		
楊文安	132030		
聚興誠銀行代辦部	30000		
過第 7 頁	3798573342	3798573342	3798573342

總經理　協理　科長　覆核　製表

12

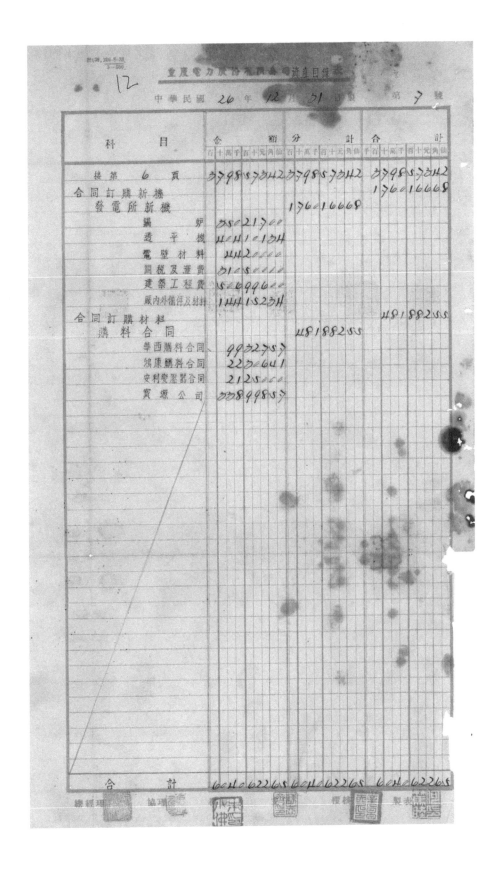

重慶電力股份有限公司資產目錄表

中華民國 26 年 12 月 31 日製　　第 7 號

科目	金額	分計	合計
接第 6 頁	379857342	379857342	379857342
合同訂購新機			176016668
發電所新機		176016668	
鍋炉	35021700		
透平機	40410134		
電壁材料	4420000		
關税及運費	31050000		
建築工程費	50699600		
厰内外備件及材料	14415234		
合同訂購材料			48188255
購料合同		48188255	
華西購料合同	9932757		
鴻康購料合同	2230641		
安利變壓器合同	2125000		
實源公司	33899857		
合計	604062265	604062265	604062265

總經理　協理　稽核　製表

13

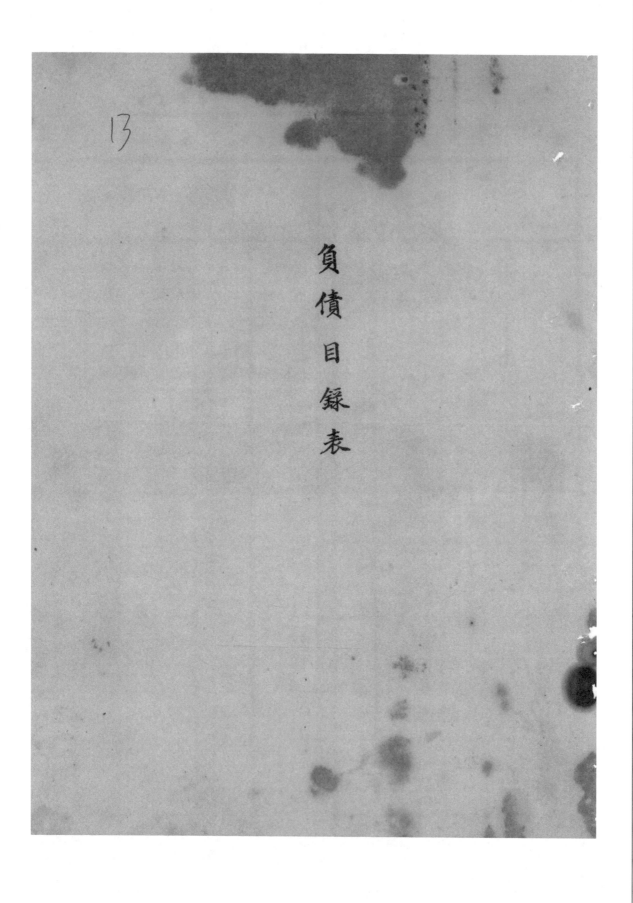

負債目錄表

计(38,)26-8-25,
3—500.

14

重慶電力股份有限公司[illegible]表

中華民國 26 年 12 月 31 日製　　第 1 號

科目	金額		合計
資本及公積	254204948		
資本總額			250000000
澄記	15000000		
武記	15000000		
珩記	15000000		
阮記	10000000		
誠記	13000000		
華西	5000000		
程記	2000000		
文記	1000000		
欽記	1000000		
美記	30000000		
德記	26000000		
和記	26000000		
省政府官股	30000000		
潘仲三	2000000		
劉航琛	1000000		
康心如	1000000		
南基記	6000000		
石體元	500000		
傅友周	400000		
陳懷先	400000		
徐次珩	5000000		
慶記	1000000		
豐記	1000000		
亨記	1000000		
福記	1000000		
鄭記	500000		
楊伯昌	500000		
周見三	500000		
劉聞非	500000		
潘登高	20000		
劉靜之	500000		
保安堂	100000		
唐勤序	40000		
竹波記	100000		
芸記	50000		
威記	50000		
娥記	50000		
過第 2 頁	212210000		250000000

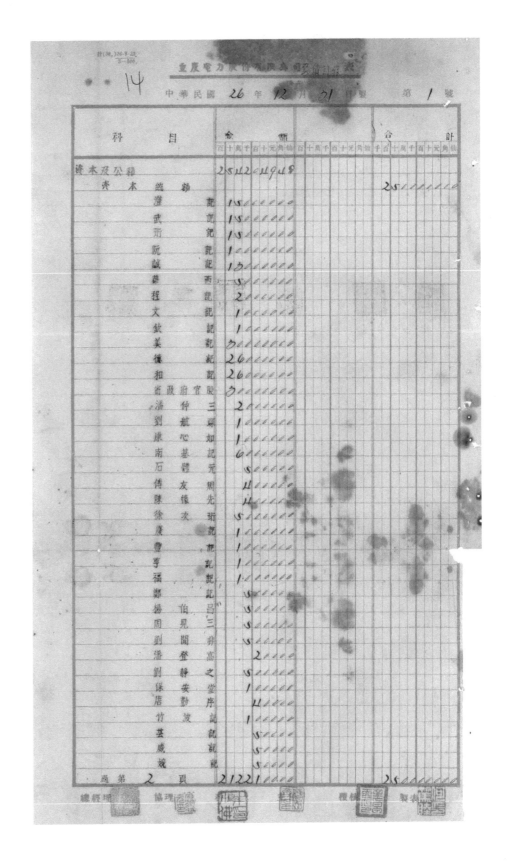

總經理　　協理　　稽核　　製表

15

重慶電力股份有限公司負債目錄表

中華民國 26 年 12 月 31 日製　　第 2 號

科目	金額		合計
接第 1 頁	212210000		2500000000
范紹增	1000000		
馥記	50000		
務本堂	50000		
履記	50000		
耿含英	30000		
壽記	20000		
邪紹林	50000		
郭聲記	500000		
何宗武	40000		
鑫記	400000		
士記	200000		
龍煜南	200000		
衷玉麟	500000		
京石麟	500000		
啟元堂	300000		
中建記	5000000		
中渝記	5000000		
中坊記	4000000		
中成記	3000000		
中上記	3000000		
何九淵	500000		
恕記	100000		
甯子邮	500000		
胡子穆	500000		
忠記	100000		
敷記	1000000		
棋記	1000000		
隆記	1000000		
德記	1000000		
翼記	1000000		
之記	1000000		
殖記	500000		
慶記	500000		
唐棣之	1000000		
李劍鳴	1000000		
周嘯嵐	1000000		
哲記	1000000		
康心之	700000		
過第 2 頁	214950000		2500000000

總經理　協理　科　　複核　製表

計(36.)26-8-28, 3-500

16

重慶電力股份有限公司[illegible]目錄表

中華民國 26 年 12 月 31 日製　　第 3 號

科目	金額		合計
接第 2 頁	249500000		250000000
過侯卿	500000		
法定公積			4204948
二十四年度提存	338984		
二十五年度提存	3865964		
長期負債	30000000		
長期借入款			30000000
福記	10000000		
祿記	10000000		
壽記	10000000		
短期負債	275822294		
應付票據			227940631
[illegible]公司	125940631		
安利洋行	102000000		
短期借入款			169000000
四川省銀行	169000000		
存入保証金			22266800
路燈保証金	1933400		
電力保証金	2388400		
電熱保証金	50[illegible]		
臨時燈保証金	4[illegible]		
雜項保証金	14[illegible]		
應付紅利			1[illegible]
董監酬勞	05		
發起人酬勞	05		
應付職工酬勞			3147[illegible]4
各職工	222079		
特別酬勞	9207[illegible]		
應付合同款項			61446099
鍋爐	4034[illegible]		
透平機	140381		
電壁材料	962236		
關稅及運費	8428644		
擴充建築工程	10776025		
改善建築工程	213100		
廠內外備件及材料	1494966		
華西購料合同	7449566		
鴻康購料合同	2070978		
安利電器合同	1709263		
過第 4 頁	504867242		5330233242

總經理　協理　科長　主任　覆核　製表

3—500

17

重慶電力股份有限公司負債目錄表

中華民國 26 年 12 月 31 日製　　第 4 號

科目	金額		合計
接第 3 頁	504867242		533027242
實源公司	28160000		
雜項負債	30619601		
折舊準備			25465496
發電資產折舊準備	11922189		
輸電配電資產折舊準備	7456078		
用電資產折舊準備	4599723		
業務資產折舊準備	707506		
其他固定資產折舊準備	780000		
呆賬準備			521781
二十四年度提存	521781		
暫收款項			2108286
提存特別獎金	44086		
暫記	280		
包工折卸費	80000		
順記	50000		
市商會	29278		
自來水管理處	1404642		
四川水泥公司	500000		
應計存項			2524038
協力公司	19215		
川鹽銀行	2050000		
未付各行莊利息	54000		
營業稅局	349523		
未付職工津貼	51300		
盈餘	40415422		
前期盈餘滾存			1013475
二十五年度盈餘	1013475		
本期盈餘			39401947
二十六年度盈餘	39401947		
合計	604062265		604062265

總經理　協理　主　稽核　製表

18

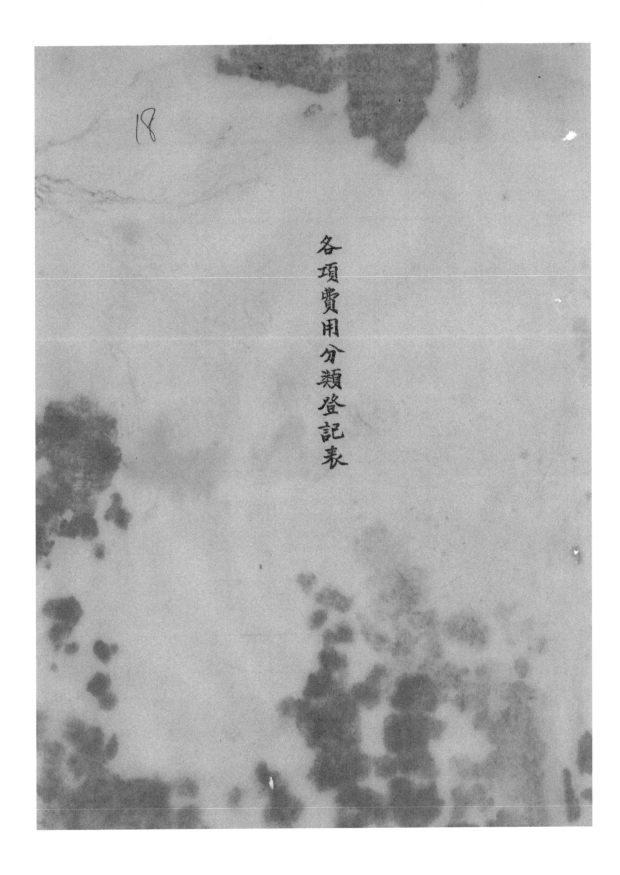

各項費用分類登記表

民國26年度決算　19　　　　計-30-29-11-7

重慶電力公司各項費用分類統計表

自 1 月 15 日起至 12 月 31 日止

科目	發電費用		供電費用		營業費用		管理費用		總計		每月平均金額
	本月份金額	累計金額	本月份金額	累計金額	本月份金額	累計金額	本月份金額	累計金額	本月份金額	累計金額	
薪金		6224650		1294490		2710450		2986700		13816290	
工資		4570546		1509806		85700		717650		6843702	
燃料消耗		10104506								10104506	
潤滑油消耗		113212								113212	
物料消耗		1952075		919079		41512		45707		2947000	
工具消耗		295860		193686						489546	
化驗藥物		64707								64707	
修繕費		2274[illegible]		[illegible]2159		1944		94528		151351	
房地[illegible]費		1691[illegible]		26[illegible]		67[illegible]		6038[illegible]		8659[illegible]	
旅運費		501124		198427		[illegible]1022		67192		858365	
廣告費						[illegible]		134[illegible]		244002	
交際費								104632		104632	
財務律務費								166290		166290	
文具印刷費		140754		23[illegible]		1019299		624098		2022841	
郵電費				21400		18400		[illegible]09		104469	
自[illegible]費						72918		1097658		1170556	
[illegible]								402[illegible]		[illegible]	
[illegible]											
[illegible]								322258		322258	
[illegible]								308412		308412	
[illegible]		279741		2555		86779		306584		676989	
[illegible]								197005		197005	
[illegible]								9676[illegible]		[illegible]	
[illegible]								2152[illegible]		[illegible]	
[illegible]								76390		[illegible]	
[illegible]		5616867		[illegible]7412		2418671		897225		[illegible]	
[illegible]								505485		505485	
[illegible]						165[illegible]		1925217		2090217	
[illegible]								849522		849522	
其他費用		43412						709[illegible]		782417	
總計		7055904		8254884		6498895		2486705		68900124	

總經理　　總務科長　　會計主任　　　　製表

20

電費收入統計表

重慶電力股份有限公司電費收入統計表

中華民國 年度 第 屆決算

中華民國26年12月31日製

自26年1月1日起
至26年12月31日止

類別 月份	電燈 户數	電燈 度數	電燈 金額	電力 户數	電力 度數	電力 金額	電熱 户數	電熱 度數	電熱 金額	路燈 數目	路燈 金額	自用電度 度數	自用電度 金額	補繳費 户數	補繳費 度數	補繳費 金額	總計 户數	總計 度數	總計 金額
一月	10616	3087283	8609388	95	456694	112355	34	365363	35881	1389	166680	29710	80388				10563	50072424	9994198
二月	1571	3082238	7472636	106	608436	1230314	47	463023	129904	1389	166680	385190	107325			6000	1072	4810529	9108439
三月	10749	3715227	7765936	102	425680	978013	45	722040	64292	1389	166680	380750	257371			1800	11096	4593682	9434096
四月	11161	2763782	6388942	112	386610	1117150	43	334220	30078	1389	166680	283600	80808			2200	11316	4663642	8185858
五月	11352	2550761	6331572	105	382200	1006986	33	218150	9633	1389	166680	284600	79688			19040	11490	3909751	7623519
六月	11513	2562374	6366513	108	396308	1003019	25	40230	3160	1389	166680	266950	34746			8602	11651	397302	7696785
七月	11748	2605361	6494360	113	425840	1090520	24	33630	2387	1389	166680	304390	95309			9100	11835	4084461	7861762
八月	11683	2675210	6661047	119	742250	1272231	29	21360	[illegible]	[illegible]	166800	308710	80436				11836	4692420	8205537
九月	11871	2786523	6934000	121	756480	1296861	32	412530	[illegible]	[illegible]	166800	244439	63442			1300	12124	4578329	8504000
十月	12127	2823513	7168561	121	218334	1316850	34	236800	[illegible]	310	166800	220193	63334				12182	4988593	8236257
十一月	12080	3008935	7590311	118	457872	2463749	30	180010	2201	310	166800	354437	101643				12278	7833004	10341704
十二月	12253	3354750	8158744	126	428845	2022636	54	412930	3386	310	166800	427500	63700			8475	12438	7720021	10454211
共計	137637	3466503	86543032	1344	24412104	15970723	430	4818314	[illegible]	4673	2000700	4063749	1158690			47577	139441	591052348	106143880

摘要表

(一)電燈

類別	度數	金額
錶燈	2712457.89	7599186.6
特價燈	739101.62	1011282.2
臨時燈	14942.30	43934.4
共計	3466500.81	8654303.2

(二)自用電度

類別	度數	金額
電燈	40637.49	115869.0
電力		
電熱		
共計	40637.49	115869.0

附註

(三)補繳費

類別	度數	金額
電燈		4757.7
電力		
電熱		
共計		4757.7

(四)總計

類別	度數	金額
電燈	3517138.30	8774729.9
電力	2441212.14	1597072.3
電熱	48183.14	42685.8
共計	5910523.48	10614683.8

總經理 科 主任 覆核 製表員

22

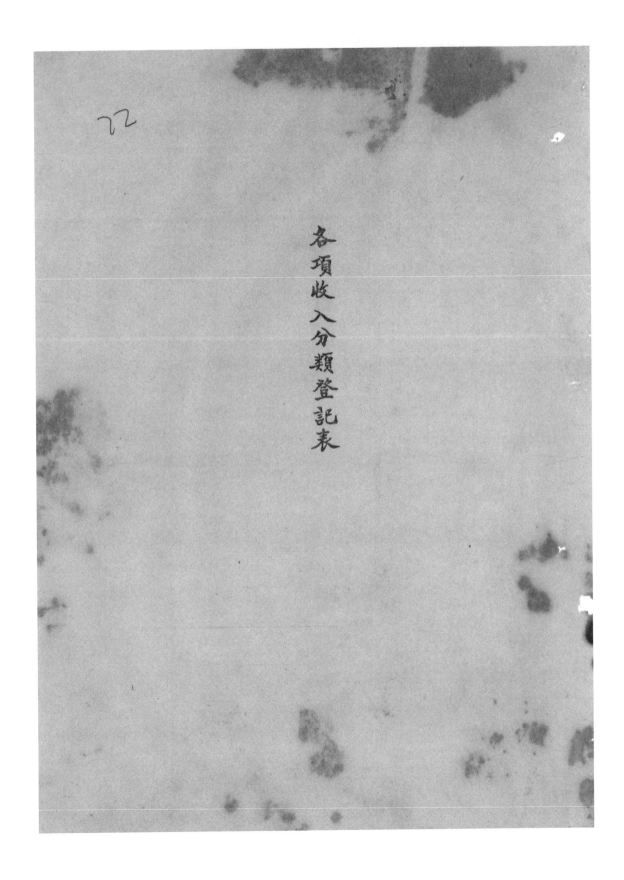

各項收入分類登記表

23

民國26年度
月份

重慶電力股份有限公司各項收入總計表

民國26年12月31日製　　第　頁

科目	電費收入	營業收入	雜項收入	總計金額
電費收入	1061476.40			
電燈收入				865430.32
錶燈	759908.66			
特價燈	101128.22			
臨時燈	4393.44			
電力收入				157707.23
電力	157707.23			
電熱收入				4268.58
電熱	4268.58			
路燈收入				20007.60
路燈	20007.60			
自用電度收入				11586.90
錶燈	11586.90			
補繳電費收入				475.77
竊電追償費	475.77			
營業收入		12103.00		
業務手續收入				12103.00
接電費		11681.00		
檢驗費		219.00		
移錶費		135.00		
工本費		68.00		
雜項收入			31290.72	
利息收入				12295.40
借出款息			11052.72	
有價證券息			559.80	
銀行存款息			682.88	
房地租金收入				1536.00
舊廠房租			1500.00	
舊廠[illegible]小房房租			36.00	
補助費收入				2462.78
桿綫補助費			1334.94	
接戶綫補助費			1127.84	
物材料盤盈				1531.88
物料			1531.88	
售貨利益				68.93
物料			68.93	
其他雜項收入				13395.73
接收廠房餘料			9875.33	
[illegible]舊户收項餘額			3520.40	
合計	1061476.40	12103.00	31290.72	1104870.12

總經理　總務科長　會計科長　主任　覆核　製表

24

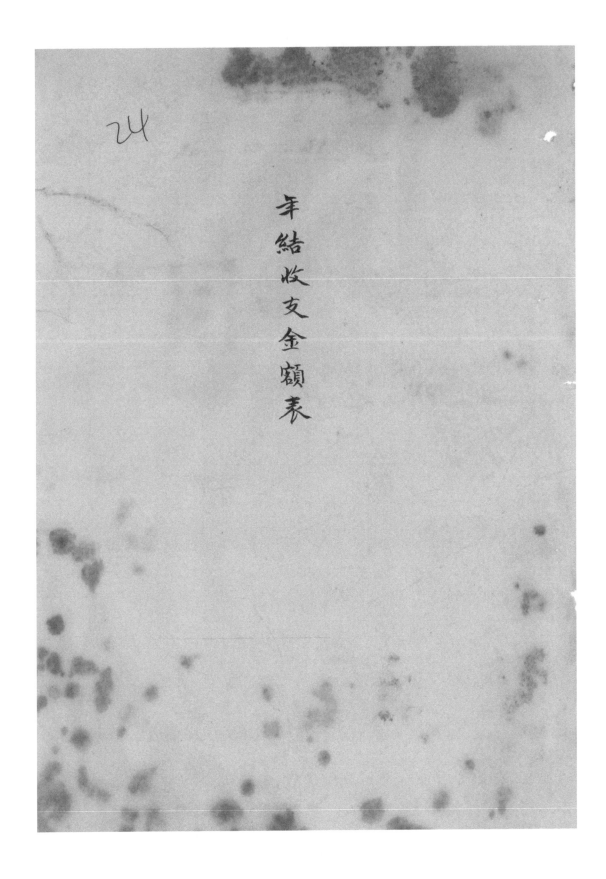

年結收支金額表

25

(計-8)-26-11-10.
4-1000.

年结

重慶電力股份有限公司收支金額日計表

民國 26 年 12 月 31 日　　　第　　號

收入 現金	收入 轉帳	收入 合計	科目	支出 現金	支出 轉帳	支出 合計
		2531624	捐[illegible]費			
	81470		旅費			
	60000		財務費			
	92757		註冊費			
	20000		工務費			
			應付款項			19361875
			撥充廠房外繳　利息		18910000	
			工資		377110	
			旅雜費		78765	
		12516244	折舊準備			
	5616563		發電資產折舊準備			
	3837412		輸配電資產折舊準備			
	2418671		用電資產折舊準備			
	403598		業務資產折舊準備			
	240000		其他固定資產折舊準備			
		455875	發電費用			5616563
	277110		工資			
	45500		旅費			
	33265		修繕			
			折舊		5616563	
			供電費用			3837412
			折舊		3837412	
			營業費用			2418671
			折舊		2418671	
		18910000	管理費用			897222
	18910000		債款利息			
			撥歸提前折舊　其他費用		2531627	
			折舊		643598	
			共計			
			昨日 結存 今日			
	39135746	39135746	總共		39135746	39135746

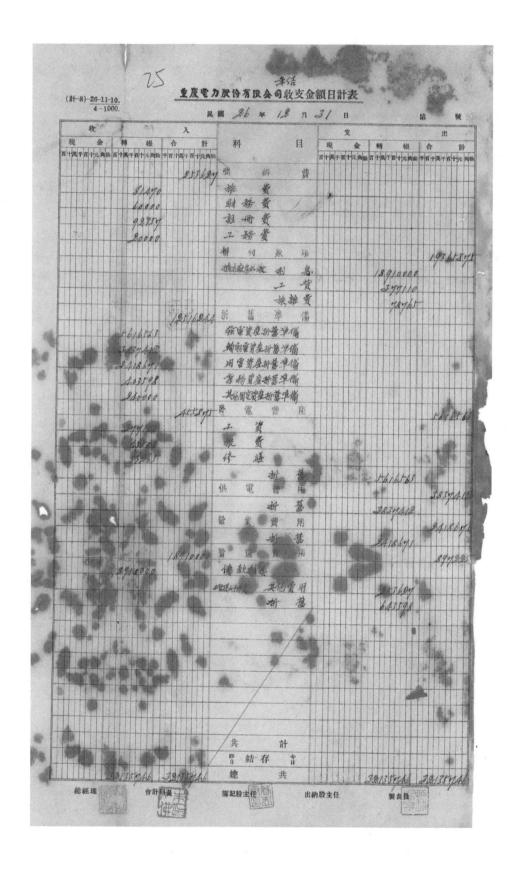

總經理　　會計科長　　簿記股主任　　出納股主任　　製表員

26

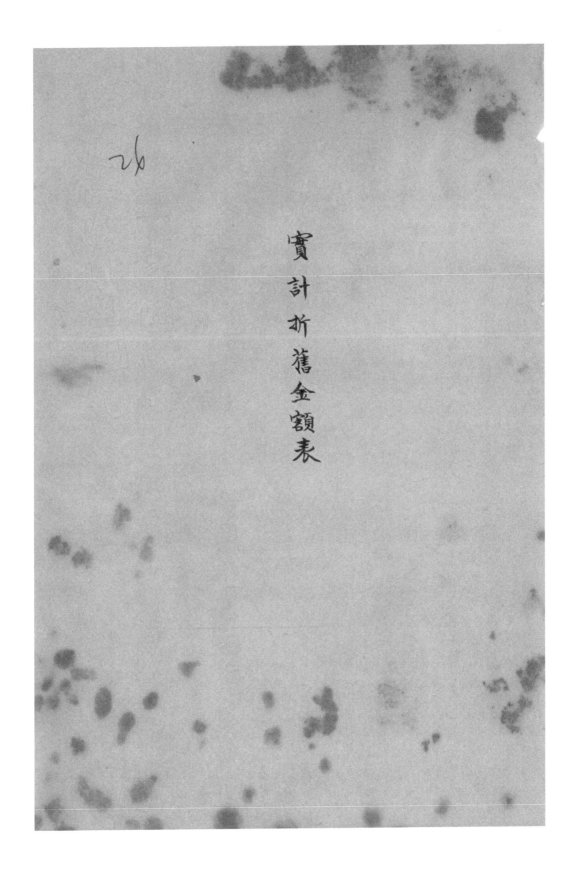

實計折舊金額表

27

民國二十六年度
自一月份起至十二月份止

重慶電力股份有限公司實計折舊金額表

中華民國26年度 12月31日製

科目	按月實計折舊金額							
	1—6月份	7月份	8月份	9月份	10月份	11月份	12月份	合計
發電資產	28,05906	4,67856	4,67856	4,67996	4,68015	4,68362	4,70492	46,16463
發電所建築 全年3%計	4,71098	78516	78516	78516	78516	78516	78516	9,42194
鍋炉設備 4%	6,78732	1,13314	1,13314	1,13314	1,13333	1,13559	1,13595	13,59161
原動及發電機 4%	13,28961	2,21493	2,21493	2,21493	2,21493	2,21493	2,21493	26,57919
電氣設備 4%	1,64525	27421	27421	27421	27421	27518	27518	3,29245
廠內附屬設備 4%	1,62590	27112	27112	27262	27262	27276	27450	3,28044
輸電配電資產	18,50411	3,20877	3,22968	3,23910	3,24138	3,34431	3,58677	38,37412
輸電配電建築 4%	6608	1101	1101	1101	1101	1101	1101	13214
配電所設備 4%	1,21387	20231	20231	20231	20231	20231	20231	2,42773
架空線路 4%	14,38113	2,53468	2,53992	2,54934	2,55462	2,65455	2,88757	30,10183
變壓器 4%	2,84303	47777	47644	47644	47644	47644	48586	5,71242
用電資產	11,73029	2,01311	2,01331	2,06716	2,08788	2,11488	2,12018	24,18671
接戶設備 7%	11,65835	1,97337	2,01347	2,02742	2,04816	2,07514	2,08044	23,87633
其他用電資產 8%	7194	3974	3974	3974	3974	3974	3974	31038
業務資產	1,65087	37320	38726	38950	39331	40302	41833	4,035[illegible]
試驗設備 15%	40566	11395	12007	12007	12007	12007	12019	1,12008
運輸設備 15%	31300	9418	9874	9874	9874	10240	10240	90820
器具設備 15%	93221	16507	16844	17069	17450	18055	19119	1,98265
其他業務資產 15%							2505	2505
其他固定資產	1,20000	20000	20000	20000	20000	20000	20000	2,40000
舊廠財產 6%	1,20000	20000	20000	20000	20000	20000	20000	2,40000
合計	61,14433	10,47064	10,54870	10,57572	10,60572	10,74593	11,05150	125,16244

總經理　協理　總務科長　會計科長　主任　製表

28

餘額表

29

重慶電力股份有限公司日計表

(計-25)-26-9-15　　中華民國 26 年 12 月 31 日　　第　　號

收方 科目	金額	付方 科目	金額
資產類		負債類	
固定資產		資本及公積	
發電資產	143564292	資本總額	250000000
輸電配電資產	57669085	法定公積	4204948
用電資產	56260776	特別公積	
業務資產	4760656		
其他固定資產	7000000		
流動資產		長期負債	
現金	435046	長期借入款	3000000
銀行存款	2795760	公司債	
應收票據	3398830	短期負債	
應收賬款	8911455	銀行透支	
借出款		應付票據	20794631
存出款	20600000	應付賬款	
材料	16935879	短期借入款	169000000
有價證券	11000000	存入保證金	22266800
		應付股利	
		應付紅利	10
雜項資產		應付職工酬勞	314754
開辦費	1014506	應付合同款項	61246099
提存基金			
存出保證金	892000	雜項負債	
暫付款項	30002789	折舊準備	25465496
催收款項		呆賬準備	521781
應計欠項	900054	暫收款項	2108286
預付款項	1976714	應計存項	25240388
合同訂購新機	176016668		
合同訂購材料	148188255	盈餘	
投資企業	500000	前期盈餘滾存	813475
		本期盈餘	
		利益類	
		電費收入	
損失類		電燈收入	86[illegible]43032
		電力收入	159[illegible]0723
經常開支		電熱收入	[illegible]68858
發電費用	30059640	路燈收入	[illegible]0760
供電費用	8254854	自用電度收入	1158690
營業費用	6495895	補繳電費收入	47577
管理費用	24086705	營業收入	
特項開支		業務手續收入	1210300
特價損失	1984941		
		雜項收入	
		利息收入	1229540
		房地租金收入	153600
		進貨折扣收入	
		售貨利益	6893
		補助費收入	246278
		匯兌利益	
		物材料盤盈	153188
		其他雜項收入	1389573
合計	674947330	合計	674947330

總經理　　會計科長　　主任　　覆核　　製表

30

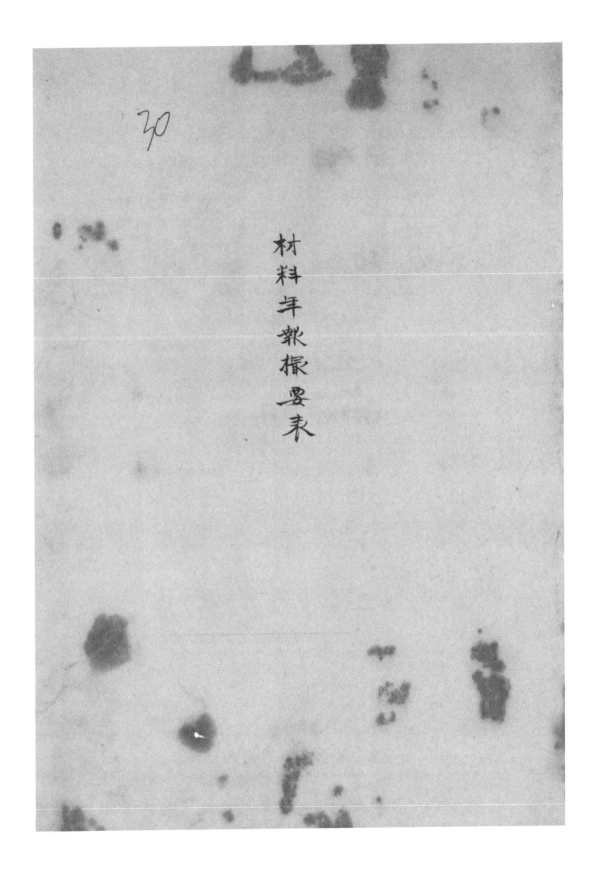

材料年報撮要表

31

重慶電力股份有限公司材料年報撮要表

民國 26年 12月31日　　民國 26 年度　　(料—24.) $\frac{-25-3-6}{1-200}$. 第

（壹）存料表：

類別	上年結存	本年收入 購料	本年收入 其他	本年發出	本年結存
A 類	12112483	2060527	9060308	14017039 / 13456379 / 13399749	9202279
B 類	14251120	24441422	125964	2521093	1771610
B 2 類		10030375	2945669	11356687	11630357
C 類	149205	64776	12852	155266	71573
C 2 類		327915	162273	440192	66996
E 類		70777	219210	109287	817694
F 類		4987303	756441	3335862	2407882
G 類		463549		461797	1662
號燈	56567	4010		34608	25969
	813749375	21067558	13296723	32129831	815983826

備考

（貳）逐月用料表：

類別	一月	二月	三月	四月	五月	六月	七月	八月	九月	十月	十一月	十二月	共計
A 類	16211.30	11116.11	15410.86	11202.65	13405.20	13345.03	11005.91	12413.19	11138.26	9092.59	15602.50	5626.60	14017039
B 〃	1723.17	1567.69	4094.67	2514.34	1755.44	1761.34	1243.80	1026.25	753.20	630.58	610.56	3778.83	2221069
B 2 〃						20542.59	4027.65	1.76	6220.95	42080.2	25163.02	37910.88	11356687
C 〃	59.72	173.76	450.39	98.91	227.58	63.98	50.76	47.14	39.17	19.82	26.13	295.32	155266
C 2 〃			–	1010.31	68.41	1027.22	174.42	166.49	313.71	27.30	297.77	1050.19	440192
E 〃								2.07	469.01	11.40	253.64	356.74	109287
F 〃				635.16	519.29	1253.21	590.12	1161.39	5314.77	10126.44	10024.74	12594.00	3335862
G 〃						44482.97	30.11		30.27			18.62	461797
號燈	13.29	4.62	17.30	0.80	1.18	3.31	3.20	109.62	19.63	0.70	1.59	162.44	34608
													32129831

備考

總經理　總務科長　會計科長　材料主任　審核主任　製表員

32

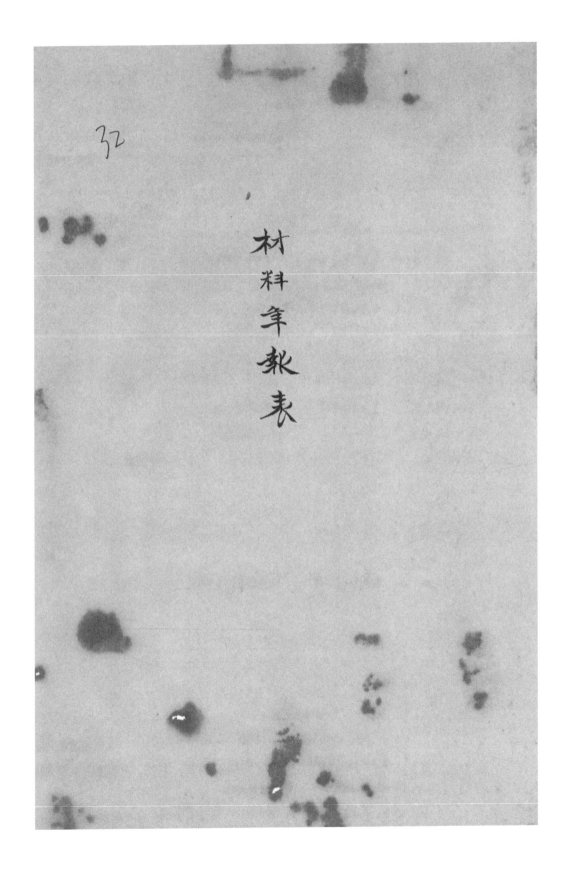

材料年報表

33

重庆电力股份有限公司揽火杂件材料年报表

(料—22) 26-9-10 3—00

民國 26 年度 月 日 第 1 頁

編號	名稱	單位	收入 數量	收入 單價	收入 金額	發出 數量	發出 單價	發出 金額	現存 數量	現存 金額	均價
1	[illegible] 風雨綫	吠	15370	25	76850	1219	25	6095	1051	70755	25
3	18# 〃	〃	23731		48162	23731		48162	0	〃	
4	16# 〃	〃	2626		106250	2626		106250	0	〃	
5	14# 〃	〃	2189		121152	2189		121152	0	〃	
6	12# 〃	〃	22599	054	122034	22599	054	122034	0	〃	
8	10# 〃	〃	984	075	7381	984		7381	0	〃	
9	8# 〃	〃	1121		10834	1121		10834	0	〃	
11	6# 〃	〃	1202		14015	1202		14015	0	〃	
21	18# 皮綫	〃	116212	015	174315	58920	015	88395	57292	85920	015
22	[illegible] 〃	〃	7847		217034	7511		212868	336	4166	
23	[illegible] 〃	〃	25368		96497	20759		93575	611	2922	018
25	[illegible] 〃	〃	18500	034	62900	7917	034	26918	10583	35982	034
26	[illegible] 〃	〃	69645	052	362158	11347	052	59002	58298	303156	052
27	[illegible] 〃	〃	47835	075	358763	11626	075	87201	36209	271562	075
28	[illegible] 〃	〃	4934		74937	4564		59518	370	15419	417
29	[illegible] 〃	〃	2700		66600	1228	247	30332	1472	36268	247
30	8# 膠包布	磅	1067		25534	1003		23574	64	1960	15
33	[illegible] 皮綫	吠	1301		35007	300		7980	1001	27027	27
34	[illegible] 〃	〃	830	44	36520	600	44	26400	230	10120	44
35	[illegible] 〃	〃	459	98	44982	394	98	38612	65	6370	98
41	1# 墙脚磁瓶	只	208	80	16640	166	80	13280	42	3360	80
42	2# 〃	〃	9	50	450	7	50	350	2	100	50
43	3# 〃	〃	6412	16	102592	1994	16	31904	4418	70688	16
44	1# 直脚磁瓶	〃	124	65	8060	124	65	8060	0	〃	
46	3# 〃	〃	609		104791	472		80350	137	24441	
47	0B 磁瓶	〃	2411		144460	583	60	34980	1828	109480	
48	2" 磁珠	〃	17	04	68	9	04	36	8	32	04
49	1# 磁瓶	〃	27	70	1890	5	70	350	22	1540	70
50	2# 直脚	〃	31	317	982	8	317	253	23	729	317
51	10A 戶外保險	〃	443		13555	438		13405	5	150	30
52	20A 〃	〃	2032		55933	1469		43547	563	12386	22
53	5A 丸保險	〃	1197	095	11373	885	095	8421	312	2952	095
54	10A 方〃	〃	62	120	7440	8	120	960	54	6480	120
56	30A 〃	〃	13		1130	9		770	4	360	90
57	50A 〃	〃	12	263	3156	12	263	3156	0	〃	
60	10A 高压磁保險	〃	3	2993	8979	3	2993	8979	0	〃	
61	18# 鉛皮綫	吠	51905		389171	40376		294614	11529	94557	082
62	2/16# 〃	〃	17682		174337	15751		153037	1931	21300	11
63	3/16# 〃	〃	10148	13	131949	3713	13	48269	6435	83680	13
64	2/14# 〃	〃	990		17037	79		1412	911	15625	172
65	2/12# 〃	〃	4592	102	65114	3318	102	47114	1274	18000	102
66	2/10# 〃	〃	2216		48245	1460		30865	756	17380	23
67	3/16# 〃	〃	1222		41358	646		22097	566	19261	34
68	1" 磁釘	桶	5		9630	3		5630	2	4000	2000
69	1# 乾皮	包	761		11295	721		10731	40	564	12
70	2# 〃	〃	446		6756	303		4182	143	2574	18
71	3# 〃	〃	303		5687	186		3932	117	1755	15
[illegible]	紫銅綫頭	只	40	65	2600				40	2600	65
76	2/16# 鉛皮綫	吠	535	583	27606	243	583	13438	292	16168	583
81	1# 表座	只	28		2240	18		1440	10	800	80
82	2# 〃	〃	51		3550	34		2360	17	1190	70
合(过次页)計					3481758			2078009		1403779	

總經理 協理　　協理　　業務科長　　會計科長　　材料股主任　　審核股主任　　簿記股主任　　材料員　　製表員

34

重慶電力股份有限公司[illegible]材料月報表　(料—22) 26-9-10 8—500

民國 26 年 [illegible] 月　日　第 2 頁

編號	名稱	單位	收入 數量	收入 單價	收入 金額	發出 數量	發出 單價	發出 金額	現存 數量	現存 金額	均價
承前頁					3481788			2078009		1403779	
83	3" 表 匣	只	49	60	2940	41	60	2460	8	480	60
84	4" 〃	〃	2244	50	112200	2156	50	107800	88	4400	50
85	1/8 螺 絲	包	[illegible]	〃	11474	189	〃	9210	[illegible]	2264	50
86	封表鉛子	磅	[illegible]		28785	[illegible]		27874	14	911	
87	封表鋼絲		[illegible]		18155	31		7946	485	10209	211
88	1/4" 螺 絲	包	[illegible]	61	858				[illegible]	858	61
89	保險木箱	只	1		100	1		100	0	00	
91	保險絲	磅	6603		34077	3192		16004	341	18073	53
106	[illegible]封表鉛子	只	30000	031	93000	6600	031	20460	23400	72540	031
111	OB 支 腳	〃	626	35	21910	526	35	18410	100	3500	35
112	OB 擔 腳	〃	586	50	29300	342	50	17100	244	12200	50
113	六眼扁鐵	塊	2160		101393	1939		87912	221	13481	61
114	三 〃 〃	〃	73	387	2825	6	387	234	67	2591	387
115	26 角 鐵	〃	93	100	9300	34	100	3400	59	5900	100
116	17 〃	〃	230		19780	138		11868	92	7912	86
117	三眼背扁鐵	〃	84		10080	17		2040	67	8040	120
118	二 〃 〃 〃	〃	38	69	2622	4	69	276	34	2346	69
119	二眼上扁鐵	〃	343		11662	212		7268	131	4454	34
120	三 〃 〃 〃	〃	98	43	4214				98	4214	43
121	3' 鐵 釘	支	610		1757	435		1257	175	500	29
122	2½' 騎馬鐵	塊	12		6686	8		3838	4	2848	712
123	乚字鐵	〃	1		1302				1	1302	
125	扁 鐵	〃	[illegible]		74588	11231		26835	2088	47753	[illegible]
127	1/4" 〃	〃	403		7013	285		4922	123	2091	17
128	元 鐵	磅	3997		70264	2165		34771	1832	35493	194
130	[illegible] 角 鐵	市斤	614		10868				614	10868	177
131	[illegible] 直磁管	支	334	04	1536	61		244	323	1292	04
132	[illegible] 〃	〃	1866		29762	36	16	544	1830	29218	16
133	[illegible] 擋	〃	144		1440	3	10	30	141	1410	10
134	1"		18	29	522				18	522	29
135	1½ 甘牆磁管	支	30	975	29250				30	29250	975
140	1½ 白鐵接頭		2	285	57				2	57	285
142	1" 黑鐵管	呎	[illegible]		11879	503		11370	22	509	22
143	軟鉛管		142	131	18602				142	18602	131
145	白鐵騎馬瓦	支	82	03	246	54	03	162	28	84	03
148	½" 黑鐵管	呎	20	54	1080				20	1080	54
149	½" 安西玻璃管	只	1		85				1	85	
150	[illegible] 白鐵管	呎	3995		10787	3975		10247	20	540	27
151	15A 電 表	只	1639		2132330	1639		2132330	0	00	
152	3A 〃	〃	844	1555	1312043	59		91745	785	1220298	1555
153	5A 〃	〃	575	1590	914250	19	1590	30210	556	884040	1590
154	10A 〃	〃	109		142280	9		12780	100	134500	1345
155	15A 〃	〃	55	1750	96250	52	1750	91000	3	[illegible]	1750
156	20A 〃	〃	92		187900	13		27530	79	160370	2030
157	30A 〃	〃	77	4500	346500	18	4500	81000	59	265500	4500
158	50A 〃	〃	43	5800	249400	12	5800	69600	31	179800	5800
159	3×5A 〃	〃	50	3750	187500	14	3750	50500	36	137000	3750
160	3×10A 〃	〃	38	4454	169246	10		44534	28	124712	4454
161	3×20A 〃	〃	26	7500	195000	11	7500	82500	15	112500	7500
162	3×50A 〃	〃	23	8909	204909	5		44545	18	160364	8909
合(此次頁)計					10416795			5270805		5145990	

總經理 協理　總務科長　會計科長　材料股主任　[illegible]股主任　簿記股主任　材料員　製表員

35.

重庆电力股份有限公司接火材料年月报表

(料—22) 28-9-10 / 8—500

民国 26 年 度 月 日　　第 3 页

编号	名称	单位	收入 数量	收入 单价	收入 金额	发出 数量	发出 单价	发出 金额	现存 数量	现存 金额	均价
承前页					10416795			5270805		5145990	
163	3X30A 电表	只	10	6400	64000	1	6400	6400	9	57600	6400
164	3X100A 〃	〃	10	11600	116000	5	11600	58000	5	58000	11600
171	10A 闸刀开关	〃	11	225	2475	3	225	675	8	1800	225
173	25A 〃	〃	11		2400	8		1800	3	600	200
176	60A 〃	〃	6		3700	3		1675	3	2025	675
177	3X60A 〃	〃	2	1000	2000	1		1000	1	1000	
178	3X100A 〃		1		1400	1		1400	0	00	
191	电灯用户牌	块	9000		60560	9000		60560	0	00	
192	电力〃〃	〃	100	09	900	100	09	900	0	00	
196	16" 焊锡	磅	84		1612	39		712	45	900	20
197	电炉花丝	只	186		1250	100		807	86	443	051
221	[illegible] 表用变流器	只	9		43533	3		14400	6	29133	4855
222	[illegible] 表用变压器	〃	1		47966				1	47966	
223	三相[illegible]电度表	〃	1		10116				1	10116	
225	[illegible]标准表	只	1		81397				1	81397	
226	准确电流表	只	2	6548	13096	2	6548	13096	0	00	
228	准确电压表	〃	1		11830	1		11830	0	00	
229	手携式表用变流器	〃	1		23983	1		23983	0	00	
521	电焊	根	1332		[illegible]	882		917766	452	665145	
541	4' 中心角铁	块	91		22011	28		6438	63	15573	247
542	2' 〃	〃	13	[illegible]	2229				13	2229	171
543	2' 〃	〃	[illegible]	119	3332	10		1190	18	2142	119
544	5' 单边角铁	〃	40	304	12160	8	304	2432	32	9728	304
545	3' 〃	〃	32	145	4636	6		870	26	3766	145
546	3'6" 〃	〃	34	200	6800	16	200	3200	18	3600	200
547	5' 〃	〃	14	316	4424				14	4424	316
548	4' 撑角铁	〃	92	140	12880	12	140	1680	80	11200	140
550	L 〃	〃	29	[illegible]	6476	5	223	1115	24	5361	223
551	撑角铁	〃	140		6337	57		2354	83	3983	48
552	18" 〃	〃	2	41	82				2	82	41
553	15" 〃	〃	80	29	2320	20	29	580	60	1740	29
554	骑马铁板	块	65	176	1142				65	1142	176
555	拉角铁	〃	10	66	660				10	660	66
556	5' 中心角铁	〃	1		500				1	500	
557	30" 撑角铁	〃	62		3461	8		491	54	2970	55
558	16½ L 〃 〃	〃	25	100	2500				25	2500	100
561	[illegible] 拉线磁瓶	只	603	150	90450	312	150	46800	291	43650	150
562	高压〃〃	〃	59	148	8682	10	148	1480	49	7202	148
565	[illegible] 拉线〃〃	〃	497		64610	412	130	53560	85	11050	130
571	羊皮	[illegible]	2		3150	2		3150	0	00	
572	柏油	磅	852		12378	713		10432	139	1946	14
573	抱箍	付	380		16403	243		10649	137	5754	42
574	铁脚	只	88		2162	38		1067	50	1095	22
575	[illegible] L角铁	块	67		1450	16		344	51	1106	217
576	9' 铁板	〃	137	203	2778				137	2778	203
577	凹格林	只	59		30870	8		4184	51	26686	523
578	[illegible]司	磅	49		1506	48		1478	1	28	
579	拉线钢夹	只	14	160	2240				14	2240	160
580	路灯[illegible]	支	1079		156705	340		49552	739	107153	145
581	[illegible]灯灯管	只	1061		47770	290		13846	771	33924	44
合（过次页）计					13021028			6602701		6418327	

总经理 协理　　总务科长　　会计科长　　材料股主任　　营业股主任　　业务股主任　　材料员　　制表员

36

重庆电力股份有限公司接火材料月报表　(料—22) 26-9-10 / 3-500

民国 26 年 度 月　日　第 4 页

编号	名称	单位	收入 数量	收入 单价	收入 金额	发出 数量	发出 单价	发出 金额	现存 数量	现存 金额	均价
承前页					13021028			6602701		6418327	
582	路灯泡罩	只	1133		28798	284		8422	849	20376	24
586	白铜丝	磅	9985	114	11364	9985	114	11364	0	00	
587	100' 皮线	呎	6249	09	60353	1380	09	15643	4869	44710	09
591	[illegible]螺丝	只	629		6290	629		6290	0	00	
592	花篮〃〃	〃	23	95	2185	4	95	380	19	1805	95
593	弹圈〃〃	〃	100	184	1840				100	1840	184
594	5/4 [illegible]〃〃	〃	29	16	460	5	16	80	24	380	16
595	[illegible] 螺丝	〃	1		20				1	20	
596	[illegible] 〃〃	〃	208	34	7072	12	34	408	196	6664	34
597	[illegible] 〃〃	〃	152	08	1216	152	08	1216	0	00	
598	[illegible] 〃〃	〃	360		1326	337		1212	32	114	036
600	磨脚螺丝	〃	183		12156			11366	12	790	66
601	5A 高压保险丝	磅	1		60				1	60	
602	10A 〃〃	〃	1¼	65	81				1¼	81	65
603	15A 〃〃	〃	1		70				1	70	
604	20A 〃〃	〃	1		75				1	75	
605	避雷器	只	[illegible]		[illegible]	21	5000	105000	0	00	
606	高压保险盒	〃	[illegible]		[illegible]	[illegible]		27500	27	68741	2547
607	[illegible] 变压器	〃	[illegible]		[illegible]	2	[illegible]	63700	0	00	
608	[illegible] 〃	〃	[illegible]		[illegible]	4		263000	0	00	
610	[illegible] 〃	〃	[illegible]		[illegible]			94400	0	00	
613	[illegible]	磅	[illegible]		[illegible]	196		62829	1435	27235	22
614	[illegible]	根	4	[illegible]	2272				4	2272	568
615	15A 低压保险盒	只	101		22000				101	22000	
616	30A 〃	〃	[illegible]		[illegible]	4		1523	67	29480	440
617	60A 〃	〃	[illegible]	[illegible]	26883				29	26883	927
618	100A 〃	〃	[illegible]		[illegible]	[illegible]		10494	14	14322	1023
620	低压保险丝	条	[illegible]		[illegible]	[illegible]		30170	0	00	
622	[illegible] 裸铜线	呎	[illegible]		[illegible]				50	360	072
624	[illegible] 〃	〃	[illegible]		[illegible]	2100	11	230880	1900	10463	048
625	200KVA 变压器油	只	[illegible]	3800	[illegible]				3	11400	3800
634	[illegible] 线	磅	400	30	12000	307	30	9210	93	2790	30
645	焊锡	〃	15	70	1050	6	70	420	9	630	70
646	黄色布带	卷	20		6570	20		6570	0	00	
651	红磷漆	听	4	35	140				4	140	35
652	绿〃〃	〃	4	1	140				4	140	1
653	白〃〃	〃	5	1	175				5	175	1
655	松香油	磅	3	180	540	2	180	360	1	180	
656	铜丝布	呎	½	40	20				½	20	40
657	松香	磅	½	10	05				½	05	10
658	拉线钳	把	8	1200	9600	4	1200	4800	4	4800	1200
659	焊药	〃	1		100				1	100	
660	黄磷漆	听	5	35	175				5	175	35
663	废棉纱	磅	153	30	4590	105	30	3150	48	1440	30
665	桐油	听	245	385	9374	245	385	9374	0	00	
666	[illegible] 螺丝帽	只	2854	026	7519				2854	7519	026
667	[illegible] 〃〃	〃	2498		13673	2200		11940	298	1733	05
668	[illegible] 〃〃	〃	503	085	4251	100		850	403	3401	085
	[illegible] 钢钉	磅	207½	30	6225				207½	6225	30
	[illegible] 〃	〃	221		6630				221	6630	
合（过次页）计					14319763			7575192		6744571	

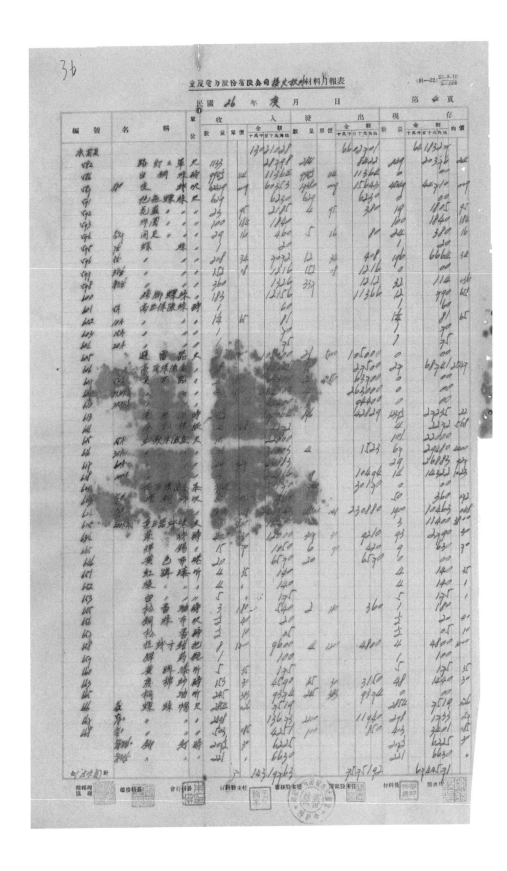

总经理 协理　总务科长　会计科长　材料股主任　审核股主任　簿记股主任　材料员　制表员

37

重慶電力股份有限公司接火材料材料年/月報表

(料—22) 28-9-10 / 3-500

民國 26 年 [illegible] 月 日　　第 5 頁

編號	名稱	單位	收入 數量	收入 單價	收入 金額	發出 數量	發出 單價	發出 金額	現存 數量	現存 金額	均價
承前頁					14319763			7575192		6744571	
[illegible]	鉚 釘	磅	31	30	930				31	930	30
[illegible]	鐵 板	[illegible]	10	4147	41470				10	41470	4147
3"	盤 螺 元 鋼	磅	792	50	39600				792	39600	50
[illegible]	角 鐵	〃	1934	254	49216				1934	49216	254
[illegible]	三 角 鐵	〃	2209	〃	56123				2209	56123	〃
[illegible]	〃 〃	〃	3382	〃	85907				3382	85907	〃
2"	黄 螺 元 鋼	〃	3135	30	9405				3135	9405	30
[illegible]	螺 絲 [illegible]	〃	55	40	2200				55	2200	40
[illegible]	扁 鐵	〃	139	261	3402				139	3402	261
8"	新 [illegible] 線	〃	5695	246	140000				5695	140000	246
[illegible]	元 鐵	〃	855	24	20511				855	20511	24
[illegible]	〃 〃	〃	135	〃	3246				135	3246	〃
	四 [illegible]	〃	120	30	3600				120	3600	30
558 [illegible]	撑 [illegible] 鉄	塊	15	1275	1913				15	1913	1275
560 [illegible]	单 [illegible] 鈕	〃	2	100	200				2	200	100
669	銀 粉	磅	[illegible]	[illegible]	4680				78	4680	60
[illegible]	[illegible]	[illegible]	[illegible]	1903	9515				5	9515	1903
	[illegible]	[illegible]	[illegible]	254	[illegible]				1287	32693	254
合計					14824374			7575192		7249182	

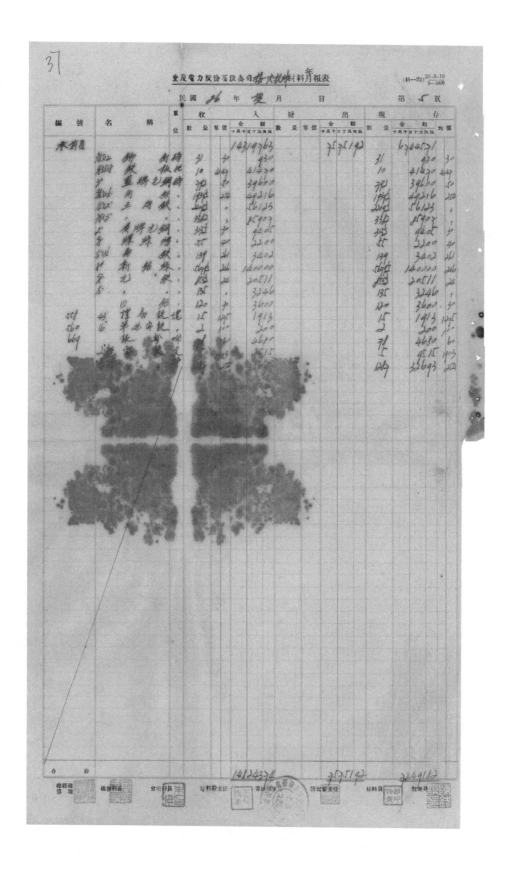

總經理 協理　　總務科長　　會計科長　　材料股主任　　審核股主任　　簿記股主任　　材料員　　製表員

38

重慶電力股份有限公司[illegible]材料月報表

(料—22) 26-9-10 / 8—500

民國 26 年 4—12月 日　　第 1 頁

編號	名稱	單位	收入 數量	收入 單價	收入 金額	發出 數量	發出 單價	發出 金額	現存 數量	現存 金額	均價
701	[illegible] 軟紫銅線	呎	3200	08	25392				3200	25392	08
702	[illegible] 風雨線	〃	12371	011	58976	36999	011	40699	13372	18277	011
703	[illegible] 〃	〃	22674	10	345285	22523	10	342349	151	2936	152
704	[illegible] 〃	〃	8323		341123	793	41	32513	7530	308610	41
705	[illegible] 〃	〃	17713		191048	14491		143568	5222	47480	71
706	[illegible] 〃	〃	11082	217	240560	10218	217	221731	864	18829	217
707	[illegible] 裸銅線	〃	1848	56	103488				1848	103488	56
708	[illegible] 膠皮線	〃	808	1318	106522	312	1318	41122	496	65400	1318
709	[illegible] 〃	〃	28832		1412829	27986	493	1379711	846	33118	39
710	[illegible] 裸銅線	〃	33645	131	440862	32003	131	419240	1642	21622	131
711	地氣線	〃	250	880	220000	250	880	220000	0	00	
712	[illegible] 礙碗	只	1110		144274	230		29900	880	114374	130
713	[illegible] 〃	〃	2099		137505	2099		131456	100	6049	65
714	[illegible] 〃	〃	201	160	32160	194	160	31040	7	1120	160
715	[illegible] 〃	〃	591		80280	452		57345	139	22935	165
716	[illegible] 〃	〃	2019		144021	857		61805	1162	82216	71
717	[illegible] 〃	〃	[illegible]	[illegible]	11000	16	440	7040	9	3960	440
718	無眼礙碗	〃	2	[illegible]	1760	2	880	1760	0	00	
719	[illegible] 蝶式礙碗	〃	6	256	1536				6	1536	256
720	[illegible] 〃	〃	31	[illegible]	[illegible]	2	192	384	29	5568	192
721	[illegible]	〃	[illegible]	416	[illegible]	7	416	2912	2	832	416
722	[illegible]	〃	[illegible]	[illegible]	[illegible]	2	240	480	6	1440	240
723	[illegible] 礙碗	〃	[illegible]		[illegible]	364		9714	450	7200	16
724	[illegible]	只	18	[illegible]	[illegible]	6		3264	12	6528	544
725	[illegible]	〃	9	720	[illegible]	3	720	2160	6	4320	720
726	[illegible]	〃	[illegible]		[illegible]	9		3816	8	3392	424
727	[illegible]	〃	[illegible]		[illegible]	107		46010	0	00	
728	[illegible]	〃	[illegible]		[illegible]	[illegible]		168865	40	21891	546
729	[illegible] 高壓角鉄	〃	[illegible]		[illegible]	[illegible]		42223	83	14857	179
730	[illegible]	〃	[illegible]		[illegible]	[illegible]		42329	0	00	
731	[illegible] 高壓橫擔	〃	[illegible]	699	[illegible]	[illegible]		1561	55	3739	699
732	低壓角鉄	〃	[illegible]	[illegible]	[illegible]	19	1276	24244	14	1784	1276
733	[illegible] 高〃	〃	[illegible]		67346	69		28014	97	39332	406
734	[illegible] 低壓平拉角鉄	〃	77	1893	14577	21	1893	3975	56	10602	1893
735	[illegible] 低壓角鉄	〃	26	176	4576	11		1936	15	2640	176
736	[illegible] 木棚架長角鉄	〃	27	224	6048	27	224	6048	0	00	
737	[illegible] 木棚架擔鉄	〃	9	167	1504				9	1504	167
738	[illegible] 〃	〃	13	144	1872	13	144	1872	0	00	
739	[illegible] 高壓平拉橫担	〃	349	36	12572	216	36	7776	133	4796	36
740	[illegible] 高壓水泥鉄	〃	83	512	42496	38	512	19456	45	23040	512
741	[illegible] 低〃	〃	26	452	11752	8		3616	18	8136	452
742	[illegible] 高壓撐角鉄	〃	1492		144666	1349		131106	143	13560	94
743	[illegible] 低〃	〃	269		65721	167		49004	102	16717	163
744	5" 把桩	只	119		6370	94		5033	25	1337	54
745	6" 〃	〃	706		46137	490		35437	216	10700	50
746	7" 〃	〃	904		65735	723		53378	181	12357	68
747	8" 〃	〃	434		38710	293		27694	141	11016	78
748	9" 〃	〃	330		25540	63		4982	267	20558	77
749	10" 〃	〃	8	100	800	8	100	800	0	00	
750	5" 拉線箍	〃	216		5463	216		5463	0	00	
751	6" 〃	〃	1216		34915	919		25840	297	9075	30
合(大洋)計					5454134			3920671		1130263	

總經理 協理　總務科長　會計科長　材料股主任　審核股主任　簿記股主任　材料員　製表員

重庆电力股份有限公司配线类材料月报表　(料—22) 26-9-10 / 3-500

民国 26 年 4-12 月　日　第 2 页

编号	名称	单位	收入 数量	收入 单价	收入 金额	发出 数量	发出 单价	发出 金额	现存 数量	现存 金额	均价
承前页					5054734			3920671		1134263	
752	7″ 拉线摇	只	882		29706	561		17302	321	12404	387
753	8″ 〃	〃	266		6280	266		6280	0	00	
754	9″ 〃	〃	291		5597	95		1825	196	3772	192
755	10″ 〃	〃	36	42	1092	24	42	1008	2	84	42
756	4″ 花盖螺丝	只	85	076	646	6	076	46	79	600	076
757	5″ 〃	〃	49	22	1043	42		933	5	110	22
758	6″ 〃	〃	39	496	1934	38	496	1884	1	50	
759	7″ 〃	〃	21	306	643	21		643	0	00	
760	6″ 方头螺丝	只	32	016	498	32		498	0	00	
761	7″ 〃	〃	602		14008	396		8652	206	5356	26
762	8″ 〃	〃	1169		18206	872		11285	297	6921	233
763	9″ 〃	〃	645		19287	413		11991	232	7296	313
764	½×1 螺丝	只	2605		9314	2604		9305	1	09	
765	⅝×1 〃	〃	699		3940	321		1488	378	2452	65
766	⅝×2 〃	〃	1469		10074	1437		9806	32	268	8
767	⅝×2½ 〃	〃	1295		14093	1125		12113	170	1980	11
768	¾×3 螺丝	只	1067		10213	937		8913	130	1300	10
[illegible]	[illegible]	〃	[illegible]		5199	207		1454	263	3745	142
[illegible]	[illegible]	〃	[illegible]	[illegible]	525	69	076	525	0	00	
[illegible]	[illegible]	〃	[illegible]	[illegible]	592	[illegible]	28	592	0	00	
[illegible]	[illegible]	〃	[illegible]	141	[illegible]	31	141	437	40	564	141
773	[illegible]	块	[illegible]	[illegible]	2288	11	208	2288	0	00	
773	[illegible]	[illegible]	[illegible]	16	1711	1069		1711	0	00	
774	[illegible]	〃	1656		1283	1190		889	466	394	007
775	[illegible]	〃	795		1206	795		1206	0	00	
776	[illegible]	〃	[illegible]		16472	6165		9632	406	6840	017
777	[illegible]	只	445		[illegible]	423		970	22	50	023
[illegible]	[illegible]	〃	[illegible]		28976	[illegible]		21530	130	7446	057
[illegible]	[illegible]	〃	[illegible]		7039	217		1294	707	5745	081
[illegible]	[illegible]	〃	[illegible]	[illegible]	661	91	073	661	0	00	
781	[illegible]	块	[illegible]	[illegible]	51270	171		51270	0	00	
782	皮[illegible]线	只	11250		686638	4046		286536	6903	400102	06
783	橡皮线	〃	1923		33215	1348		17243	575	15972	28
784	角铁	块	1		80				1	80	
785	3# 立脚铁担	只	316		5356	6		96	310	5260	16
786	直脚	〃	248		71190	1168		40536	878	30655	35
787	拉铁领架	架	8	150	1200	4	150	600	4	600	150
788	螺丝	只	6	14	84	6	14	84	0	00	
789	塘脚	〃	37	30	1110	7	31	210	30	900	30
790	〃	〃	682	55	37511	590	55	32450	92	5060	55
791	11″ 拉线摇	〃	1		43	1		43	0	00	
792	裸铜线	呎	5168	05	25840	865	05	4325	4303	21515	05
793	风雨线	〃	23349		115746	16339	07	93007	3988	22739	057
794	〃	〃	23410		84180	22034		79284	1360	4896	36
795	直脚	只	1014	42	42588	268	42	11256	746	31332	42
796	方头罗丝	〃	1058		12309	772		8909	286	3400	117
797	罗丝	〃	477		3236	454		3069	23	167	073
798	元衬圈	只	32	004	12				32	12	004
799	元弹簧衬圈	〃	32	07	224	32	07	224	0	00	
800	〃	〃	864		1898	654	21	1373	210	525	025
合（九决算）计					6643210			4698346		1744864	

总经理 协理　总务科长　会计科长　材料股主任　营业股主任　簿记股主任　材料员　制表员

40

重慶電力股份有限公司[illegible]材料月報表　(料—22) 26-9-10 3-500

民國 26 年 4-12 月　日　第 3 頁

編號	名稱	單位	收入 數量	收入 單價	收入 金額	發出 數量	發出 單價	發出 金額	現存 數量	現存 金額	均價
承前頁					6643210			4698346		1744864	
801	六角材料螺絲	只	32	018	56	32	018	56	0	00	
802	兩面真脚螺絲	〃	20	2231	4462				20	4462	2231
803	真脚螺絲	〃	1051	42	44142	394	42	16528	657	27614	42
804	風雨操	只	1000	135	13500	1000	135	13500	0	00	
805	撑角鉄	塊	8	40	320	8	40	320	0	00	
806	膠皮綫	呎	600	03	1800	300	03	900	300	900	03
807	風雨綫	〃	19410	02	38820	15460	02	30920	3950	7900	02
808	膠皮綫	〃	3413	075	25599	[illegible]	075	23847	[illegible]	1752	075
809	彈簧襯圈	只	298		1174	298		1174	0	00	
810	變壓器	具	2	16500	330000	2	16500	330000	0	00	
811	彈簧襯圈	只	240	04	960	212	04	848	28	112	04
812	大角螺絲片	〃	325	187	6066	67		1253	258	4813	187
813	把插	〃	200	945	18892				200	18892	945
814	花兰螺絲	〃	41	380	15580	37	380	14060	4	1520	380
815	〃	〃	201	450	90450	201	450	90450	0	00	
816	塔脚螺栓	〃	100	80	8000	32	80	2560	68	5440	80
817	方头螺絲	〃	517	646	33375	22	646	1420	495	31955	646
818	水泥鉄	塊	4	450	1800	4	450	1800	0	00	
819	大角螺絲片	只	216		3551	66		1120	150	2431	16
820	[illegible]襯圈	〃	99	003	25	99	003	25	0	00	
821	〃	〃	412	009	368				412	368	009
822	[illegible]	〃	400	019	[illegible]	45	019	85	355	690	019
826	膠皮綫	呎	600	247	[illegible]	585	247	14450	15	370	247
827	裸銅綫	〃	10851		[illegible]	10851		5560251	0	000	
828	大角螺絲片	只	100	185	[illegible]	100		1848	0	00	
829	〃	〃	61	19	1158	61		1158	0	00	
830	〃	〃	210		4575	48		1099	162	3476	219
831	橡皮綫	呎	600	216	129600				600	129600	216
832	〃	〃	300	39	11700				300	11700	39
833	大角螺絲片	只	200	059	1188	2	059	12	198	1176	059
835	〃	〃	100	123	1225	100		1225	0	00	
837	〃	〃	173	143	2475	50	143	715	123	1760	143
838	〃	〃	104	057	588	20		114	84	474	057
841	螺絲帽	〃	100	18	1800	100	18	1800	0	00	
843	膠皮綫	呎	3600	015	5400	1500	015	2250	2100	3150	015
845	拉綫插	只	78	67	5226	15	67	1005	63	4225	67
846	裸皮綫	呎	1500	034	5100	1500	034	5100	0	00	
847			900	637	57300				900	57300	637
848	1A 高壓保險盒	套	128	424	5427				128	5427	424
849	3A 〃	〃	128	〃	5427				128	5427	〃
850	5A 〃	〃	28	〃	1187				28	1187	〃
851	7A 〃	〃	93	〃	3943				93	3943	〃
852	20A 〃	〃	66	〃	2798				66	2798	〃
853	25A 〃	〃	44	〃	1866				44	1866	〃
854	30A 〃	〃	23	423	972				23	972	423
768	螺絲	只	260		3330				260	3330	128
790	塔脚	〃	500		37500				500	37500	75
796	方头螺絲	〃	503		5875				503	5875	117
814	花兰〃	〃	63		23940				63	23940	380
	螺絲片	〃	67		855				67	855	129
合計					12980297			10820235		2161162	

總經理 協理　總務科長　會計科長　材料股主任　審核股主任　簿記股主任　材料員　製表員

41

重慶電力股份有限公司 材料月報表

(料—22) 26-9-10 3—500

民國 26 年 度 月 日　　第 1 頁

編號	名稱	單位	收入 數量	收入 單價	收入 金額	發出 數量	發出 單價	發出 金額	現存 數量	現存 金額	均價
1	4/0 風雨線	呎	623	15	8115	830	15	11150	773	3765	15
3	[illegible] 〃	〃	999	18	1799	999		1799	0	00	
4	[illegible] 〃	〃	5469		19349	4965		17837	506	1512	13
5	[illegible] 〃	〃	2133	38	8115	296	38	1116	186	6991	38
6	[illegible] 〃	〃	2275	156	12285	1978	156	10682	297	1603	54
9	[illegible] 〃	〃	45	12	540				45	540	12
21	[illegible] 皮線	呎	938	15	14008	9081	15	13624	257	384	15
22	[illegible] 〃	〃	2810	122	58986	2382	122	51221	328	7765	122
23	[illegible] 〃	〃	3349	35	11855	2686	35	9395	703	2460	35
25	[illegible] 〃	〃	738		2509	668		2271	70	238	34
26	[illegible] 〃	〃	2355	52	12246	1875	52	9751	480	2495	52
27	[illegible] 〃	〃	2201	75	20254	1977	75	14828	723	5426	75
28	[illegible] 〃	〃	360	16	5760	360	16	5760	0	00	
29	[illegible] 〃	〃	115	24	2760				115	2760	24
30	[illegible] 〃	〃	30	20	600				30	600	20
41	1" [illegible]	只	11	80	880				11	880	80
42	2" 〃	〃	31	50	1550	18	50	900	13	650	50
43	3" 〃	〃	658	16	10528	268	16	4288	390	6240	16
44	1" [illegible]	只	[illegible]	60	960	[illegible]	60	600	5	300	60
46	3" 〃	〃	[illegible]	[illegible]	[illegible]	[illegible]		27911	83	1079	13
47	[illegible]	〃	[illegible]	55	[illegible]	[illegible]	55	4950	3	165	55
50	[illegible]	只	[illegible]	30	60				2	60	30
51	5A [illegible]保險	〃	[illegible]	[illegible]	[illegible]	[illegible]		51680	503	[illegible]	
52	20A 〃	〃	[illegible]	[illegible]	[illegible]	[illegible]		40670	7	140	20
53	5A [illegible]保險	只	117	09	1053	65	09	587	52	468	09
54	10A [illegible]保險	〃	2	120	240				2	240	120
55	20A 〃	〃	[illegible]		[illegible]	[illegible]		80	0	00	
56	30A 〃	〃	[illegible]		[illegible]	[illegible]		80	0	00	
57	[illegible] 〃	〃	[illegible]	260	3640	[illegible]	260	2340	5	1300	260
61	[illegible] 膠皮線	呎	[illegible]	[illegible]	[illegible]	[illegible]	152	79956	2799	14555	152
62	[illegible] 〃	〃	[illegible]	[illegible]	68881	[illegible]		47348	2625	21533	[illegible]
63	[illegible] 〃	〃	[illegible]	[illegible]	[illegible]	539	122	6575	255	3115	122
64	[illegible] 〃	〃	65	[illegible]	1346	60		1243	5	103	207
65	[illegible] 〃	〃	1028	14	14394	411	14	5754	617	8640	14
66	[illegible] 〃	〃	387	19	7353	87	19	1653	300	5700	19
67	[illegible] 〃	〃	205		7426	147		5338	58	2088	36
81	1" 表 座	只	8	80	640	8	80	640	0	00	
82	2" 〃	〃	23	70	1610	23	70	1610	0	00	
83	3" 〃	〃	31		1940	20		1280	11	660	60
86	6" 〃	〃	3166	50	162700	3210	50	160500	44	2200	50
111	[illegible] 直 脚	〃	96	35	3360	44	35	1540	52	1820	35
112	[illegible] 彎 脚	〃	48	50	2400	34	50	1700	14	700	50
113	二眼扁鐵	塊	959		34856	924		33596	35	1260	36
114	三 〃	〃	4	38	152				4	152	38
115	2" 角 鐵	〃	23	100	2300	9	100	900	14	1400	100
116	1½" 〃	〃	39	86	3354	10	86	860	29	2494	86
117	二眼[illegible]扁鐵	〃	9	120	1080	1		120	8	960	120
118	三 〃	〃	26	69	1794				26	1794	69
119	二眼[illegible]扁鐵	〃	128		4199	51	33	1658	77	2541	33
120	三 〃	〃	1		40				1	40	
121	3" 鐵 釘	斤	214		642	89	3	273	123	369	
合(過次頁)計					364649			629062		135587	

總經理 協理　總務科長　會計科長　材料股主任　審核股主任　簿記股主任　材料員　製表員

42

重庆电力股份有限公司 構 材料年报表　(料—22) 26-9-10 / 5-500

民國 26 年 度 月 日　第 2 頁

编號	名稱	單位	收入 數量	收入 單價	收入 金額	發出 數量	發出 單價	發出 金額	現存 數量	現存 金額	現存 均價
承前頁					760649			429062		135587	
122	½" 轉弯角铁	块	1		00				—	—	
131	½" 直[illegible]管	根	13	4	52	3	4	12	10	40	4
132	¾" 〃 〃	〃	34	16	544	20	16	320	14	224	16
133	¾" 弯[illegible]管	根	25	10	250				25	250	10
134	1" 〃 〃	〃	8	29	232				8	232	29
142	1" 黑铁管	只	12	26	312				12	312	26
143	软电管	〃	22	130	2860				22	2860	130
151	1.5A 电表	只	2747	1270	3491550	2625	1270	3336610	122	154940	1270
152	3A 〃	〃	2855	1400	3997000	1832	1400	2564800	1023	1432200	1400
153	5A 〃	〃	1557	1600	2491200	852	1600	1363200	705	1128000	1600
154	10A 〃	〃	186	〃	297600	178	〃	284800	8	12800	〃
155	15A 〃	〃	44		76520	42		73020	2	3500	1750
156	20A 〃	〃	85	2500	212500	84	2500	210000	1	2500	
157	30A 〃	〃	25	[illegible]	80000	24		76800	1	3200	
158	50A 〃	〃	27	[illegible]	121500	26	4500	117000	1	4500	
159	3×5A 〃	〃	[illegible]	[illegible]	71280	62	5700	71280	0	00	
160	3×10A 〃	〃	[illegible]	[illegible]	[illegible]	17	5900	100300	1	5900	
161	[illegible]	〃	13	6000	[illegible]	7	6000	42000	6	36000	6000
162	[illegible]	〃	[illegible]	7000	[illegible]	[illegible]	7000	98001	6	42000	7000
[illegible]	[illegible]	〃	[illegible]		320				1	320	
[illegible]	[illegible]	根	[illegible]	800	7200	9	800	7200	0	00	
[illegible]	[illegible]	只	25	242	6050				25	6050	242
[illegible]	[illegible]	〃	13	300	[illegible]	[illegible]	300	1200	9	2700	300
565	3/4" 〃	〃	5	[illegible]	780				5	780	156
566	[illegible]	〃	3	[illegible]	600				3	600	200
[illegible]	[illegible]	〃	1	[illegible]	220				1	220	
[illegible]	[illegible]	〃	8	[illegible]	1120				8	1120	140
[illegible]	[illegible]	〃	44	42	1848				44	1848	42
[illegible]	[illegible]	〃	4	17	68				4	68	17
[illegible]	[illegible]	〃	1	[illegible]	56				1	56	
[illegible]	[illegible]	[illegible]	3	[illegible]	360				3	360	120
573	[illegible]	[illegible]	8	[illegible]	384				8	384	48
574	[illegible]	只	1		30				1	30	
577	[illegible]	〃	7	[illegible]	3962				7	3962	566
591	[illegible]螺丝	〃	50	113	565	16	113	181	34	384	113
592	[illegible]螺丝	〃	2	95	190				2	190	95
595	1/6 螺丝	〃	6	20	120	4	20	80	2	40	20
596	〃 〃	〃	2	34	68				2	68	34
597	〃 〃	〃	3	08	24				3	24	08
598	〃 〃	〃	64	036	230				64	230	036
600	[illegible]螺丝	〃	23	68	1564				23	1564	68
608	10KVA 变压器	只	1		41750	1		41750	1	00	
610	3×50KVA 〃	〃	1		94400	1		94400	1	00	
658	拉线[illegible]	把	2	1100	2200				2	2200	1100
1126	拉[illegible]子	〃	2	〃	2200	2	1100	2200	0	00	
1121	[illegible]子	〃	2	20	40	1		20	1	20	
176	6A 闸刀开关	只	1		600				1	600	
575	5×6 [illegible]铁块	块	2	20	40				2	40	20
586	白铜[illegible]		8	11	88	8	11	88	0	00	
合計					12103226			9114323		2988903	

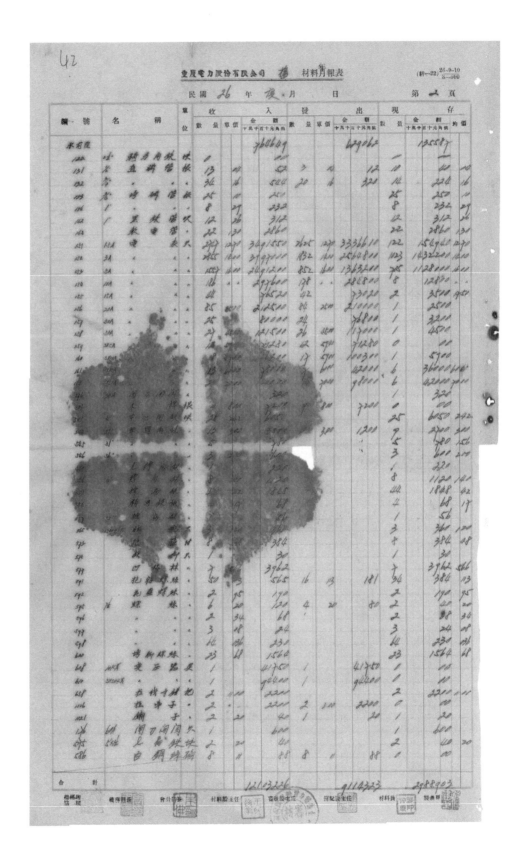

總經理 協理　稽核科長　會計科長　材料股主任　審核股主任　帳記股主任　材料員　製表員

63

重慶電力股份有限公司材料年月報表

(料—22) 26-9-10 / 3—500

民國 26 年 4—12 月 31 日。 第 1 頁

編號	名稱	單位	收入 數量	收入 單價	收入 金額	發出 數量	發出 單價	發出 金額	現存 數量	現存 金額	均價
1551	滑油	听	3	380	1140	3	380	1140	0	00	
1552	黑油	、	4	2800	11200	4	2800	11200	0	00	
1553	輕量透平油	磅	1615		132422	260	90	43240	1355	89182	77
1554	重量透平油	、	1216		419584	467	51	23817	749	395767	51
1555	牛油	、	408		13214	118	34	3978	290	9236	32
1556	汽缸油	、	1267		31779	335		8056	932	23723	25
1557	紅車油	、	1241		21790	485		7618	756	14172	19
1558	方棚油	、	4985	23	131127	490	23	11270	4495	119857	23
1559	車頭表油	、	76		3960				76	3960	
1560	凡士林	、	5	80	400	5	80	400	0	00	
1558	方棚油	磅	5866		160365				5866	160365	
合計					926981			110719		816262	

總經理 協理　　總務科長　　會計科長　　材料股主任　　審核股主任　　簿記股主任　　材料員　　製表員

44

重慶電力股份有限公司廠務材料月報表

(料—22) 26-9-10 / 3-500

民國 26 年 4-12 月 日 第 1 頁

編號	名稱	單位	收入 數量	收入 單價	收入 金額	發出 數量	發出 單價	發出 金額	現存 數量	現存 金額	均價
1601	酒精	听	3		1980	2		1300	1	680	
1602	洋乾漆	磅	15	70	1050	15	70	1050	0	00	
1603	鉄水闸汀	听	1		700				1	700	
1604	揩銅水	.	2	540	1080	2	540	1080	0	00	
1605	黑色耐熱漆	.	6		3520	2		1120	4	2400	600
1606	隔電漆	.	3		1860	3		1860	0	00	
1608	灰漆	.	11		5820	3		1020	8	4600	550
1610	黄銅砂布	磅	6½		325	1		50	5½	275	50
1611	黄銅皮	.	9½	20	181	9½	20	181	0	00	
1612	棉蓆壁花兇巾	咯	4	600	2400	2		1200	2	1200	600
1613	石棉攀更	磅	10	120	1200				10	1200	120
1614	石棉繩	.	15½	100	1550				15½	1550	100
1615	黑粉攀更	.	2	140	280	1½	140	210	½	70	
1616	.	.	5	180	900				5	900	180
1617	.	.	6	200	1200				6	1200	200
1618	.	.	9	220	1980				9	1980	220
1619	石棉攀更	.	14	150	2100				14	2100	150
1620	橡皮攀更	.	[illegible]	[illegible]	2250	4		1000	5	1250	250
1621	[illegible]	只	[illegible]	[illegible]	[illegible]	11		165	120	7040	58.7
1622	黄色巾	咯	[illegible]	[illegible]	[illegible]	[illegible]		58.75	6	1176	196
1623	白紗帶	.	[illegible]	[illegible]	[illegible]	5		150	3	90	30
1624	[illegible]	[illegible]	[illegible]	[illegible]	[illegible]	[illegible]		480	107	3210	30
1625	[illegible]	[illegible]	[illegible]	[illegible]	815				81½	815	10
1626	[illegible]	[illegible]	[illegible]	[illegible]	[illegible]	[illegible]		16900	0	00	
1627	[illegible]	咯	[illegible]	[illegible]	[illegible]	5		2810	1	660	
1628	[illegible]	[illegible]	[illegible]	[illegible]	[illegible]	12½		80010	162	71120	625
1629	[illegible]	.	[illegible]	[illegible]	[illegible]	[illegible]		75	17½	525	30
1630	[illegible]	.	[illegible]	[illegible]	2525	[illegible]		2510	0	00	
1631	[illegible]	咯	[illegible]	[illegible]	850				1	850	
1632	[illegible]	磅	[illegible]	[illegible]	[illegible]	[illegible]		390	17½	525	30
1633	石棉布	.	[illegible]	[illegible]	[illegible]				58½	4680	80
1634	[illegible]	尺	[illegible]	[illegible]	[illegible]	88		1056	110	1320	12
1635	火泥	磅	698	[illegible]	[illegible]	198		891	500	2249	4.5
1636	[illegible]	桶	2		1024	1		512	1	512	
1637	[illegible]油	斤	17		9700	17		9700	0	00	
1638	柔浦中軸	只	2		5600	2		5600	0	00	
1639	銅康安出管	.	45	300	13500				45	13500	300
1640	遠平寒葉子	.	2638	15	39570				2638	39570	15
1641	遠平角形葉子	.	3	5000	15000				3	15000	5000
1642	冷油器	.	1		35000				1	35000	
1643	膠攀更圈	.	20	30	600				20	600	30
1644	連彈簧凡而	.	16	160	2560				16	2560	160
1645	凡而盤	.	4	50	200	2	50	100	2	100	50
1646	凡而梗	.	4	.	200	4	.	200	0	00	
1647	凡而座	.	4	.	200				4	200	50
1648	保險凡而彈簧	.	2	110	220				2	220	55
1649	平衡彈簧	.	1		110	1		110	0	00	
1650	交鏈彈簧	.	1		14000	1		14000	0	00	
1651	中軸連接圈	付	1		18000	1		18000	0	00	
1652	銅螺絲圈	只	196		3920				196	3920	20
1653	易燃隔電漆	听	7		4500	7		4500	0	00	
合(過次頁)計					400372			174500		225872	

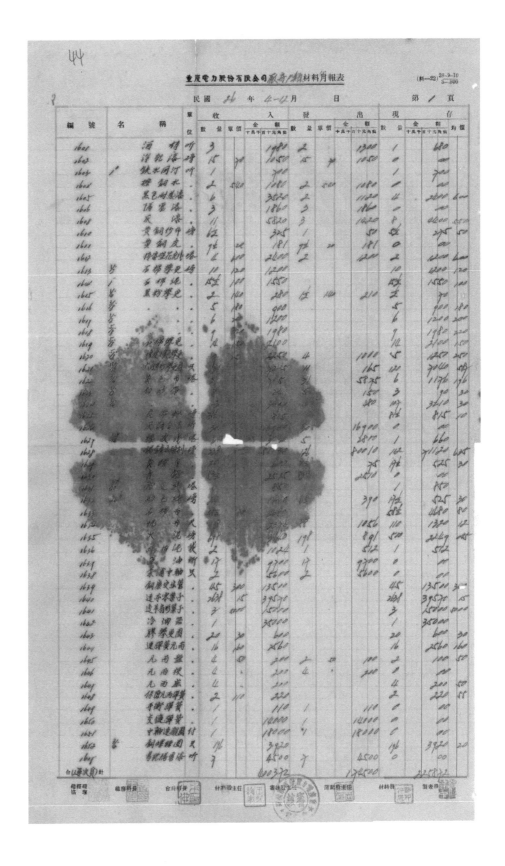

總經理 協理　總務科長　會計科長　材料股主任　審核股主任　簿記股主任　材料員　製表員

45

重慶電力股份有限公司廠需材料月報表

(料—22) 26-9-10 / 3-500

民國 26 年 4—12月 日 第 2 頁

編號	名稱		單位	收入 數量	收入 單價	收入 金額	發出 數量	發出 單價	發出 金額	現存 數量	現存 金額	均價
承前頁						400372			174500		225872	
1653	G.E.	炭精刷	只	16		6827	4		1208	12	3619	302
1654	M.V.	. .	.	6		1200	4		800	2	400	200
1655		總調節器彈簧	.	1		560				1	500	
1656		總調節器另件	.	14	100	1400	14	100	1400	0	00	
1657		帆布緊皮圈	.	45	2	90				45	90	2
1658		橡皮圈	.	2	350	700				2	700	350
1659	3/8×4	鋼筒	.	3	100	300	1		100	2	200	100
1660	4×6	. .	.	2	150	300				2	300	150
1661	6×25	. .	.	1		300				1	300	
1662	6-5-11	鐵環管	根	4	1750	7000				4	7000	1750
1663		油壺	只	6	120	720				6	720	120
1664		大道門欄圈	.	8	200	1600	2	200	400	6	1200	200
1665	G.E.	小道門	.	4	700	2800	1		700	3	2100	700
1667	1/2×12	玻璃管	支	19	800	15200				19	15200	800
1666		費偉小道門	[illegible]	4	60	240	2	60	120	2	120	60
1668	11/16×6.5	玻管	支	10		900	10		900	0	00	
1669	[illegible]	. .	.	7		630	2	90	180	5	450	90
1670		大小[illegible]銅圈	只	[illegible]		[illegible]	151		3265	2	16	08
1671		大小黃銅圈	.	25		[illegible]				25	750	30
1672		[illegible]	.	[illegible]		[illegible]			2292	307	1228	04
1673	[illegible]	紙板墊圈	.	[illegible]		[illegible]				250	1000	04
1674		大小[illegible]	[illegible]	[illegible]		[illegible]				1283	51092	
1675		[illegible]		13		[illegible]				13	260	20
1676		[illegible]	[illegible]	33		990				33	990	30
1677		[illegible]	[illegible]	[illegible]		[illegible]				213	430	2
1678		[illegible]	.	[illegible]		[illegible]	[illegible]		440	66	1320	
1679	[illegible]	[illegible]	只	[illegible]		[illegible]				200	66000	330
1680	[illegible]	[illegible]	只	[illegible]		[illegible]			26841	0	00	
1681	[illegible]	.	.	[illegible]		[illegible]			29592	6	660	110
1682	[illegible]	[illegible]	只	24		[illegible]				24	21720	
1683		[illegible]	只	1		[illegible]				1	10291	
1684	0-120	[illegible]	.	1		1900				1	1900	
1685	0-200	[illegible]溫度表	.	2		4200				2	4200	2100
1686	0-200	[illegible]溫度表	.	2	2400	4800				2	4800	2400
1687	60-200	. .	.	2	2100	4200				2	4200	2100
1688	1/16	六角螺皮圈	.	9	20	180	2	20	40	7	140	20
1689		乾燥漆	磅	45		2400	29		1688	16	712	
1690		紅丹	听	35		5650	29		4660	6	990	165
1691		黑磁漆	.	2		70	2		70	0	00	
1692	3/4	藍牌鋼	支	350		3737	2		2351	150	1386	
1693	3/8	元鐵	磅	384		8193	262		5644	122	2549	21
1694	1/2	黃牌鋼	.	286		10010	286		10010	0	00	
1695	1/4	鋼條	支	2		175	2		175	0	00	
1696	24"	漆色碎	磅	1		500	1		500	0	00	
1697	3P	鉛粉	听	1		540	1		540	0	00	
1698	3/8	凡而	只	10		5240	4		320	6	4920	
1699	1/2	. .	.	7		590	4		320	3	270	90
1700	1/2	洋元	支	24		4726	18		3556	6	1170	195
1701		焊錫	磅	409		23671	308		17784	101	5887	58
1702		松香油	听	37		7900	36		7730	1	170	
合(過次頁)計						803578			339866		463712	

總經理 協理　稽核科長　會計科長　材料股主任　審核股主任　簿記股主任　材料員　製表員

46

重慶電力股份有限公司廠務處材料月報表

(料—22) 26.9.10 / 3—500

民國 26 年 4—12 月 日　　第 3 頁

編號	名稱	單位	收入 數量	收入 單價	收入 金額	發出 數量	發出 單價	發出 金額	現存 數量	現存 金額	均價
承前頁					803578			339866		463712	
1703	叁 黄銅元	支	1		2470	1		2470	0	00	
1704	〃 〃 〃	〃	1		4225	1		4225	0	00	
1705	木鉄螺	枇	21		15735	180		13275	30	2460	82
1706	水泥	磅	220		18910	91		6817	149	12093	098
1707	柏油	桶	13		67745	8		42245	5	25500	5100
1708	叁 黑色布	卷	160		4555	145		4330	15	225	15
1709	8 鉛絲	〃	472		115210	442		107440	3	7770	2590
1710	調合白漆	听	28		18510	23		14925	5	3585	717
1712	石膏	磅	51		295	29		177	22	118	053
1713	篤兜	對	20	15	300	20		300	0	00	
1714	槐圖	頁	1000	009	900				1000	900	009
1715	杉桿	根	80		22569	80		22569	0	00	
1716	三合板	合	60		3390	10		590	50	2800	56
1717	火市跳板	塊	90		4120	90		4120	0	00	
1718	24" 白鉄皮	張	48		12060	43		8460	4	3600	900
1719	26" 〃	〃	10		5255	5		2255	5	3000	
1720	[illegible]	吹	6		1425	6		1425	0	00	
1721	[illegible]	枇	340		22220	340		22220	0	00	
1722	[illegible]	磅	42		927	42		927	0	00	
1723	2 白鉄管	丈	11		31610	4		6950	7	24660	3520
1724	[illegible]	枇	[illegible]		1492	[illegible]		1492	0	00	
1725	[illegible]	斤	[illegible]	105	1050	10	105	1050	0	00	
1726	[illegible]	丈	1		3591	[illegible]		3591	0	00	
1727	人丈膠水	桶	1		100				1	100	
1728	元鉄	丈	3		6358	1		1648	2	4710	2355
1729	[illegible]	听	[illegible]		[illegible]	11		5830	4	2120	530
1730	[illegible]	根	[illegible]		644	[illegible]		644	0	00	
1731	[illegible]	只	[illegible]		28240	6		25640	2	2600	1300
1732	[illegible]	〃	3		26640				3	26640	8880
1733	25A 三 [illegible]	〃	2		2824	1		1412	1	1412	
1734	60A 〃	〃	9		14883	9		14883			
1735	100A 三	〃	26		72592	13		36296	13	36296	2792
1736	200A 〃	〃	10	6000	60000				10	60000	6000
1737	300A 〃	〃	2		14896	2		14896	0	00	
1738	30A 閘刀開關	〃	1		269	1		269	0	00	
1739	100A 〃	〃	4		1344	4		1344	0	00	
1740	[illegible] 自動開關	套	2		45440				2	45440	22720
1741	1/4" 白鉄管	丈	1		596	1		596	0	00	
1742	2.5" 〃	〃	7		23331	4½		14456	2½	8875	3550
1743	1/2" 黑鉄管頭	只	18		346	15		288	3	58	192
1744	3/4" 〃	〃	85		1632	85		1632	0	00	
1745	3/8" 〃	〃	5		104	5		104	0	00	
1746	1/2" 〃	〃	10		376	10		376	0	00	
1747	3/4" 黑鉄丁	〃	5		288	5		288	0	00	
1748	1/2" 〃	〃	9	384	346				9	346	384
1749	1/2" 黑鉄九而	〃	2	575	115				2	115	575
1750	1/2" 黑鉄管	支	4		346	4		346	0	00	
1751	3/4" 〃	〃	7½		16588	7½		16581	0	00	
1752	1/2" 〃	〃	14		5838	8		3318	6	2520	420
1753	2" 〃	〃	1		499				1	499	
合(過次頁)計					1494777			712623		742154	

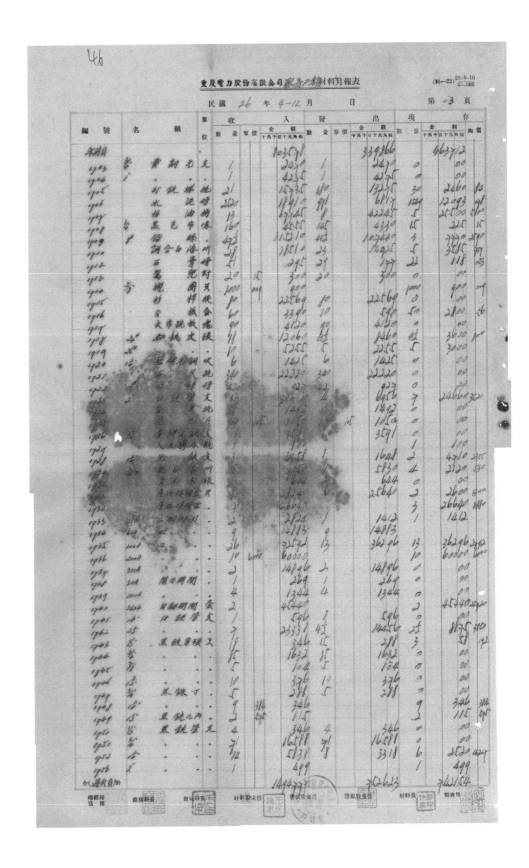

總經理 協理　總務科長　會計科長　材料股主任　審核股主任　簿記股主任　材料員　製表員

47

重慶電力股份有限公司[illegible]類材料月報表

(料—22) 28-9-10 / 8-500

民國 26 年 4-12 月 日　　第 4 頁

編號	名稱	單位	收入 數量	收入 單價	收入 金額	發出 數量	發出 單價	發出 金額	現存 數量	現存 金額	均價
承前頁					1494377			752623		742154	
1754	3/8" 元頭 小	只	1		29	1		29	—	—	
1755	3/8" 〃 〃	〃	3		115	3		115	—	—	
1756	1/2" 〃 〃	〃	42		1822	14		562	28	1260	45
1757	5/8" 〃 〃	〃	32		2992	11		1102	21	1890	90
1758	3/4" 〃 〃	〃	10		3299	2		566	8	2733	
1759	3/8" 墻 釘	〃	48		946	43		846	5	100	20
1760	1/2" 丁	〃	10		288	2		58	8	230	288
1761	3/8" 活 扇	〃	21		638				21	638	304
1762	1/2" 〃 〃	〃	12		518	8		346	4	172	43
1763	5/8" 〃 〃	〃	18		1210	2		134	16	1076	672
1764	3/4" 〃 〃	〃	5	768	384				5	384	768
1765	1" 〃 〃	〃	25		11049	10		3890	15	7159	
1766	1/2" 元頭 小	〃	1		538				1	538	
1767	3/4" 塞 頭	〃	3	768	230				3	230	768
1768	1/8" 紅棕皮	磅	117		11232	117		11232	—	—	
1769	1" 紫銅元	〃	30	112	3360				30	3360	112
1770	56 草綠漆	桶	10		32000	10		32000	—	—	
1771	56 白油漆	〃	5		16000	4		12800	1	3200	
1772	56 [illegible]	〃	[illegible]		[illegible]				3	10080	3360
1773	[illegible]	發	[illegible]		[illegible]	[illegible]		17366	62	10478	169
1774	[illegible]	只	[illegible]		179	[illegible]		179	—	—	
1775	[illegible]	〃	[illegible]		[illegible]	[illegible]		2484	147	952	646
1776	[illegible]	〃	[illegible]		[illegible]	[illegible]		9958	—	—	
1777	[illegible]	〃	[illegible]		[illegible]	[illegible]		448	2	112	56
1778	[illegible]	根	20		[illegible]	20		9840	—	—	
1779	[illegible]	磅	[illegible]		[illegible]	[illegible]		14594	1969	4018	203
1780	[illegible]	〃	[illegible]		[illegible]	[illegible]		51607	226	7450	
1781	[illegible]	只	[illegible]		417	[illegible]		417	—	—	
1782	[illegible]	枕	[illegible]		[illegible]	[illegible]		10027	462	1545	37
1783	[illegible]	〃	[illegible]		[illegible]	[illegible]		2833	40	557	14
1784	火 [illegible]	听	80		[illegible]	[illegible]		50405	10	7660	766
1785	粉 筆	盒	27		688	20		540	7	148	
1786	石 筆	〃	9		422	46		214	46	208	45
1787	75a 燈泡	只	48		3840	48		3840	—	—	
1788	40a 〃	〃	24	44	1056	24	44	1056	—	—	
1789	25a 〃	〃	48		1824	48		1824	—	—	
1790	毛線	磅	15		16000	14		14850	1	1150	
1791	1" 生鐵管	丈	31		20000	26		16775	5	3225	645
1792	3/8" 鈉 子	只	250		2325	150		1395	100	930	93
1793	3" 燈頭盒子	〃	50		3750	50		3750	—	—	
1794	3/8" 元 釘	磅	5		140	5		140	—	—	
1795	1" 〃 〃	〃	46		1158	35		828	11	330	30
1796	1 1/2" 〃 〃	〃	56		1456	46		1265	6	191	25
1797	2" 〃 〃	〃	63		1527	44		961	19	566	
1798	2 1/2" 〃 〃	〃	35		994	15		414	20	580	
1799	3" 〃 〃	〃	71		1809	56		1245	15	564	
1800	1/2 [illegible]	支	2		1804	2		1804	—	—	
1801	3/8" [illegible] 珠	磅	135		3095	25		575	110	2520	23
1802	小號 鋼絲繩	〃	17		1500	17		1500	—	—	
1803	[illegible] 〃	〃	1		120	1		120	—	—	
合(過次頁)計					185234[illegible]			1033761		818388	

總經理 協理　總務科長　會計科長　材料股主任　審核股主任　簿記股主任　材料員　製表員

48

重慶電力股份有限公司[illegible]材料[illegible]報表

(料—22) 26.9.10 5,000

民國 26 年 4—12 月 日 第 5 頁

編號	名稱（規格）	名稱	單位	收入數量	收入單價	收入金額	發出數量	發出單價	發出金額	現存數量	現存金額	均價
承前頁						1852349			1033961		818388	
1805	16"	[illegible]	[illegible]	111		2800	111		2800	—	—	
1806	12"	、	、	31		717	31		717	—	—	
1807		[illegible]油	桶	8		25600	5		15850	3	9750	3250
1809	5"	[illegible]	塊	35		3870	35		3870	0	00	
1810	2"	角鐵	支	75		135161	70		125649	5	9512	1901
1811		[illegible]	件	1		49600				1	49600	
1812		[illegible]機[illegible]	、	1		32800				1	32800	
1813		[illegible]	、	2		32000				2	32000	1600
1814		[illegible]	、	1		1600				1	1600	
1815		水[illegible]	、	2		13600	2		13600	0	00	
1817		[illegible]	只	45	81	3600				45	3600	80
1818		[illegible]器	、	1		2800				1	2800	
1819		冷油器[illegible]	套	1		55616	1		55616	0	00	
1820	[illegible]	[illegible]銅管	根	10		36000	10		36000	0	00	
1821	20HP	[illegible]	只	1		192000				1	192000	
1822	[illegible]	[illegible]	套	1		28800				1	28800	
1823	[illegible]	[illegible]	、	1		22800				1	22800	
1824	[illegible]	[illegible]	、	1		[illegible]				1	14192	
1825	[illegible]	[illegible]	只	[illegible]		[illegible]				2	35040	1752
1826	[illegible]	[illegible]	只	[illegible]	[illegible]	[illegible]				782	50048	64
1827	[illegible]	[illegible]	塊	[illegible]	[illegible]	1229				96	1229	128
1828	[illegible]	[illegible]	[illegible]	[illegible]		[illegible]				354	4531	
1829	[illegible]	[illegible]	套	[illegible]		25600				1	25600	
1830	[illegible]	[illegible]	塊	[illegible]		[illegible]	[illegible]	128	10752	0	00	
1831	[illegible]	[illegible]	支	[illegible]		[illegible]	[illegible]		42389	114	5258	477
1832	[illegible]	[illegible]	、	[illegible]		[illegible]	[illegible]		18482	264	9886	376
1833	[illegible]	[illegible]	[illegible]	[illegible]		2180	[illegible]		2180	0	00	
1834		[illegible]	只	[illegible]		[illegible]	[illegible]		2482	47	2068	44
1835	[illegible]	[illegible]	[illegible]	[illegible]	[illegible]	[illegible]				250	19762	375
1836	[illegible]	[illegible]	把	[illegible]		[illegible]	[illegible]		9750	3	1057	351
1837	[illegible]	[illegible]	張	144		[illegible]	123		1502	21	278	133
1838	[illegible]	、	、	372		5120	290		3650	82	1470	
1839	15	、	、	348		4880	276		3560	72	1320	18
1840	2"	、	、	312		4430	312		4430	0	00	
1841		[illegible]	、	12		160	12		160	0	00	
1842		[illegible]刷	把	30		3100	11		1010	19	2090	110
1843	[illegible]	角鐵	支	11		53178	1		5318	9	47860	5318
1844		大竹掃	把	30		280	30		280	0	00	
1845		[illegible]	、	30		320	4		56	26	264	09
1846	3"	木[illegible]	塊	60		150	59		148	1	12	
1847		三角鐵	支	42		202709	234		78443	186	124266	511
1849	[illegible]	[illegible]鐵	、	26		16635	26		16635	0	00	
1850	[illegible]	鐵板	張	6		10011	1		1704	5	8307	1661
1851	[illegible]	[illegible]木寸	塊	30		6540	30		6540	0	00	
1854	1002	[illegible]	只	24	120	2880	24	120	2880	0	00	
1855	152	、	、	24	38	912	24	38	912	0	00	
1856	52	、	、	24	、	912	24	、	912	0	00	
1857	15	[illegible]	[illegible]	518	08	414	403		322	115	92	08
1858	[illegible]	木[illegible]	只	740		283	543		209	197	74	04
1859	[illegible]	、	、	288		140	288		140	0	00	
合（過次頁）計						3066244			1507707		1558337	

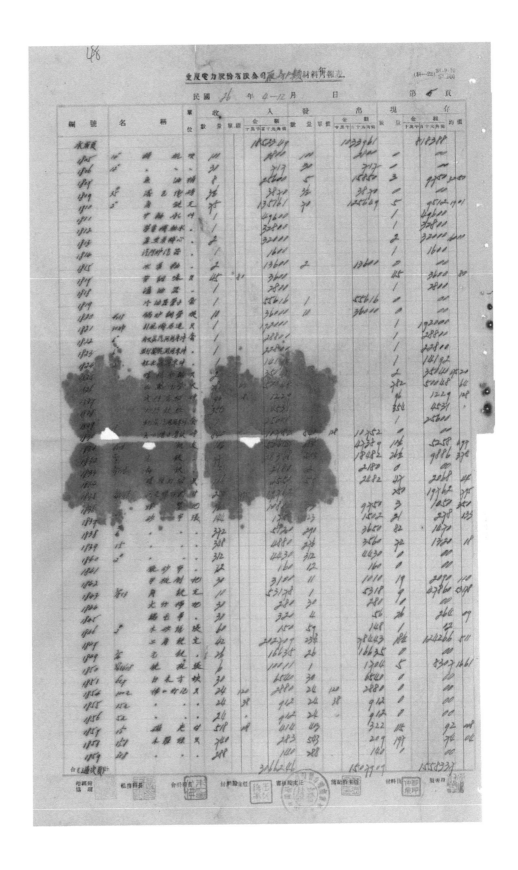

總經理協理　總務科長　會計科長　材料股主任　審核股主任　簿記股主任　材料員　製表員

49

重庆电力股份有限公司服务所材料月报表

(料—22) 26.9.10 / 3—500

民国 26 年 4—12 月　日　　第 6 页

编号		名称	单位	收入 数量	收入 单价	收入 金额	发出 数量	发出 单价	发出 金额	现存 数量	现存 金额	均价
承前页						3166246			1517909		1558337	
1860	[illegible]	木螺丝	只	586		162	279		92	307	70	[illegible]
1861	[illegible]	平[illegible]	〃	18		251	16		213	2	37	19
1862	[illegible]	〃	〃	3		240	3		240	—	—	
1863		胶木插头	〃	17		510	17		510	—	—	
1864		花线	码	200		880	200		880	—	—	
1865		胶木光灯头	只	18		900	8		900	0	10	
1866		防雨灯头	〃	18		698	4		132	14	566	
1867	[illegible]	胶皮线	呎	200	17	1890	140	17	1332	60	558	17
1868	[illegible]	铅皮线	〃	600		4681	600		4680	0	00	
1869	[illegible]	元[illegible]木	呎	40		40	40		40	0	00	
1870		[illegible]	条	4		200	4		200	0	00	
1871	[illegible]	[illegible]皮	盒	1		12	1		12	0	00	
1872	[illegible]	铜丝	磅	2	180	360	2	180	360	0	00	
1873	[illegible]	[illegible]板	块	30		5670	30		5670	0	00	
1874		粗夏布	呎	50		300	50		300	0	00	
1875	[illegible]	[illegible]	磅	46½		2751	46½		2751	0	00	
1876		白[illegible]	〃	2228		15347	228		15347	0	00	
1877	[illegible]	[illegible]	〃	6		360	6		360	0	00	
1878	[illegible]	[illegible]	只	60		[illegible]	[illegible]		1950	0	00	
1879	[illegible]	[illegible]	〃	60		[illegible]	60		2100	0	00	
1880	[illegible]	[illegible]	[illegible]	5		[illegible]	[illegible]		2650	0	00	
1881	[illegible]	[illegible]	[illegible]	[illegible]		[illegible]	[illegible]		8554	7	6136	[illegible]
[illegible]	[illegible]	[illegible]	[illegible]	[illegible]		[illegible]	[illegible]		171	[illegible]	10222	
[illegible]	[illegible]	[illegible]	[illegible]	[illegible]		[illegible]	[illegible]		1080	[illegible]	276	21
[illegible]	[illegible]	[illegible]	[illegible]	[illegible]		[illegible]	[illegible]		1009	10	290	
[illegible]	[illegible]	[illegible]	只	[illegible]		[illegible]	[illegible]		300	0	00	
[illegible]	[illegible]	〃		[illegible]		[illegible]	[illegible]		150	0	00	
[illegible]	[illegible]	[illegible]	〃	[illegible]		[illegible]	[illegible]		150	0	00	
[illegible]	[illegible]	[illegible]	〃	6		[illegible]	[illegible]		100	2	51	25
1897		[illegible]	尺	[illegible]		[illegible]	[illegible]		510	0	00	
1898	[illegible]	三角铁	支	3		8966	[illegible]		1486	2½	7424	2970
1899	[illegible]	角铁	〃	20		18408	8½		7823	11½	10585	920
1900	[illegible]	角铁	〃	11		13071	11		13071	0	00	
1901	[illegible]	〃	〃	4		9423	4		9423	0	00	
1902	[illegible]	平铁板	块	36		127026	36		127026	0	00	
1903	[illegible]	六角钢螺丝门	只	50		400	50		400	0	00	
1905	[illegible]	平机螺丝门	〃	67		402	67		402	0	00	
1906	[illegible]	元机螺丝门	〃	432		825	432		825	0	00	
1907	[illegible]	新钉	〃	240		120	240		120	0	00	
1908	[illegible]	扁铁	支	3		770	3		770	0	00	
1910	[illegible]	平机螺丝帽	只	97		679	97		679	0	00	
1911	[illegible]	六角机螺丝	〃	270		2430	240		2160	30	270	09
1912	[illegible]	螺丝帽	〃	364		1087	312		956	48	131	252
1913	[illegible]	黄铜元	呎	16		520	16		520	0	00	
1915	[illegible]	三角铁	支	156		499773	131		416073	25	83700	33.48
1916	[illegible]	扁铁	〃	1		444	1		444	0	00	
1917	[illegible]	黄铜元	呎	16		2565	16		2505	0	00	
1919	[illegible]	黑铁管	支	30		15575	30		15575	0	00	
1920	[illegible]	接头	只	2		70	2		70	0	00	
1921		黑铅粉坩埚	磅	65		6250	65		6250	0	00	
合(过次页)计						3837262			2167610		1669652	

总经理 协理　总务科长　会计科长　材料股主任　审核股主任　簿记股主任　材料员　制表员

50

重慶電力股份有限公司廠务Ｌ車材料月報表

(料—22) 26-9-10 / 3—500

民國 26 年 4—12 月 日　　　　第 1 頁

編號		名稱	單位	收入 數量	收入 單價	收入 金額	發出 數量	發出 單價	發出 金額	現存 數量	現存 金額	均價
承前頁						383726?			2167610		1669652	
1922	2"	元鐵	人	31		8476	6		1150	25	7326	
1924		二號鐵水泥	斤	2		411	2		411	—	—	
1925		白船多爲牌	状	2000	08	16000	1500	08	12000	500	4000	08
1926		小河粗沙	方	½		150	½		150	—	—	
1927		鐵石子	〃	1		1150	1		1150	—	—	
1928	各式	玻璃管	打	10		17100	1		1710	9	15390	1710
1929	186-1	曲线板	尺	1		199	1		199	—	—	
1930	186-3	〃	〃	1		260	1		260	—	—	
1931	186-13	〃	〃	1		260	1		260	—	—	
1932	186-17	〃	〃	1		260	1		260	—	—	
1933	186-21	〃	〃	1		238	1		238	—	—	
1934	183-1	〃	〃	1		181	1		181	—	—	
1935	183-6	〃	〃	1		299	1		299	—	—	
1936	181-12"	三角尺	〃	1		506	1		506	—	—	
1937	181-12	〃	〃	1		506	1		506	—	—	
1938	[illegible]	藍牌鋼	磅	64		3847	64		3847	—	—	
1939	[illegible]	黄牌元鋼	〃	34		869	34		869	—	—	
1940	[illegible]	藍〃	〃	18		630	18		630	—	—	
1941	[illegible]	滾珠培林子	只	100		950	[illegible]		950	—	—	
[illegible]	[illegible]	平 [illegible] 珠	〃	432		[illegible]	[illegible]		511	—	—	
[illegible]	[illegible]	[illegible]	[illegible]	5		[illegible]	[illegible]		2895	—	—	
[illegible]	[illegible]	[illegible]	[illegible]	[illegible]		[illegible]	[illegible]		2600	—	—	
[illegible]	[illegible]	[illegible]	[illegible]	[illegible]		[illegible]	[illegible]		762	—	—	
[illegible]	[illegible]	[illegible]	[illegible]	[illegible]		[illegible]	[illegible]		2940	—	—	
[illegible]	[illegible]	[illegible]	[illegible]	[illegible]		[illegible]	[illegible]		3282	588	11614	[illegible]
[illegible]	[illegible]	[illegible]	[illegible]	[illegible]		[illegible]	[illegible]		2150	6	6600	[illegible]
[illegible]	[illegible]	[illegible]	[illegible]	5		[illegible]				5	390	78
[illegible]	[illegible]	[illegible]	〃	62		[illegible]				62	225	[illegible]
[illegible]	[illegible]	[illegible]	只	33		[illegible]	[illegible]		945	—	—	
1959	[illegible]	〃	〃	27		900	27		900	—	—	
1960	[illegible]	湾管	件	1		2280	1		2280	—	—	
1961	[illegible]	生鐵箱	只	2		3000	2		3000	—	—	
1962	[illegible]	〃	〃	1		2000	1		2000	—	—	
1963	5HP	多速[illegible]箱蓋	〃	1		725	1		725	—	—	
1964	6"	三通	件	1		2700	1		2700	—	—	
1965	[illegible]	生鐵箱	只	4		975	4		975	—	—	
1966	[illegible]	[illegible]南	件	8		5600	8		5600	—	—	
1967	[illegible]	湾管	〃	1		2280	1		2280	—	—	
1968	8"	木[illegible]	〃	74		24450	74		24450	—	—	
1969	6"	[illegible]兩	〃	6		21320	6		21320	—	—	
1970		鐵閘門鋼心子	〃	6		4800	6		4800	—	—	
1971	[illegible]	平机罗丝[illegible]	只	431		1029	287		569	144	460	032
1972	[illegible]	〃	〃	144		432	144		432	—	—	
1974	[illegible]	元〃	〃	144		432	144		432	—	—	
1975	[illegible]	釉鐵	只	100		3544	43		1552	57	1992	35
1976	[illegible]	藍牌鋼	〃	59		720	3		36	56	684	12
1977	[illegible]	藍元鋼	〃	62.2		775				62.2	775	
1978	[illegible]	〃	〃	40.5		705				40.5	705	
1979	[illegible]	〃	〃	22.9		705				22.9	705	
1980	[illegible]	大角机罗丝	只	370	06	2220	370	06	2220	—	—	
合(过次頁)計						4017860			2298542		1719318	

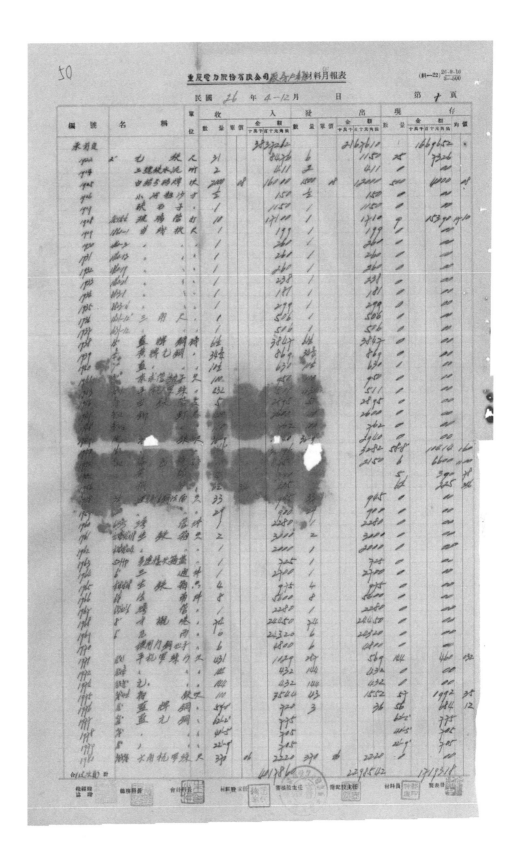

總經理 協理　　總務科長　　會計科長　　材料股主任　　審核股主任　　簿記股主任　　材料員　　製表員

51

重庆电力股份有限公司敷存户类材料年月报表

(料—22) 26-9-10 / 3-500

民國 26 年 4—12月 日　　第 8 頁

編號		名稱	單位	收入 數量	收入 單價	收入 金額	發出 數量	發出 單價	發出 金額	現存 數量	現存 金額	均價
承前頁						401786			2298562		1719218	
1981		大角機羅絲	只	120		292	120		292	—	—	
1982		螺絲公	付	1		180	1		180	—	—	
1983		膠木烟	塊	10		8000	5	800	4000	5	4000	800
1984		紫銅〔illegible〕	尺	28.4		6365	28.4		6365	0	00	
1985		〔illegible〕膠板	塊	1		18375	1		18375	0	00	
1986		石棉板	、	1		6100	1		6100	0	00	
1987		紅膠板	、	1		4050	1		4050	1	00	
1988		新電板鈕	只	93		8340	54		4860	39	3510	90
1989		新電板交鍵	、	78		2730	49		1715	29	1015	35
1990		新電板交連〔illegible〕	、	8		240	8		240	—	—	
1991		平機羅絲	、	576		651	432		435	144	216	15
1992		、	、	288		320	288		320	0	00	
1993		、	、	432		432	432		432	0	00	
1995		銅羅絲帽	、	854		930	854		930	0	00	
1996		平鐵板	塊	8		34253	2		4293	6	27960	4660
1997		木助紙	、	48		140	48		140	0	00	
1998		生鐵爐門	套	10		34051	10		34050	0	00	
1999		羅絲門	只	200		9075	100		4455	100	4620	462
2000		大角羅絲門	、	341		16170	[illegible]		11058	111	5112	46
[illegible]		[illegible]	[illegible]	2		3760	[illegible]		3760	0	00	
[illegible]		[illegible]	支	1		431	[illegible]		431	0	00	
[illegible]		[illegible]	只	1		5950	[illegible]		5950	0	00	
[illegible]		[illegible]	付	2		[illegible]				2	80	40
[illegible]		[illegible]	只	[illegible]		[illegible]	55		455	46	46	01
2009		[illegible]板	塊	[illegible]		[illegible]	[illegible]		8400	106	24990	2380
2011		平機羅絲	只	52		81	52		81	0	00	
2012		大角機羅絲	、	432		864	432		864	0	00	
2013		[illegible]	、	616		[illegible]	[illegible]		5668	283	5490	193
2014		[illegible]絲	塊	7		13657	7		13657	0	00	
2015		白鉛[illegible]	[illegible]	1000		7000	100	7	700	900	6300	7
2017		白[illegible]	磅	4.5		531	4.5		531	0	00	
2018		橡皮包線	尺	19.8		3400	19.8		3400	0	00	
2019		鐵[illegible]	磅	6.5		1789	6.5		1789	0	00	
2020		[illegible]鐵管	支	4		15435	4		15435	0	00	
2021		、	、	1		4327				1	4327	
2022		大角羅絲門	只	400		6693	400		6693	0	00	
2023		銅平機羅絲	、	144		576	144		576	0	00	
2024		、	、	70		420	70		420	0	00	
2025		鐵平機羅絲門	、	48		720	48		720	0	00	
2026		、	、	48		432	48		432	0	00	
2027		元[illegible]釘	、	150		240	150		240	0	00	
2028		生鐵箱	、	1		300	1		300	0	00	
2029		、	、	1		150	1		150	0	00	
2030		橡皮條	呎	20		700	20		700	0	00	
2032		方鐵	、	1		1225	1		1225	0	00	
2033		兩頭羅絲公	只	30		1697				30	1697	566
2035		羅絲門	、	86		1320	86		1320	0	00	
2036		水流鐵	呎	39.5		4746	14.5		1746	25	3000	120
2038		平機羅絲門	只	144		267	144		267	0	00	
2039		紫銅皮	塊	2		1762	2		1762	0	00	
合(在本頁)計						4295185			2483504		1811681	

總經理協理　業務科長　會計科長　材料股主任　稽核股主任　簿記股主任　材料員　製表員

52

重慶電力股份有限公司廠房户類材料月報表

(料—22) 25-9-10 8-500

民國 26 年 4-12 月 日 第 9 頁

編號	名稱	單位	收入 數量	收入 單價	收入 金額	發出 數量	發出 單價	發出 金額	現存 數量	現存 金額	均價
承前頁					4295185			2483504		1811681	
2040	鋼[illegible]	[illegible]	1		180	1		180	0	00	
2041	[illegible]	[illegible]	54	90	473	54		473	0	00	
2042	[illegible]	[illegible]	200	25	5000				200	5000	25
2043	[illegible]	[illegible]	5		3114	5		3114	0	00	
2044	[illegible]	[illegible]	12	35	420				12	420	35
2045	[illegible]	[illegible]	50		14560	39		11563	11	2997	272
2046	白鉄[illegible]	[illegible]	238		26248	152?		16043	78?	10205	130
2047	[illegible]	[illegible]	8		1760	5		1040	3	720	240
2048	[illegible]	[illegible]	3		269	3		269	0	00	
2049	[illegible]	[illegible]	1		92	1		92	0	00	
2050	[illegible]	[illegible]	11		2560	3		704	8	1856	232
2051	[illegible]	[illegible]	20		100	20		100	0	00	
2052	[illegible]	[illegible]	1		130	1		130	0	00	
2053	[illegible]滅火器	[illegible]	2		7000	2		7000	0	00	
2054	[illegible]	[illegible]	11		1560	11		1560	0	00	
2055	[illegible]	[illegible]	4		255	4		255	0	00	
2056	[illegible]	[illegible]	5		14069	2		4736	3	9333	
2057	[illegible]	[illegible]	12		800	9		599	3	201	
2058	[illegible]	[illegible]	10		550	[illegible]		55	9	495	55
2059	[illegible]	[illegible]	10		[illegible]	[illegible]		595	3	255	85
2060	[illegible]	[illegible]	17		[illegible]	[illegible]		4150	1	650	650
2061	[illegible]	[illegible]	[illegible]		[illegible]	[illegible]		330	4	[illegible]	55
2062	[illegible]	[illegible]	[illegible]		[illegible]	[illegible]		280	94	[illegible]	
2063	[illegible]	[illegible]	62		912	62		912	0	[illegible]	
2064	[illegible]	[illegible]	[illegible]		530	[illegible]		150	[illegible]	380	
2065	[illegible]	[illegible]	[illegible]		[illegible]	[illegible]		650	[illegible]	[illegible]	
2066	[illegible]	[illegible]	[illegible]		[illegible]	[illegible]		80	60	[illegible]	042
2067	[illegible]	[illegible]	82		[illegible]	[illegible]		730	2	5920	2960
2068	[illegible]	[illegible]	22		[illegible]	[illegible]		9620	15	72105	4807
2069	[illegible]	[illegible]	17		[illegible]	[illegible]		[illegible]	[illegible]	[illegible]	
2070	[illegible]板	[illegible]	5		43800	2		17520	3	56280	18760
2071	[illegible]板	只	20		70				20	70	035
2072	[illegible]	塊	10		5000	10		5000	0	00	
2073	木[illegible]螺	只	144		106	144		106	0	00	
2075	[illegible]	[illegible]	144		74				144	74	005
2076	[illegible]	[illegible]	1		150	1		150	0	00	
2077	[illegible]黑漆	[illegible]	2	500	1000	2		1000	0	00	
2080	[illegible]	只	285		71042				285	71042	250
2081	[illegible]	只	45		2970	45		2970	0	00	
2082	[illegible]	[illegible]	2		580	1		290	1	290	
2083	木[illegible]	[illegible]	144		116	144		116	0	00	
2084	[illegible]	[illegible]	144		70	144		70	0	00	
2085	[illegible]	[illegible]	2		260	2		260	0	00	
2086	[illegible]	[illegible]	12		960	12		960	0	00	
2087	[illegible]	[illegible]	13		4290	6		960	7	3330	
2088	[illegible]	[illegible]	4		840	4		840	0	00	
2089	[illegible]	[illegible]	283		424	283		424	0	00	
2090	[illegible]	[illegible]	272		704	272		704	0	00	
2091	紫銅[illegible]	[illegible]	2		17760	2		17760	0	00	
2092	[illegible]	块	12		60	12		60	0	00	
2093	[illegible]	[illegible]	4		20	4		20	0	00	
合(过次頁)計					4623473			2598124		2025349	

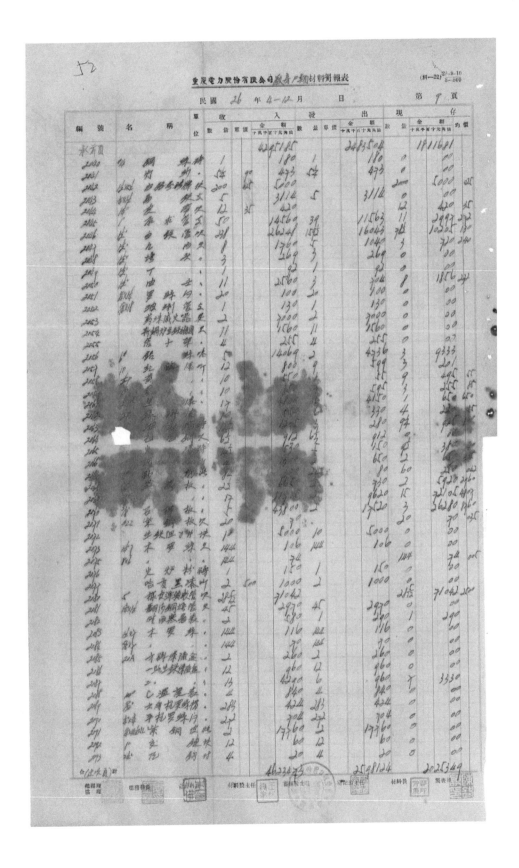

總經理 協理　總務科長　[illegible]　材料股主任　會計股主任　簿記股主任　材料員　製表員

53

重慶電力股份有限公司材料年報表

（料—22）$\frac{26\text{-}9\text{-}10}{8\text{-}500}$

民國 26 年 4—12 月 日 第 11 頁

編號	名稱	單位	收入 數量	收入 單價	收入 金額	發出 數量	發出 單價	發出 金額	現存 數量	現存 金額	均價
承前頁					4623473			2598124		2025349	
2594	2½ 白鉛螺絲釘?	只	36		72	36		72	0	00	
2595	½ 黃磚漆?	听	6		400	6		400	0	00	
2596	4½K 綠漆	〃	1		400				1	400	
2597	200×6M 紫銅皮	張?	3		18800	3		18800	0	00	
2598	½ 六角機螺絲帽	只	906		2222	906		2222	0	00	
2599	[illegible] 六角機螺絲	〃	294		2064	294		2064	0	00	
2600	[illegible] 〃	〃	300		3300	300		3300	0	00	
2601	生絲繩	尺	2		150	2		150	0	00	
2601	[illegible] 紫銅皮	張?	65		177260	65		177260	0	00	
2602	[illegible] 土磚管	支	12	60	720				12	720	60
2605	[illegible] 噴漆(立凡水)	听	4		7200	1		1800	3	5400	1800
2606	黑色噴漆	磅	1		3800	1		3800	0	00	
2607	[illegible] 砂紙	張	24		120				24	120	5
2608	木砂紙	打	2		90	2		90	0	00	
2609	[illegible] 中小丁接頭	只	2		110	2		110	0	00	
2610	[illegible] 平機螺絲帽	〃	779?		2200	779?		2200	0	00	
2611	六磨砂紙?	磅	46		1000	46		1000	0	00	
2612	[illegible]	〃	2		1200	1		600	1	600	
2613	[illegible]	只	200		1200	200		1200	0	00	
2614	[illegible]	〃	388		[illegible]	388		[illegible]	0	00	
2615	[illegible]	〃	281		[illegible]	[illegible]		[illegible]	0	00	
2616	[illegible]	〃	999		[illegible]	999		[illegible]	0	[illegible]	
2617	[illegible]	[illegible]	[illegible]		[illegible]	186		[illegible]	1	[illegible]	
2618	[illegible]	[illegible]	[illegible]		3430	62		2182	[illegible]	[illegible]	
2619	[illegible]	[illegible]	[illegible]	[illegible]	1100	195	61	[illegible]	0	[illegible]	
2620	[illegible]	[illegible]	[illegible]		[illegible]	54		[illegible]	0	[illegible]	
2621	[illegible]	[illegible]	[illegible]		[illegible]	[illegible]		[illegible]	0	[illegible]	
2622	[illegible]	[illegible]	[illegible]		[illegible]	[illegible]		[illegible]	[illegible]	4023	[illegible]
2623	[illegible]	套	2		[illegible]	1		[illegible]	0	00	
2624	[illegible]	[illegible]	32		83414	18		46975	14	36439	[illegible]
2625	[illegible]	[illegible]	337		567	337		567	0	00	
2626	[illegible]	支	12		11119	[illegible]		4046	[illegible]	7073	
2627	[illegible] 〃	〃	4		5832	2		3444	2	2388	
2628	[illegible] 開口銷?	只	40		80	40		80	0	00	
2629	[illegible] 白鐵管	支	3		2090	3		2090	0	00	
2630	[illegible] 白鐵彎頭	只	6		210	6		210	0	00	
2631	[illegible] 黃銅皮	張	4		12600	1		3150	3	9450	3150
2632	[illegible] 漆包線	磅	2		950				2	950	475
2633	[illegible] 黑鐵板	張	2		14370				2	14370	7185
2634	[illegible] 鉚釘	只	2000		9390	220		1034	1780	8356	[illegible]
2635	[illegible] 木螺絲?	〃	2		96	2		96	0	00	
2636	[illegible] 蜡麻繩	磅	[illegible]		70				[illegible]	70	140
2637	[illegible] 六角機螺絲母	只	858		1124	858		1124	0	00	
2638	[illegible] 元頭機螺絲	〃	864		1710	576		1016	288	694	[illegible]
2639	[illegible]	套	3		2850	1		950	2	1900	950
2640	[illegible] 生鐵爐門	〃	2		11550	2		11550	0	00	
2641	[illegible] 黃銅元?	呎	42		1890	16		720	26	1170	45
2642	4" 白鐵管?	〃	[illegible]		49580	[illegible]		41140	[illegible]	8440	380
2643	3" 〃	〃	257		66734	[illegible]		35804	[illegible]	30930	360
2644	1" 〃	〃	[illegible]		19764?	[illegible]		12825	[illegible]	6939	
合(连次頁)計					5169478			3002181		2167297	

總經理 協理　總務科長　會計科長　材料股主任　稽核股主任　簿記股主任　材料員　製表員

54

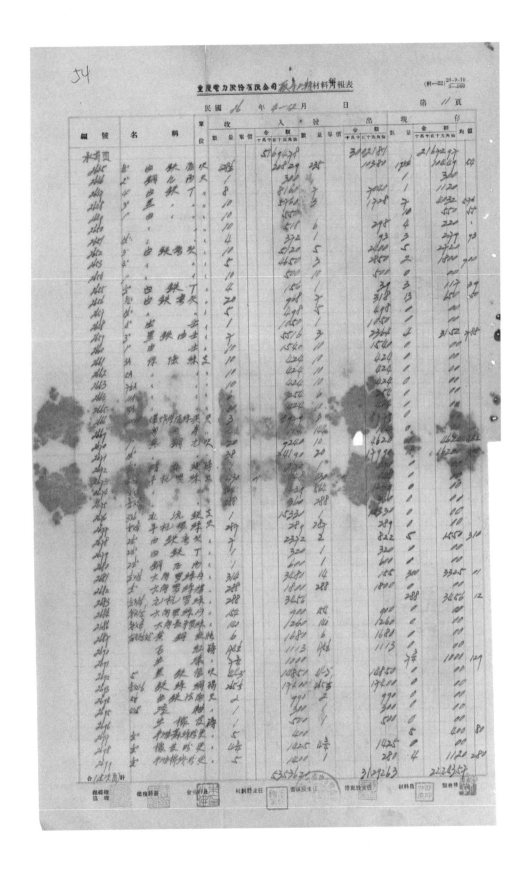

重慶電力股份有限公司 材料月報表

(料—22) 28-9-10 / 3—500

民國 26 年 4—12 月 日　　第 11 頁

編號	名稱		單位	收入數量	收入單價	收入金額	發出數量	發出單價	發出金額	現存數量	現存金額	均價
承前頁						5169428			3002181		2167297	
2645	3/8"	白鐵燈頭	只	1286		20829	225		10380	1736	10449	54
2646	2"	銅弔圈	只	1		300				1	300	
2647	4"	白鐵T	〃	8		8160	7		7040	1	1120	
2648	3"	黑〃	〃	10		5760	3		1728	7	4032	576
2649	1"	白〃	〃	10		550				10	550	55
2650		〃	〃	10		518	6		298	4	220	
2651	1/2"	〃	〃	4		372	1		93	3	279	93
2652	3"	白鐵彎頭	〃	10		5120	5		2400	5	2720	
2653	4"	〃	〃	5		4650	3		2850	2	1800	900
2654	1"	〃	〃	10		500	10		500	0	00	
2655	[illegible]	白鐵T	〃	4		156	1		39	3	117	39
2656	[illegible]	白鐵彎頭	〃	20		968	7		318	13	650	50
2657	[illegible]	〃	〃	5		498	5		498	0	00	
2658	4"	白鐵由壬	〃	1		1050	1		1050	0	00	
2659	3"	黑鐵由壬	〃	7		5516	3		2364	4	3152	788
2660	1"	白〃	〃	10		1540	10		1540	0	00	
2661	3A	保險絲	支	10		424	10		424	0	00	
2662	5A	〃	〃	10		424	10		424	0	00	
2663	7.5A	〃	〃	10		424	10		424	0	00	
2664	11A	〃	〃	6		254	6		254	0	00	
2665	[illegible]	〃	〃	10		424	10		[illegible]	0	00	
2666	[illegible]	爆炸焊接器具	只	3		[illegible]	3		[illegible]	0	[illegible]	
2667		[illegible]	〃	144		[illegible]	144		[illegible]	0	[illegible]	
2670	1"	無縫銅元	呎	20		9240	10		4620	[illegible]	4620	462
2671	[illegible]	〃		38		34190	20		17990	18	16200	[illegible]
2672	[illegible]	[illegible]	磅	1		[illegible]	1		[illegible]	0	[illegible]	
2673	[illegible]	手機螺絲	只	430		[illegible]	430		[illegible]	0	10	
2674	[illegible]	〃	〃	864		1229	864		1229	0	10	
2675	[illegible]	〃	〃	288		360	288		366	0	00	
2676	3/16	水流鐵	支	1		15330	1		15330	0	00	
2677	[illegible]	平機螺絲	只	287		289	287		289	0	00	
2678	[illegible]	白鐵彎頭	〃	7		2372	2		822	5	1550	310
2679	[illegible]	白鐵T	〃	1		320	1		320	0	00	
2680	[illegible]	銅弔圈	〃	1		600	1		600	0	00	
2681	[illegible]	大頭罗螺母	〃	314		3480	14		155	300	3325	11
2682	[illegible]	大頭罗螺帽	〃	288		1800	288		1800	0	00	
2683	[illegible]	元機罗絲	〃	288		3456				288	3456	12
2684	[illegible]	大頭罗螺母	〃	154		900	154		900	0	00	
2686	[illegible]	大頭長罗螺絲	〃	140		1260	140		1260	0	00	
2687	[illegible]	黃銅皮	磅	6		1680	6		1680	0	00	
2690		石紅	磅	14 1/2		1113	14 1/2		1113	0	00	
2691		生絲	〃	7 3/4		1000				7 3/4	1000	129
2692	5	黑鐵管	呎	41.5		14850	41.5		14850	0	00	
2693	[illegible]	鐵絲網	碼	26 1/3		17400	26 1/3		17400	0	00	
2694	[illegible]	白鐵法蘭	只	2		990	2		990	0	00	
2695	[illegible]	滾軸	〃	1		300	1		300	0	00	
2696		生橡皮	磅	1		500	1		500	0	00	
2697	[illegible]	[illegible]	〃	5		400				5	400	80
2698	[illegible]	橡皮[illegible]	〃	4 3/4		1425	4 3/4		1425	0	00	
2699	[illegible]	[illegible]	〃	5		1400	1		280	4	1120	280
合(過次頁)計						5353620			3129263		2224357	

總經理 協理　總務科長　會計科長　材料股主任　審核股主任　帳記股主任　材料員　製表員

55

重慶電力股份有限公司廠務處材料月報表

(料—22) 26-9-10 / 3—500

民國 26 年 4—12 月 日 第 12 頁

編號	名稱	單位	收入數量	收入單價	收入金額	發出數量	發出單價	發出金額	現存數量	現存金額	均價
承前頁					5353620			3129263		2224357	
2700	輕[illegible]煤	磅	5		180	5		180	0	00	
2710	1" 黃元銅[illegible]	只	5		1060	5		1060	0	00	
2712	[illegible] 六角長牙螺絲	只	100		800	100		800	0	00	
2713	2" 白鐵壽头	〃	4		842	2		516	2	326	163
2714	[illegible] 扁鐵	支	30		16330	20		16330	0	00	
2718	6 元釘	磅	5	30	150	3		90	2	60	30
2720	白鐵油壺	只	1		613	1		613	0	00	
2741	[illegible] 蒸汽笛	磅	2		2400	2		2400	0	00	
2742	亮柏油	〃	8812	08	7116				8812	7116	08
2743	[illegible] 大開黃銅掣	只	3		930	3		930	0	00	
2748	[illegible] 大開螺絲	只	100		2413				100	2413	
2750	[illegible] 黑鐵皮	張	1		1275	1		1275	0	00	
2752	5A 元保險	只	10		95	10		95	0	00	
2753	30A 方〃〃	〃	1		90	1		90	0	00	
2754	25A 閘刀開關	〃	1		200	1		200	0	00	
2757	白鉛	磅	30		1050	30		1050	0	00	
2760	1" 鋼[illegible]	只	10		4800	6		840	4	3960	
2761	3" 〃	〃	3		4800	1		1600	2	3200	1600
2762	4" 〃	〃	2		7200	1		3600	1	3600	
2763	4" 法[illegible]	[illegible]	[illegible]		7048	8		6381	1	667	667
2766	[illegible] 牛皮[illegible]	磅	[illegible]	[illegible]	13200				44	13200	
2768	松香	[illegible]	[illegible]	[illegible]	1050	35		1050	0	[illegible]	
2769	搭[illegible]	[illegible]	[illegible]		1635	5		1635	[illegible]	[illegible]	
2770	[illegible] 元機螺絲	[illegible]	288		290	288		290	[illegible]	[illegible]	
2771	老白[illegible]	只	[illegible]	640	6400	1		640	[illegible]	5760	640
2772	[illegible]	[illegible]	[illegible]		60				5	[illegible]	12
2775	16" [illegible]	[illegible]	[illegible]		[illegible]				14	[illegible]	340
2776	[illegible]	[illegible]	[illegible]		3810	2		3810	0	00	
2777	油[illegible]	[illegible]	[illegible]		600				4	600	150
2780	[illegible] 六角長牙螺絲	只	144		720	144		720	0	00	
2782	16" 紙[illegible]絲	卷	1		2450				1	2450	
2783	[illegible] 紫銅板	張	1		55575	1		55575	0	00	
2784	[illegible] 生鐵法南	只	2		2055	1		1128	1	1027	
2785	8" 〃 〃	〃	2		4185	1		2093	1	2092	
2786	100P 壓力表	〃	1		2000	1		2000	0	00	
2787	[illegible] 橡皮[illegible]	只	2100		10920	2100		10920	0	00	
2788	[illegible] 龍[illegible]	只	2		240	1		120	1	120	
2793	7886 老[illegible]鐵	機	4		14040				4	14040	3510
2794	[illegible] 灰[illegible]	〃	4		2250	2		1125	2	1125	5625
2795	[illegible] 〃 〃	〃	2		1470				2	1470	735
2796	7885 老[illegible]鐵	〃	4		14040				4	14040	3510
2797	[illegible] 白鐵壽头	只	8		280	1		35	7	245	35
2798	[illegible] 白鐵丁	〃	1		38				1	38	
2799	[illegible] 白[illegible]士	〃	6		528	2		176	4	352	88
2889	[illegible] 紫銅管	磅	[illegible]		9265	[illegible]		9265	0	00	
2890	生鐵瓦爾盤	只	1		140				1	140	
2891	生鐵頸圈	〃	2		280	2		280	0	00	
2892	[illegible] 扁鐵	支	1		4395	1		4395	0	00	
1863	[illegible] 螺絲燈泡	只	62		5890	14		1330	48	4560	95
1862	[illegible] 水汽燈	吹	160		29747	99½		18560	60½	11178	186
合(過次頁)計					5605580			3282369		2323211	

總經理 協理　稽核科長　會計科長　材料股主任　審核股主任　簿記股主任　材料員　製表員

56

重慶電力股份有限公司 [illegible]材料月報表　(料—22) 28-9-10 3—500

民國 26 年 4 月 31 日　第 13 頁

編號		名稱	單位	收入 數量	收入 單價	收入 金額	發出 數量	發出 單價	發出 金額	現存 數量	現存 金額	均價
承前頁						5605580			3282369		2323211	
1883	23/10	木罗線	支	144	06	240				144	240	016
1884	2/8	〃	〃	144	011	160				144	160	011
1885	504	方鐵保險	〃	2		520	2		520	0	00	
1886	2	鐵光	付	50	06	300				50	300	06
1887	[illegible]	大黄皮	磅	10¼	400	4100				10¼	4100	400
1888	[illegible]	牛舌鹽	張	1		410				1	410	
1889	[illegible]	鉛絲	捲	20		[illegible]	19		24644	1	2600	
2804	[illegible]	光機器紙	只	50	16	800				50	800	16
2805	[illegible]	〃	〃	30	15	450				30	450	15
2809	[illegible]	螺絲帽	〃	30	11	330				30	330	11
2810	[illegible]	〃〃円	〃	50	275	1375	16		440	34	935	275
2812	[illegible]	元[illegible]	支	432		1026	144		576	288	450	16
2813	[illegible]	中小丁	〃	1		178				1	178	
2814	[illegible]	大米	〃	2		146	2		146	0	00	
2815	[illegible]	〃	〃	2	110	220				2	220	110
2816	[illegible]	白銅絲	磅	1		230				1	230	
2818	[illegible]	銅[illegible]	只	1		100				1	100	
2819	[illegible]	[illegible]	[illegible]	6	40	240				6	240	40
2820	[illegible]	[illegible]	[illegible]	3		4340	3		4340	0	00	
2821	[illegible]	黄銅法蘭	[illegible]	2		460	2		460	0	00	
2822	[illegible]	水[illegible]	只	12	[illegible]	1160	12	[illegible]	1160	0	00	
2823	[illegible]	[illegible]	[illegible]	12		960	12	80	960	0	00	
2824	[illegible]	[illegible]	支	3	[illegible]	880	3		880	0	00	
2825	[illegible]	双[illegible]	[illegible]	2	230	460				[illegible]	460	230
2826	[illegible]	[illegible]	[illegible]	1		115	1		115	0	00	
2827	[illegible]	[illegible]	[illegible]	1		116	1		116	0	00	
2828	[illegible]	[illegible]	支	1		[illegible]	1		[illegible]	0	00	
2829	[illegible]	双[illegible]	[illegible]	3½	430	1505				3½	1505	430
2830	[illegible]	[illegible]小	只	6	178	1068				6	1068	178
2831	[illegible]	[illegible]	[illegible]	3		536				3	536	〃
2832	[illegible]	[illegible]	[illegible]	2		356				2	356	〃
2833	[illegible]	白[illegible]丁	只	1		178				1	178	
2834	[illegible]	硫磺	斤	8	12	96	8	12	96	0	00	
2835	[illegible]	鉗法蘭	支	1		5550				1	5550	
2836	[illegible]	車[illegible]	〃	2		885				2	885	4425
2837	1310	〃	〃	2	580	1160				2	1160	580
2838	2310	〃	〃	2	1000	2000				2	2000	1000
2839	3310	〃	〃	3	1780	5340				3	5340	1780
2840	[illegible]	〃	〃	2	330	660				2	660	330
2841	[illegible]	白鐵[illegible]	只	1		880				1	880	
2842	[illegible]	[illegible]	〃	2	630	1260				2	1260	630
2629	[illegible]	白鐵管	呎	[illegible]	[illegible]	4008				72	4008	[illegible]
	[illegible]	木罗絲	支	1		85				1	85	
		油紙	張	60		190				60	190	032
	[illegible]	元機器紙	只	100	03	300				100	300	03
	[illegible]	紫銅板	塊	11		5331	11		5331	0	00	
合計						3358184 5560180			3395951 3397761		2362333	

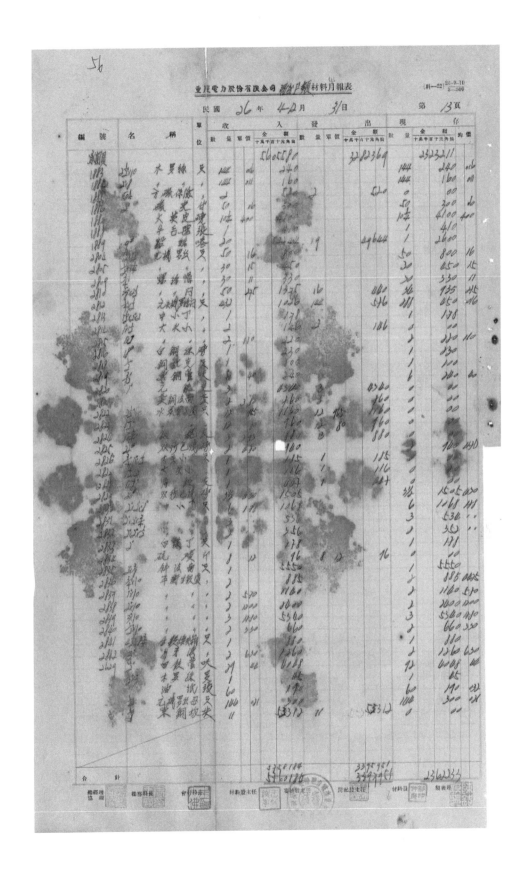

總經理 協理　稽核科長　會計科長　材料股主任　審核股主任　簿記股主任　材料員　製表員

1 57

重庆电力股份有限公司[illegible]材料月报表

(料—22) 26-9-10 / 3—500

民国 26 年 4—12 月 日　　　　第 1 页

编号	名称		单位	收入 数量	收入 单价	收入 金额	发出 数量	发出 单价	发出 金额	现存 数量	现存 金额	均价
1001		裕昌老虎钳	只	4		3720	4		3720	—	—	
1002	6"	管子老虎钳	〃	1		950	1		950	0	00	
1003	8"	〃 〃	〃	2	1200	2400	2	1200	2400	0	00	
1004		手摇火石	〃	1		2200	1		2200	0	00	
1005		手摇钻	〃	2		1290	2		1290	0	00	
1006		手摇木钻	〃	1		670	1		670	0	00	
1007		板钻	〃	2	1050	2100	2	1050	2100	0	00	
1008	3/8"	钢质麻花钻头	〃	3	36	108	3	36	108	0	00	
1009	[illegible]	〃	〃	5		264	5		264	0	00	
1010	[illegible]	〃	〃	3	62	186	3		186	0	00	
1011	[illegible]	〃	〃	3	75	225	3	75	225	0	00	
1012	[illegible]	〃	〃	3	90	270	3	90	270	0	00	
1013	[illegible]	〃	〃	3	110	330	3	110	330	0	00	
1014	[illegible]	〃	〃	2	225	450	2	225	450	0	00	
1015	[illegible]	〃	〃	3	638	1914	3	638	1914	0	00	
1016	[illegible]	〃	〃	2	825	1650	2	825	1650	0	00	
1017	[illegible]	〃	〃	2	[illegible]	1584	2	[illegible]	1584	0	00	
1018	[illegible]	〃	〃	3	[illegible]	2025	[illegible]	[illegible]	2025	0	00	
1019	[illegible]	〃	〃	2	[illegible]	2016	2	[illegible]	2016	0	00	
1020	[illegible]	〃	〃	2	1210	2420	2	1210	2420	0	00	
[illegible]		大小钻头	〃	30	[illegible]	3000	[illegible]	100	3000	0	00	
[illegible]		大小扳手	〃	[illegible]	[illegible]	[illegible]	10	[illegible]	1200	0	00	
[illegible]		碳精盘	〃	3	[illegible]	[illegible]	[illegible]	[illegible]	2000	0	00	
[illegible]		碳精刷	〃	[illegible]	[illegible]	[illegible]	[illegible]	[illegible]	1200	0	00	
1027		木柄斧	〃	[illegible]	[illegible]	[illegible]	1		800	[illegible]	[illegible]	
1028	[illegible]	螺丝钣	〃	[illegible]	[illegible]	[illegible]	2	80	160	[illegible]	[illegible]	
[illegible]	[illegible]	〃	〃	[illegible]	[illegible]	[illegible]	[illegible]	[illegible]	420	0	[illegible]	
[illegible]	[illegible]	〃	〃	[illegible]	[illegible]	75	[illegible]	[illegible]	75	0	00	
1031	[illegible]	〃	〃	[illegible]	[illegible]	380	4	95	380	0	00	
[illegible]	[illegible]	〃	〃	[illegible]	[illegible]	[illegible]	[illegible]	[illegible]	125	0	00	
[illegible]	[illegible]	〃	〃	[illegible]	195	390	[illegible]	[illegible]	390	0	00	
[illegible]	[illegible]	〃	〃	[illegible]	[illegible]	124	[illegible]	[illegible]	124	0	00	
[illegible]	8"	活动扳手	〃	[illegible]	[illegible]	608	[illegible]	[illegible]	608	0	00	
[illegible]	[illegible]	〃 〃	〃	17	[illegible]	[illegible]	[illegible]	[illegible]	4860	0	00	
1037		大小角尺	〃	3	300	[illegible]	[illegible]	[illegible]	900	1	10	
1038	200lbs	磅秤	部	2		28000	[illegible]		14400	1	14000	
1039		橡皮手套	付	2	550	1100	[illegible]		550	1	550	
1040		小千斤顶	〃	2	3400	6800	2	3400	6800	0	00	
1041		大千斤顶	〃	2	6000	12000				2	12000	6000
1042		行灯	只	8		2370	8		2370	0	00	
1043		安全皮带	付	50		[illegible]	49		47598	1	1019	
1044	[illegible]	榔头	只	4	70	280	4	70	280	0	00	
1045	[illegible]lbs	〃	〃	22		1795	22		1775	0	00	
1046	3lbs	〃	〃	3		430	2		286	1	144	
1047	4lbs	〃	〃	3		[illegible]	1		260	2	520	260
1048	[illegible]lbs	〃	〃	3		676	3		676	0	00	
1049	[illegible]lbs	〃	〃	2		1040	2		1040	0	00	
1050	18lbs	〃	〃	1		450	1		450	0	00	
1051	1/2"	单独螺丝板	付	3	1200	3600	3	1200	3600	0	00	
1052	[illegible]	螺丝板连钢公	〃	1		325	1		325	0	00	
1024		火酒灯	只	1		240	1		240	0	00	
合过次页计						151907			123674		28233	

总经理 协理　　总务科长　　会计科长　　材料股主任　　审核股主任　　屯配股主任　　材料员　　制表员

58

重慶電力股份有限公司[illegible]材料存報表　(料—22) 26-9-10 3—500

民國 26 年 4—12 月 日　第 2 頁

編號	名稱	單位	收入 數量	收入 單價	收入 金額	發出 數量	發出 單價	發出 金額	現存 數量	現存 金額	均價
承前頁					151907			123674		28233	
1053	螺絲板連螺絲公	付	1		375	1		375	0	00	
1054	〃	〃	1		7400	1		7400	0	00	
1055	小彎刀	把	1		140	1		140	0	00	
1056	大彎刀	〃	2		460	2		460	0	00	
1057	鋼銼	〃	3		350	3		350	0	00	
1058	鋼皮尺	支	1		3200	1		3200	0	00	
1059	皮捲尺	盤	4		4000	2		2300	2	1700	850
1060	鋼皮尺	〃	1		1760	1		1760	0	00	
1061	大小鋼絲剪	把	2	120	240	2	120	240	0	00	
1062	管子鉗	〃	2	360	720	2	360	720	0	00	
1063	〃	〃	2	380	760	2	380	760	0	00	
1064	〃	〃	1		400	1		400	0	00	
1065	〃	〃	2	1100	2200	2	1100	2200	0	00	
1066	〃	〃	1		1600	1		1600	0	00	
1067	焊錫[illegible]	只	3		3120	3		3120	0	00	
1068	焊錫[illegible]	〃	1		100	1		100	0	00	
1069	[illegible]	〃	3		936	3		936	0	00	
1070	鑿子	付	2	120	240	2	120	240	0	00	
1071	英式鋼子[illegible]	套	1		420	1		420	0	00	
1072	[illegible]油[illegible]	只	1		2600	1		2600	0	00	
1073	[illegible]	〃	1		310	1		310	0	00	
1074	[illegible]	〃	3		3890	3		3890	0	00	
1075	[illegible]	把	2	1800	3600	2	1800	3600	0	00	
1076	1 ton [illegible]	〃	1		4200	1		4200	0	00	
1077	2 Tons 〃	〃	1		5400	1		5400	0	00	
1078	5 Tons 〃	〃	1		11600	1		11600	0	00	
1079	三個葫芦	〃	3		1508	3		1508	0	00	
1080	兩個葫芦	〃	1		320	1		320	0	00	
1081	[illegible]布皮帶	呎	70		2700	70		2700	0	00	
1082	鋼絲鉗	把	40		3088	40		3088	0	00	
1083	螺絲刀	〃	7		460	5		320	2	140	70
1084	水[illegible]刀	〃	42		3102	40		2962	2	140	〃
1085	[illegible]眼	只	37		3684	37		3684	0	00	
1086	四摺尺	把	55		5770	55		5770	0	00	
1087	活[illegible]螺絲撥	〃	7		2500	7		2500	0	00	
1088	鉆索	条	6		430	2		190	4	240	60
1089	粗鋼絲剪	把	20		3500	14		2300	6	1200	200
1090	三腳板	呎	57		7080	57		7080	0	00	
1091	白棉[illegible]	磅	123	65	7995	123		7995	0	00	
1092	〃	〃	30½	〃	1982	30½		1982	0	00	
1093	漆刷	把	70		3200	65		2950	5	250	50
1094	木鉞	〃	5	150	750	4	150	600	1	150	
1095	泥桶	只	20		400	1		20	19	381	20
1096	洞[illegible]釘扒	〃	2	111	222				2	222	111
1097	帆布工具袋	〃	57		5720	53		5120	6	600	100
1098	木螺絲[illegible]	把	7		600	6		500	1	100	
1099	鉄鏨	〃	34		8781	34		8781	0	00	
1100	漆刷	〃	49		6742	46		6280	3	462	154
1101	木[illegible]螺絲	〃	7		944	7		944	0	00	
1102	鋼絲鉗	〃	1		50	1		50	0	00	
合（过次頁）計					283496			249679		33817	

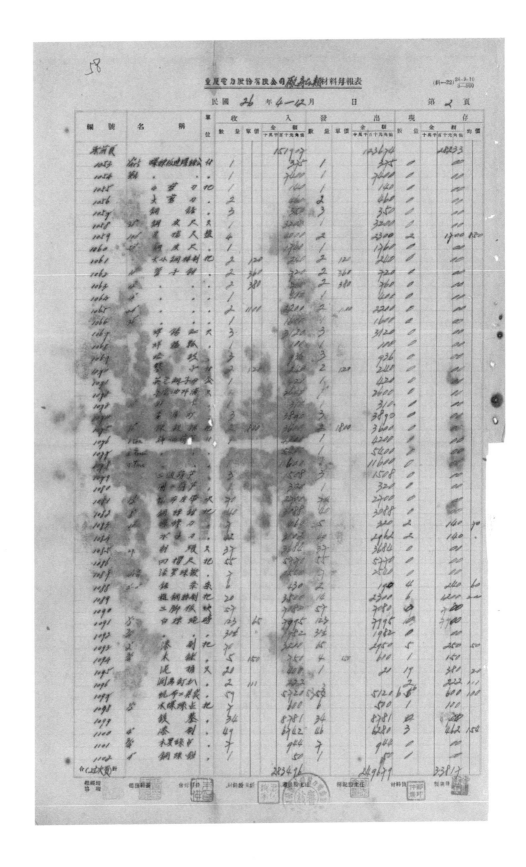

總經理 協理　總務科長　會計科長　材料股主任　審核股主任　帳記股主任　材料員　製表員

59

重慶電力股份有限公司[illegible]類材料冊報表　　(料—22) 26-9-10 / 3—500

民國 26 年 4—12 月　日　　第 3 頁

編號	名稱		單位	收入 數量	收入 單價	收入 金額	發出 數量	發出 單價	發出 金額	現存 數量	現存 金額	均價
承前頁						2834 96			2496 77		338 17	
1103	6	鋼[illegible]釘	把	3		252	3		252	—	—	
1104	12	[illegible]	.	5		877	5		877	—	—	
1105	12	[illegible]	.	1		204	1		204	—	—	
1106		鐵[illegible]鏈	[illegible]	123	45	563	123	45	563	—	—	
1107		大號[illegible]	只	1		1000	1		1000	—	—	
1108	3	[illegible]	吋	90		5431	15		931	75	4500	60
1109	[illegible]	螺絲[illegible]	付	1		2500	1		2500	—	—	
1111	[illegible]	鋼 [illegible]	根	8	448	3584	8	448	3584	—	—	
1112	[illegible]	. .	.	6	512	3072	6	512	3072	—	—	
1113	7	鐵 [illegible]	.	3	680	2040	3	680	2041	—	—	
1114		鐵夫[illegible]	只	6	256	1536	6	256	1536	—	—	
1115	[illegible]	鐵 [illegible]	根	4		1280	4		1280	—	—	
1116	[illegible]	[illegible]鐵管	.	4		1536	4		1536	—	—	
1117	[illegible]	鐵 [illegible]	.	3	440	1320	3	440	1320	—	—	
1118	[illegible]	[illegible]	把	1		112	1		112	—	—	
1119	[illegible]	[illegible]	.	7		1166	7		1166	—	—	
1120	[illegible]	[illegible]	.	1		100	1		100	—	—	
1121	[illegible]	[illegible]	.	12		672	12		672	—	—	
1122	[illegible]	. .	.	2	60	121	2	60	121	—	—	
1123	[illegible]	[illegible]	.	6		[illegible]				—	—	
1124	[illegible]	[illegible]	.	11		1596	11		1596	—	—	
1125	[illegible]	[illegible]	.	11		680	10		560	1	120	
1126	[illegible]	[illegible]	.	24		[illegible]	21		1138	3	180	60
1127	[illegible]	. .	.	3		296	1		96	2	200	100
1128	[illegible]	[illegible]	.	3	120	360	3	120	360	—	—	
1129	[illegible]	[illegible]	付	[illegible]		880	[illegible]		880	—	—	
1130	[illegible]	. .	.	[illegible]	1280	2560	2	1280	2560	—	—	
1131	[illegible]	[illegible]	.	[illegible]		5480	3		5480	—	—	
1132	[illegible]	鋼 [illegible]	把	1		336	1		336	—	—	
1133	[illegible]	[illegible]	.	6	312	1872	6	312	1872	—	—	
1134	[illegible]	[illegible]	根	14		5760	10		4608	4	1152	288
1135	[illegible]	. .	.	5		3020	3		2180	2	840	420
1136	[illegible]	[illegible]	付	2	1280	2560	2	1280	2560	—	—	
1137		[illegible]	.	1		360	1		360	—	—	
1138	[illegible]	[illegible]	只	14		700	9		510	5	190	38
1139	[illegible]	. .	.	5	96	480	5	96	480	—	—	
1140	[illegible]	. .	.	1		112	1		112	—	—	
1141	[illegible]	油[illegible]	[illegible]	3		630	2		480	1	150	
1142		大風[illegible]	只	2	160	320	2	160	320	—	—	
1143		小風[illegible]	.	2	120	240	2	120	240	—	—	
1144		[illegible]	把	1		2240	1		2240	—	—	
1145	[illegible]	[illegible]電池	支	2	640	1281	2	640	1281	—	—	
1146		[illegible]	只	2	200	400	2	200	400	—	—	
1147	[illegible]	[illegible]	吋	2125	4	8500	2125	4	8500	—	—	
1148	[illegible]	. .	.	1100	64	7040	1100	64	7040	—	—	
1149	[illegible]	. .	.	3298		28129	2294		20097	1004	8032	8
1150	[illegible]	[illegible]	根	1		160	1		160	—	—	
1151	[illegible]	[illegible]	把	6	448	2688	6	448	2688	—	—	
1152	25	[illegible]	架	5	300	1500	5	300	1500	—	—	
1153	20	. .	.	1		240	1		240	—	—	
合(过次頁)計						3925 98			3434 17		491 81	

總經理 協理　　總務科長　　會計科長　　材料股主任　　審核股主任　　簿記股主任　　材料員　　製表員

60

重慶電力股份有限公司[illegible]材料月報表

(料—22) 26-9-10 / 5-500

民國 26 年 4—12 月 日　　第 4 頁

編號	名稱	單位	收入 數量	收入 單價	收入 金額	發出 數量	發出 單價	發出 金額	現存 數量	現存 金額	現存 均價
承前頁					392598			343417		49181	
1154	1/8" 木螺絲	支	1		210	1		210	0	00	
1155	3/4" 〃	〃	1		175	1		175	0	00	
1156	1/2" 〃	〃	1		60	1		60	0	00	
1157	12" 鋸条	打	38		6570	33		5950	5	620	
1160	16" 鋸子[illegible]	把	1		420	1		420	0	00	
1161	6" 粗元銼	〃	1		54	1		54	0	00	
1162	6" 細〃〃	〃	1		70	1		70	0	00	
1163	10" 粗〃〃	〃	1		87	1		87	0	00	
1164	10" 細〃〃	〃	1		119	1		119	0	00	
1165	12" 粗〃〃	〃	1		117	1		117	0	00	
1166	12" 細〃〃	〃	1		157	1		157	0	00	
1167	14" 粗〃〃	〃	1		162	1		162	0	00	
1168	14" 細〃〃	〃	1		211	1		211	0	00	
1169	6" 粗半元銼	〃	1		76	1		76	0	00	
1170	6" 細〃〃	〃	1		92	1		92	0	00	
1171	12" 粗〃〃	〃	1		152	1		152	0	00	
1172	12" 細〃〃	〃	1		206	1		206	0	00	
1173	12" 粗角銼	〃	6		[illegible]	2		292	4	[illegible]	
1174	12" 細〃〃	〃	2	190	380	2	190	380	0	00	
1175	14" 粗〃〃	〃	11	175	1950	11	175	1950	0	00	
1176	14" 細〃〃	〃	2	249	498	2	249	498	0	00	
1177	[illegible] 螺絲鉸	把	5		[illegible]	3		85	2	50	25
1178	6" 〃	〃	15		565	8		300	7	265	35
1179	6" 活搬鉗	〃	1		180	1		180	0	00	
1180	12" 〃	〃	1		360	1		360	0	00	
1181	8" 有前鉗	〃	3		260	1		100	2	160	80
1182	[illegible] 鋼絲[illegible]	〃	2	30	60	2	30	60	0	00	
1183	[illegible] 〃	把	5		198	5		198	0	00	
1184	[illegible] 〃	〃	2		162	2		162	0	00	
1185	[illegible] 〃	〃	3	30	90	3	30	90	0	00	
1187	[illegible] 鋼捲尺	〃	12		1810	12		1810	0	00	
1188	[illegible]	〃	6	200	1200	6	200	1200	0	00	
1189	6" 鋼皮吹	〃	1		50	1		50	0	00	
1190	[illegible]	〃	17		1260	17		1260	0	00	
1191	8" 鐵水平尺	〃	2		1800	2		1800	0	00	
1192	24" 木〃〃〃	〃	1		432	1		432	0	00	
1193	玻璃割刀	〃	1		800	1		800	0	00	
1194	[illegible] 帶螺絲鋼板	套	1		2000	1		2000	0	00	
1195	[illegible] 呂米繩	呎	2880		21786	2880		21786	0	00	
1196	[illegible] 長柄[illegible]	支	2		350	1		175	1	175	
1197	[illegible] 胡頭柄	只	12		600	9		450	3	150	50
1198	[illegible] 呂米繩	呎	720	18	7755	720	18	7755	0	00	
1199	35" 鋼皮吹	把	1		2100	1		2100	0	00	
1200	[illegible] 檀木[illegible]柄	支	11		550	8		400	3	150	50
1202	3' 座卡尺	把	2		4600	2		4600	0	00	
1203	繩尺	〃	1		420	1		420	0	00	
1206	15' 竹梯	架	1		180	1		180	0	00	
1207	6" 棣木刨	把	4	80	320				4	320	80
1208	4" 螺絲鉸	〃	4	20	80	4	20	80	0	00	
1209	8" 樣木刨	〃	1		1150	1		1150	0	00	
合計(過次頁)					456901			405130		51771	

總經理 協理　總務科長　會計科長　材料股主任　審核股主任　簿記股主任　材料員　製表員

61

重慶電力股份有限公司厰务公栈材料月報表

(料—22) 26-9-10

民國 26 年 4—12月 日　　　第 V 頁

編號	名稱	單位	收入 數量	收入 單價	收入 金額	發出 數量	發出 單價	發出 金額	現存 數量	現存 金額	均價
承前頁					456701			405130		51771	
1211	寸 拉毛丝	支	2	100	200	2	100	200	1	00	
1212	8" 扳子螺丝	部	2		3700	2		3700	1	00	
1213	6" 〃 〃	〃	3		7100	3		7100	1	00	
1216	2分 竹 扫帚	张	2	288	576				2	576	288
1217	10" 開口扳子	〃	20		900	20		900	1	00	
1218	肚勒大	把	1		1800	1		1800	1	00	
1219	8" 铜螺丝旋凿大	〃	1		60	1		60	0	00	
1220	4" 扁 锉	把	1		80	1		80	1	00	
1221	铜罗丝攻	付	2		650	1		350	1	300	
1222	铜罗丝旋凿大	〃	2		50	2		50	1	00	
2223	铜罗丝攻	付	1		300			300	1	00	
2225	6" 大 剪	把	1		150			150	0	00	
2226	螺丝刀	〃	1		16			16	1	00	
1123	风 镜	付	2	150	300				2	300	150
1214	元 锉	只	1		188	1		188	0	00	
1215	〃 〃	〃	1		137	1		137	0	00	
1216	8" 铜虎头	把	1		1850	1		1850	0	00	
2227	6" 丝钳大	〃	1		1500	1		1500	0	00	
2228	长柄罗丝凿	〃	2	75	150				2	150	75
2230	16" 竹 扫帚	张	4		768	3		576	1	192	
2235	铜管罗丝攻	付	1		750	1		750	0	00	
2236	〃	〃	1		1000	1		1000	1	00	
2237	〃	〃	1		1510	1		1510	0	00	
2239	16" 竹 扫帚	张	3	168	504				3	504	168
2240	7" 胶木柄	把	4	90	360	4	90	360	0	00	
2242	[illegible]	〃	10	300	3000	10	300	3000	0	00	
2245	熟铁葫芦	只	2	4500	9000	2	4500	9000	0	00	
2246	皮 带	尺	14	40	560	14	40	560	0	00	
2247	1" 漆 刷	把	10	25	250	7	25	175	3	75	25
2248	皮带扣	盒	2	700	1400				2	[illegible]	700
合計					495700			440432		55268	

總經理 協理　總務科長　會計科長　材料股主任　審核股主任　登記股主任　材料員　製表員

62

重慶電力股份有限公司廠務科材料月報表

(料—22) 26-9-10 / 8-500

民國 26 年 4—12 月 31 日　　第 1 頁

編號		名稱	單位	收入 數量	收入 單價	收入 金額	發出 數量	發出 單價	發出 金額	現存 數量	現存 金額	均價
2101		整流方棚	部	1		25600	1		25600	0	00	
2102		測量電阻器	只	1		34880	1		34880	0	00	
2103	500V	電壓表	只	1		5600	1		5600	0	00	
2104	100V	電流表	〃	2	5920	11840	2	5920	11840	0	00	
2105	5KVA	單相方棚	部	1		14800	1		14800	0	00	
2107		發電機電[illegible]	只	1		18177	1		18177	0	00	
2108		表用電流互感器	〃	1		16000	1		16000	0	00	
2109		電度表	〃	1		30400	1		30400	0	00	
2110		電壓表	〃	1		8400	1		8400	0	00	
2111		電流表	〃	1		8400	1		8400	0	00	
2112		直流配電板	套	1		10400	1		10400	0	00	
2113		五門路表台	座	1		228000	1		228000	0	00	
2114		冷凍機	部	1		6800	1		6800	0	00	
2115	舊	鉄板	磅	1005		15038	1005		15038	0	00	
2106	2020A	電阻表	只	1		25600	1		25600	0	00	
2116		舊材料	斤	1697	.06	1000	1697	.06	1000	0	00	
2118	2"×10	方口鉄	磅	204	.172	3524	28	.172	482	176	3042	.172
合計						464459			461417		3042	

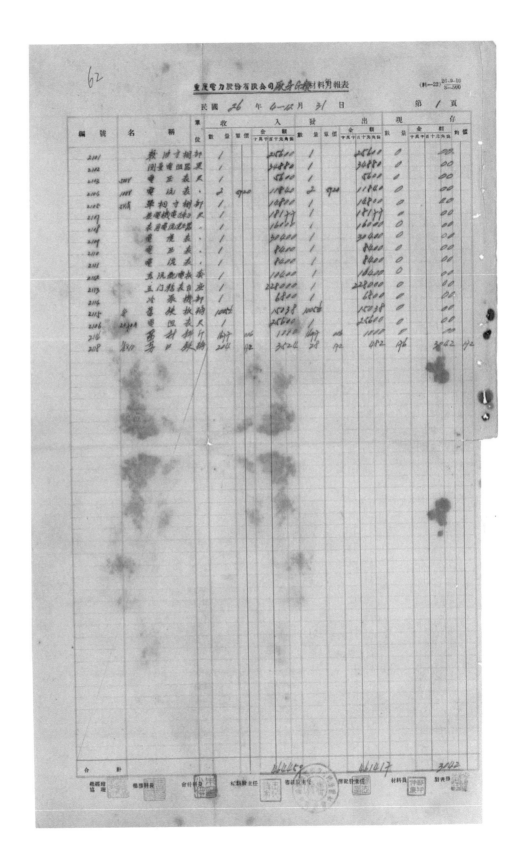

總經理 協理　　總務科長　　會計科長　　材料股主任　　審核股主任　　簿記股主任　　材料員　　製表員

63

重慶電力股份有限公司 裝燈材料月報表

(料—22) 23-9-10 / 5-500

民國 26 年度 月 日　　第 1 頁

編號	名稱		單位	收入 數量	收入 單價	收入 金額	發出 數量	發出 單價	發出 金額	現存 數量	現存 金額	均價
1	15w	日光灯泡	只	16	60	960				16	960	60
2	25w	〃 〃	〃	15	〃	900				15	900	〃
3	40w	〃	〃	17	〃	1020	1		80	16	940	〃
4	60w	牛奶灯泡	只	8	100	800	3	100	300	5	500	100
5	100w	〃	〃	10	160	1600	6	160	960	4	640	160
6	40w	〃	〃	2	80	160	1		80	1	80	
7	75w	〃	〃	5	120	600	5	120	600	0	00	
8	15w	螺丝灯泡	只	1086		103790	301		29215	785	74575	95
9	100w	〃	〃	156	180	28080	1		180	155	27900	180
10	200w	〃	〃	149	349	52001				149	52001	349
11		花线	码	40	04	54				40	54	04
12		鸡心罩	只	1		180				1	180	
13		胶木灯头	〃	174	50	8700	101	50	5050	73	3650	50
14		胶木接脚灯头	〃	26		1002	22		822	4	180	
15		铜开关螺头	只	16	63	1008	2	63	126	14	882	63
16		奇异开关	〃	86	95	8140	7		704	79	7436	94
17		木开关	〃	6	30	180	6	30	180	0	00	
18		花合	〃	172	18	3096	33	18	594	139	2502	18
19		葫芦瓷插	付	74	416	3084	23		959	51	2125	416
20		瓷葫芦	只	6	50	300				6	300	50
21		二路铝接线盒	〃	17	75	1275				17	1275	75
22		三〃	〃	10	90	900				10	900	90
23		大瓷夹	〃	17	10	170	12	10	120	5	50	10
24		小〃〃	〃	1095		1122	434		461	661	661	01
25		双连夹	〃	17	056	95	7		39	10	56	056
26		三〃〃	〃	42	049	206	1		05	41	201	049
27		四〃〃	〃	96	064	616				96	616	064
28		六〃〃	〃	82	09	738				82	738	09
29		四联插口	只	2	15	30				2	30	15
30		六〃〃	〃	14	30	420				14	420	30
31		瓷灯槽板	付	7	20	140				7	140	20
32		木槽板	〃	2	10	20				2	20	10
33	1"	木塞	只	136	10	1360	9	10	90	127	1270	〃
34	5/8"	〃	〃	470	07	3290	8	07	56	462	3234	07
35		瓷接头	〃	384	40	15360				384	15360	40
36		乳头	〃	1		40				1	40	
37	#8×3	螺丝钉	包	15 [illegible]		1826	13 [illegible]		1742	2 [illegible]	84	35
38	#8×4	〃	〃	62		2110	62		2110	0	00	
39	#8×6	〃	〃	61 [illegible]	60	3662	6	60	360	55 [illegible]	3302	60
40	1×6	〃	〃	7	45	315				7	315	45
41	1×4	螺丝钉	包	8 [illegible]	57	497	3 [illegible]	57	210	5 [illegible]	287	57
42	1×8	〃	〃	101	55	5555	24 [illegible]		1335	76 [illegible]	4220	55
43	2×8	〃	〃	8 [illegible]		596	8 [illegible]		596	0	00	
44	3×8	〃	〃	2 [illegible]	288	642	[illegible]	288	100	1 [illegible]	542	288
45	3×10	〃	〃	1 [illegible]	180	333	[illegible]	180	300	[illegible]	33	180
46	1.5"	瓷夹木	付	17360	008	13886	2380	008	1904	14980	11982	008
47	2"	〃	〃	406	04	1624	390	04	1560	16	64	04
48		木胶盒子板	块	2	60	120	2	60	120	0	00	
49		瓷火线开关	只	1		200				1	200	
50		胶木火线开关	〃	2	500	1000	1		500	1	500	
51		瓷十字	〃	1		34				1	34	
合計						273837			51458		222379	

總經理 協理　　總務科長　　會計科長　　材料股主任　　審核股主任　　簿記股主任　　材料員　　製表員

64

重慶電力股份有限公司裝燈材料月報表

(料—22) 23-9-10 5-500

民國 26 年度 月 日　第 2 頁

編號	名稱		單位	收入 數量	收入 單價	收入 金額	發出 數量	發出 單價	發出 金額	現存 數量	現存 金額	均價
承前頁						273837			51458		222379	
52	¾"	瓷白磚	根	4	100	400				4	400	100
53	1"	〃 〃	〃	3	110	330	2	110	220	1	110	
54		騎馬釘	只	30	05	150	30	05	150	0	00	
55	½"	鉄管	呎	138	77	1063	135	77	1040	3	23	77
56		鉄線	条	2	05	10	2	05	10	0	00	
57		一路磁夾	只	17	06	102	2	06	12	15	90	06
58		銅角開關盒子	〃	8	30	240				8	240	30
59	⅜"	紫銅管	呎	6	35	30				6	30	35
60		木十字	只	14	30	420	14	30	420	0	00	
61	8"	銅絲灯帽	支	3	35	105	1		35	2	70	35
62	⅜"	白鉄管	呎	39.8	25	995				39.8	995	25
63		三光燈頭	只	2	30	60				2	60	30
64		各種廢料				33418			33418	0	00	
65		乾電池	筒	2	160	320	2	160	320	0	00	
66		膠木開關	只	84		2448	54		1570	30	876	29
67		表板	塊	53		1855	28	35	980	25	875	35
合計						315783			89635		226148	

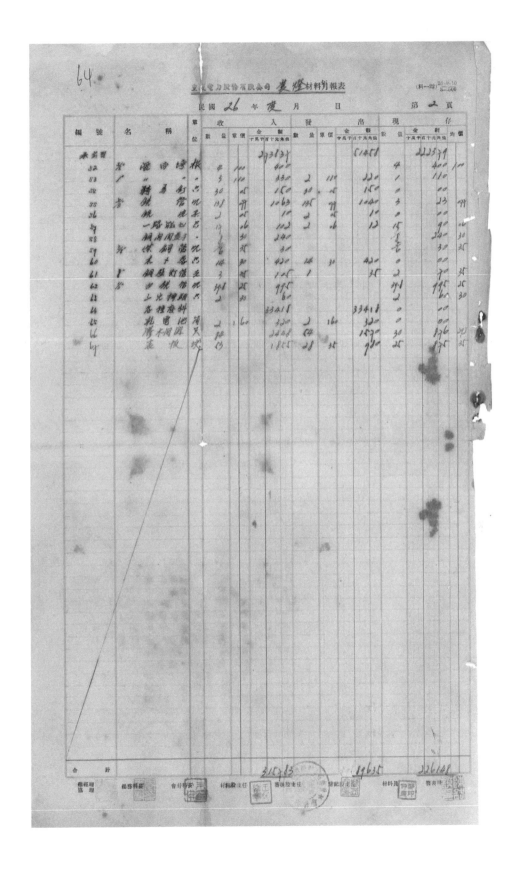

總經理 協理　總務科長　會計科長　材料股主任　審核股主任　簿記股主任　材料員　製表員

65

重慶電力股份有限公司 工具材料年報表

(料—22) 26-9-10 / 3—500

民國 26 年 度 月 日　　第 1 頁

編號	名稱		單位	收入 數量	收入 單價	收入 金額	發出 數量	發出 單價	發出 金額	現存 數量	現存 金額	均價
1001	8"	膠木鉗	把	30		3255	24		2655	6	600	100
1003	7"	〃	〃	7		690	7		690	0	00	
1004	6"	尖鉗	〃	4	150	600	2	150	300	2	300	150
1005	8"	銅絲鉗	〃	11		480	11		480	0	00	
1011	8"	螺絲刀	〃	1		50	1		50	0	00	
1012	6"	〃	〃	44		1645	25		980	19	665	35
1013	4"	〃	〃	51		1325	18		490	33	835	
1015		小螺絲刀	〃	5		83	5		83	0	00	
1030		圓鑿器	〃	1		2200				1	2200	
1031	100'	皮尺	〃	10		9050	6		5850	4	3200	800
1032	50'	〃	〃	9		5350	6		3700	3	1650	550
1033		四摺尺	〃	19		1840	18		1750	1	90	
1034		銅尺	〃	7		1020	5		720	2	300	150
1036	[illegible]	手占	〃	10		820	1		100	9	720	80
1037	[illegible]	〃	〃	15		1025	5		425	10	600	60
1038	[illegible]	〃	〃	5		275	4		220	1	55	
1039	[illegible]	〃	〃	17		750	4		200	13	550	
1040	[illegible]	〃	〃	21		740	11		440	10	300	30
1041	[illegible]	鐵柄手占	〃	6	160	960	6	160	960	0	00	
1046	[illegible]	長柄木占	〃	5	150	750	3	150	450	2	300	150
1042	[illegible]	鐵柄手占	〃	10	180	1810	1		180	9	1620	180
1047	[illegible]	長柄木占	〃	4	120	480	3	120	360	1	120	
1048	[illegible]	〃	〃	3	160	480				3	480	160
1051	20P	胡頭	〃	5		540	1		140	4	400	100
1052	12P	〃	〃	6		475	6		475	0	00	
1053	1P	〃	〃	9		570	2		160	7	410	58
1056	2P	〃	〃	9	56	490				9	490	56
1057		胡頭柄	〃	11	04	44	5	04	20	6	24	04
1064	12"	活絡扳子	〃	2	300	600	1		300	1	300	
1066		螺絲銅板	付	1		5000				1	5000	
1067	14"	管子鉗	把	2	420	840	2	420	840	0	00	
1071		電棒	根	11		870	9		740	2	130	65
1072		電池	节	232		5180	219		4855	13	325	25
1073		電池	只	161		1523	86		923	75	600	08
1076	12"	銼刀	把	1		157	1		157	0	00	
1078		三角銼刀	〃	1		93				1	93	
1083	[illegible]	木錘	〃	5	120	600	3	120	360	2	240	120
1094		[illegible]	[illegible]	28		5582	26		5246	2	336	168
1100		大小鐵榔頭	只	2	45	90	2	45	90	0	00	
1101		[illegible]皮帶	付	14		21304	11		16804	3	4500	1500
1106		[illegible]	[illegible]	225½		13800	142		8788	83½	5012	60
1108		螺[illegible]板	[illegible]	20		650	12		290	8	360	45
1109		鐵鉤	只	14		840	4		240	10	600	
1116		鐵叉	把	1		300				1	300	
1117		鐵冲	支	1		400				1	400	
1118		鐵錘	把	12	220	2640	7	220	1540	5	1100	220
1119		銅[illegible]	根	5	1367	6835	1		1367	4	5468	1367
1120		冲子	把	3	40	120				3	120	40
1124		扳十字[illegible]	只	1		200	1		200	0	00	
1126		扳[illegible]子	把	3	1221	3663	3	1221	3663	0	00	
1127		布[illegible]	只	1		750				1	750	
合(過次頁)計						1198[illegible]			68281		51543	

總經理協理　總務科長　會計科長　材料股主任　審核股主任　簿記股主任　材料員　製表員

中華民國二十九年度

重慶電力股份有限公司決算報告表

董事長 潘仲三

常務董事 康心如 胡仲實 潘昌猷 徐廣遲

董事 浦心雅 周見三 潘益民 甯芷邨 尹志陶 周季悔 王君韌 何説岩 劉航琛 石體元

監察 陳懷先 楊燦三 李讜 何兆青 席文光 石竹軒 尹國墉

總經理 劉航琛

兼代協理 程本臧

會計師 謝霖

重庆电力股份有限公司一九四〇年决算报告表（一九四〇年十二月三十一日） 0219-2-105

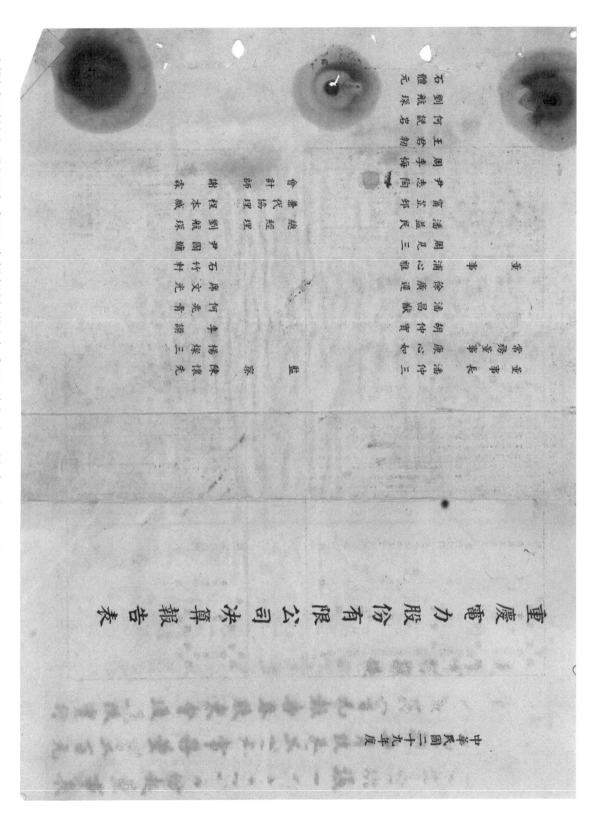

62

資產負債表

中華民國二十九年十二月三十一日

資產類	金額（元）	負債類	金額（元）
固定資產	6172911.96	資本及公積	5292798.10
發電資產	3659277.29	資本總額	5000000.00
輸電配電資產	1555661.50	法定公積	132229.87
用電資產	659939.98	特別公積	160568.23
業務資產	167572.29	長期負債	2464007.78
其他固定資產	130460.90	長期借入款	2464007.78
流動資產	2681888.21	短期負債	4761342.55
現金	36103.11	短期借入款	3250000.00
銀行存款	70921.30	存入保證金	543368.50
應收賬款	1335351.55	應付紅利	0.45
材料	1239512.25	應付合同款項	967973.60
雜項資產	6017286.00	雜項負債	3503233.21
開辦費	2536.25	折舊準備	1227124.33
戰時防護費	95457.93	催收款項準備	200276.72
存出保證金	10090.00	電表損失準備	120000.00
暫付款項	573224.81	呆賬準備	82740.89
催收款項	200276.72	暫收款項	1075548.80
應計欠項	22115.54	應計存項	797542.47
預付款項	2776665.76	盈餘	3204.96
合同訂購新機	934396.16	前期盈餘滾存	3204.96
合同訂購材料	1247522.83		
投資企業	155000.00		
虧損	1152500.43		
前期虧損	68259.99		
本期虧損	1084240.44		
合計	16024586.60	合計	16024586.60

損益表

中華民國二十九年一月一日起至十二月三十一日

損失類	金額（元）	利益類	金額（元）
經常開支	7118750.48	電費收入	5859840.81
發電費用	4373008.70	電燈收入	3223579.09
供電費用	646295.25	電力收入	2488289.91
營業費用	452330.26	電熱收入	115512.01
管理費用	1647116.27	路燈收入	17451.60
特項開支	224954.22	自用電度收入	9947.54
戰時損失	224954.22	補繳電費收入	5060.66
		營業收入	15748.80
		業務手續收入	15748.80
		雜項收入	383874.65
		利息收入	8801.46
		房地租金收入	1292.00
		售貨利益	433.53
		補助費收入	265377.11
		物材料盤盈	94699.75
		其他雜項收入	13270.80
		虧損	1084240.44
		本期虧損	1084240.44
合計	7343704.70	合計	7343704.70

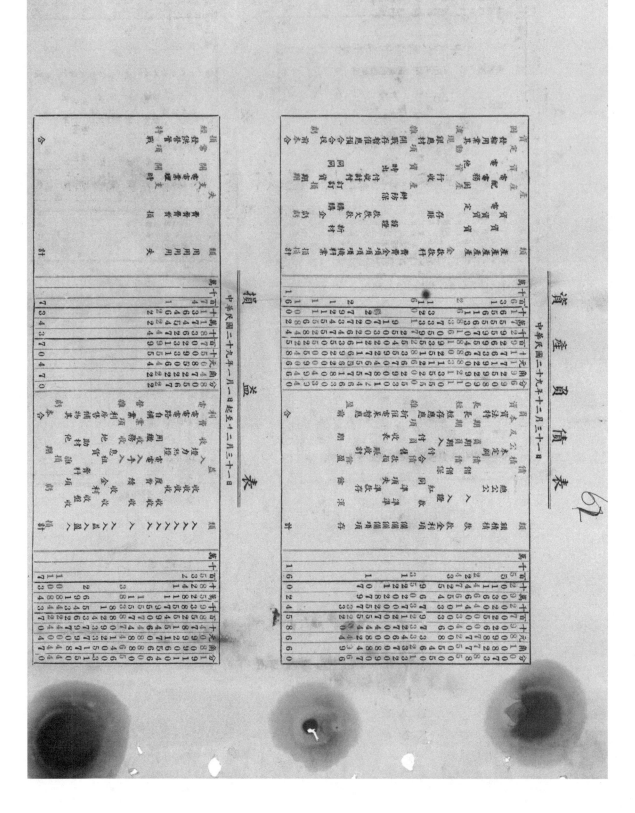

重庆电力股份有限公司股东户名暨股额股权登记表（一九四一年二月二十四日） 0219-2-105

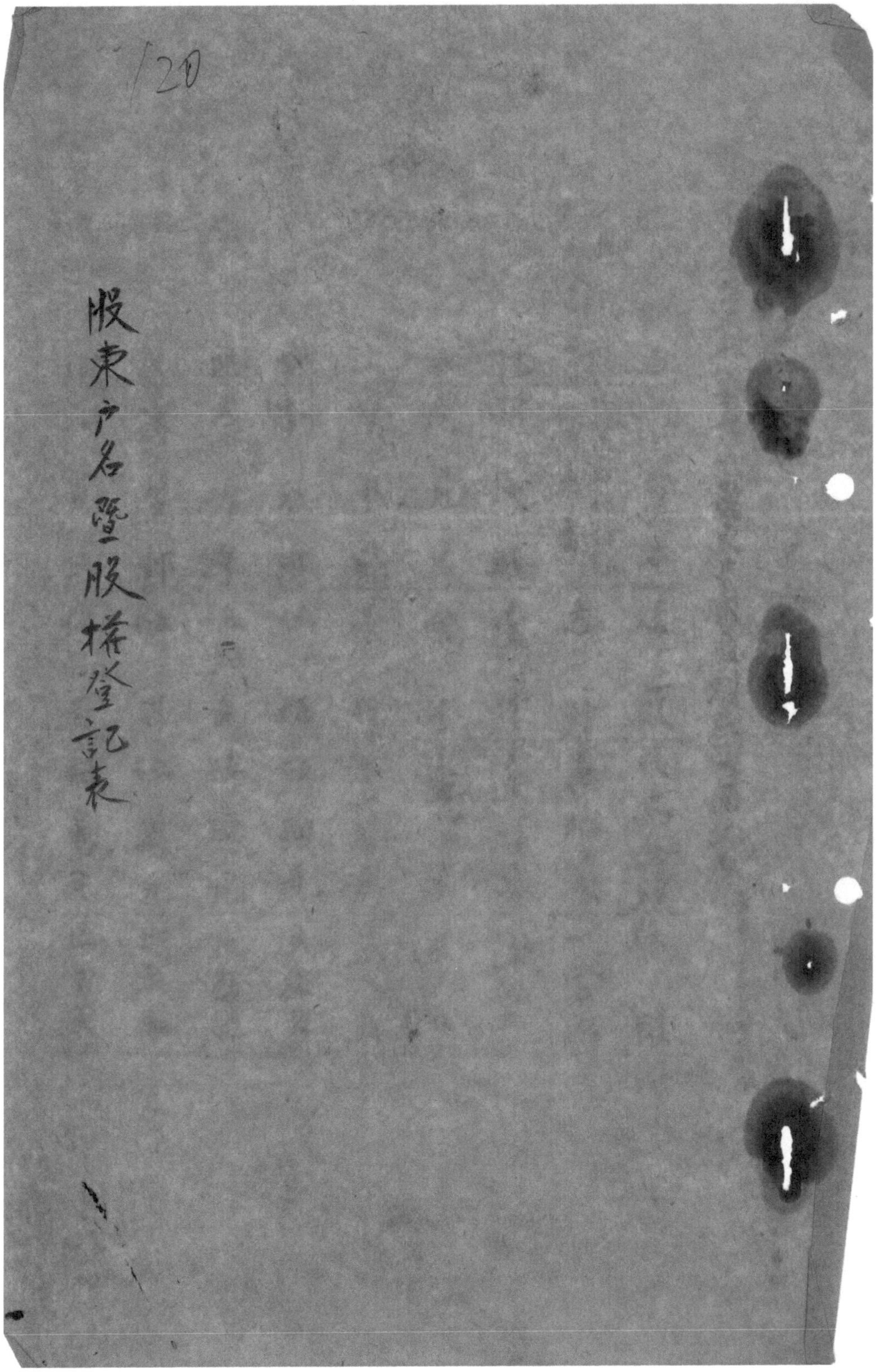

120

股東戶名暨股權登記表

121

重慶電力股份有限公司股東戶名暨股額股權登記表 三十年一月二十四日製

股東戶名	代表姓名	股數	股本金額	股權	附
四川省政府	~~[illegible]~~ 何兆青	叁仟	叁拾萬	一五〇五	〇
美記	胡汝航	壹仟	壹拾萬	五〇五	〇
同上	周見三	壹仟	壹拾萬	五〇五	〇
同上	龔農瞻	壹仟	壹拾萬	五〇五	〇
川記	劉航琛	伍佰	伍萬元	弍五五	〇
康記	盧作孚	伍百	伍萬元	弍伍伍	〇
平記	寗芷邨	伍百	伍萬元	二五五	〇
民記	周見三	伍百	伍萬元	二五五	〇

商記	范紹增	伍百	伍萬元	二五五	0
業記	羅震川	伍百	伍萬元	二五五	0
銀記	何北衡	伍百	伍萬元	二五五	0
行記	周季悔	伍百	伍萬元	二五五	0
中建記	尹國墉	壹仟五百	拾伍萬元	七五五	0
中渝記	徐廣遲	弍千	弍拾萬元	一〇〇五	0
中坊記	王君叡	壹仟玖佰	拾玖萬元	九五五	0
中成記	孫祖瑞	玖百五十	玖萬伍千元	四八〇	0
中上記	顧敦甫	玖百	玖萬元	四五五	0
和記	何說岩（石竹軒代）	叁仟	叁拾萬元	一五〇五	0

122

德記	石竹軒	壹仟捌百	拾捌萬元	九〇五	0
德記	席文光	壹仟叁百	拾叁萬元	六五五	0
誠記	楊燦三	壹千	壹拾萬元	五〇五	0
同上	梅泰威	叁百	叁萬元	一五五	0
中國興業公司	傅汝霖	伍百	伍萬元	二五五	0
華西公司	胡仲實	壹佰	壹萬元	五五	0
豐記	潘昌猷	壹佰	壹萬元	五五	0
慶記	潘昌猷	壹佰	壹萬元	伍伍	0
亨記	潘昌猷	壹百	壹萬元	伍伍	0
哲記	劉世哲（刘航琛代）	壹仟五百	壹拾伍萬元	七五五	0

勲記	潘昌猷	壹百壹萬元	五五
祺記	同上	壹百壹萬元	五五
德記	同上	壹百壹萬元	五五
隆記	同上	壹百壹萬元	五五
翼記	同上	壹百壹萬元	五五
之記	同上	壹百壹萬元	五五
南基記	張伯苓	陸百陸萬元	三〇五
次珩記	徐次珩	伍拾伍仟元	三〇
燮記	同上	伍拾伍千元	三〇
行記	同上	肆拾肆千元	二五

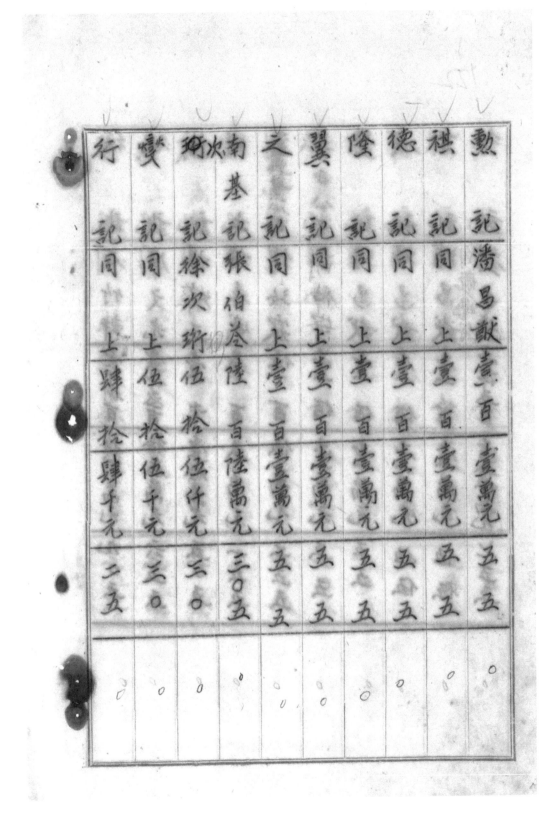

123

正[illegible]記	同上	陸拾	陸千元	三五	0
勳[illegible]記	同上	壹百	壹萬元	五五	0
政[illegible]記	同上	壹百	壹萬元	五五	0
璦[illegible]記	同上	壹百	壹萬元	五五	0
劉航琛	[illegible]	壹百	壹萬元	五五	0
振[illegible]記	劉航琛	壹拾	壹千元	一〇	0
原[illegible]記	同上	壹拾	壹千元	一〇	0
華[illegible]記	同上	壹拾	壹千元	一〇	0
棣[illegible]記	同上	壹拾	壹仟元	一〇	0
昌[illegible]記	同上	壹拾	壹千元	一〇	0

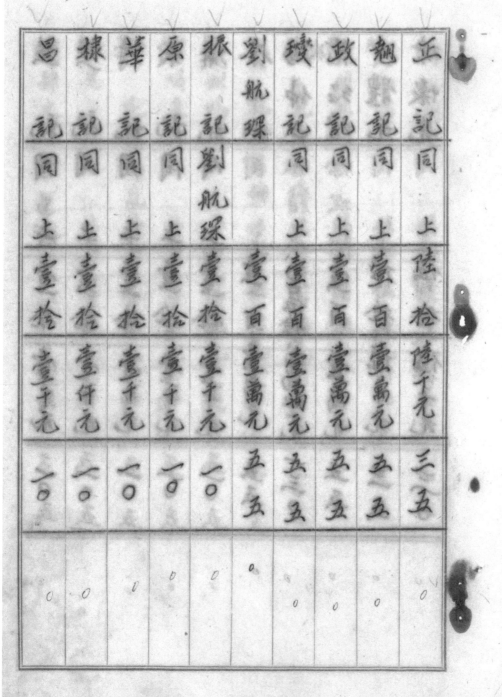

益記	同上	壹拾	壹千元	一〇	〇
重記	同上	壹拾	壹千元	一〇	〇
清記	同上	壹拾	壹千元	一〇	〇
永記	同上	壹拾	壹千元	一〇	〇
渝記	同上	壹拾	壹千元	一〇	〇
康心如		壹百	壹萬元	五五	〇
潘仲三		貳百伍拾	貳萬伍千元	一三〇	〇
范紹增		壹百	壹萬元	五五	〇
石體元		陸拾	陸千元	三五	〇
陳懷先		伍拾	伍千元	三〇	〇

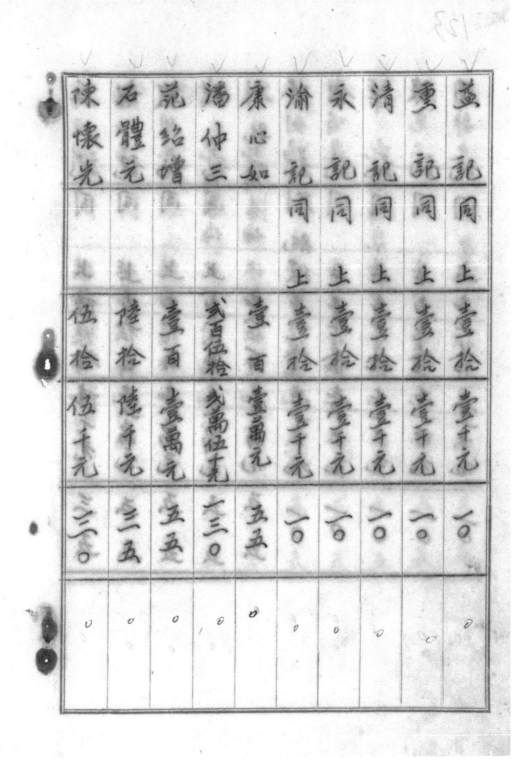

124

謝友周		陸拾	陸仟元	三五	0
楊伯昌		伍拾	伍仟元	三〇	0
劉蘭作		陸拾	陸仟元	三五	0
程記	周季梅	貳百	貳萬元	一〇五	0
殖記	周季梅	伍拾	伍仟元	三〇	0
李劍鳴		壹百	壹萬元	五五	0
周嘯嵐		壹百	壹萬元	五五	0
好記	周嘯嵐	壹百	壹萬元	五五	0
周見三		壹百	壹萬元	五五	0
劉靜之		伍拾	伍仟元	三〇	0

保安堂	古壽記	壹拾	壹仟元	一〇	0
何傅靜慈	何竹坡	壹拾	壹仟元	一〇	0
潘發高		弍	弍佰元	二	0
唐勤序		四	肆百元	四	0
魯記	簡伯良	弍	弍百元	二	0
芸記	簡伯良	伍	伍百元	五	0
盛記	梅參盛	伍	伍百元	五	0
婉記	同前	伍	伍百元	五	0
馥記	同前	伍	伍百元	五	0
硯記	同前	伍	伍百元	五	0

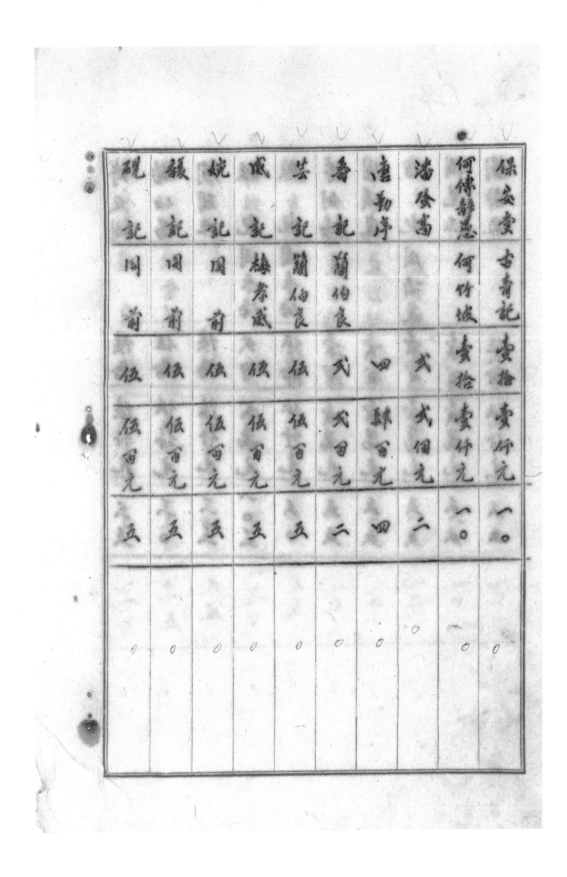

125

務本堂	同前	伍	伍百元	五	0
英記	耿含英	叁	叁百元	三	0
何宗武		肆	肆百元	四	0
鄭銘林		伍	伍百元	五	0
袁玉麟		伍拾	伍仟元	三〇	0
袁石麟	袁玉麟	伍拾	伍仟元	三〇	0
鄭馨記	袁玉麟	伍拾	伍仟元	三〇	0
黎元堂	袁玉麟	叁拾	叁仟元	二〇	0
温俊卿		伍拾	伍仟元	三〇	0
龍鎮南		貳拾	貳仟元	八五	0

10

何兆淵		伍佰	伍仟元	三〇	〇
竇英郵		伍拾	伍仟元	三〇	〇
重記	竇英郵	壹佰	壹萬元	五五	〇
胡子移		陸拾	陸仟元	三五	〇
文記	郭文欽	壹佰	壹萬元	五五	〇
欽記	周　前	壹佰	壹萬元	五五	〇
春記	盧作孚	伍拾	伍仟元	三〇	〇
鑫記	龔農瞻	肆拾	肆仟元	二五	〇
公記	石鈉勛	貳拾	貳仟元	一五	〇
總記	宋小佛	壹拾	壹仟元	一〇	〇

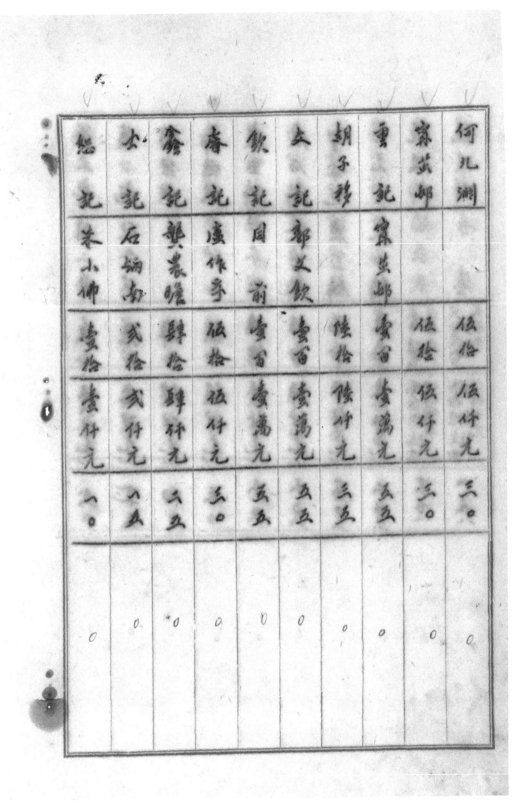

126

忠記	宋小佛	壹拾	壹仟元	一〇	
康心之		贰百	贰萬元	一〇五	
吴仲和		伍拾	伍仟元	三〇	
吴祖瓌	吴仲和	伍拾	伍仟元	三〇	
程俊記	程本臧	陸拾	陸仟元	三五	
南渝記	張伯苓	肆百	肆萬元	六〇五	
交通銀行	浦心雅	叁千	叁拾萬元	一五〇五	
農民銀行	尹志陶	壹千五百	壹拾伍萬元	七五五	
中央銀行	瑞益民	贰千陸百贰拾五	贰拾陸萬贰仟伍百元	一三一八	
同前	李蔘	贰仟陸百贰拾五	贰拾陸萬贰仟伍百元	一三一八	

四川省銀行

由記	潘昌猷	陸百（手写：二千五百）	陸萬元（手写：二十五萬元）	一〇六（手写：一二三?）	三十年十月四日來函過户
南記	陳鏡總?	壹百	壹萬元	一五五	三十年十月卅日來函過户
成記	同前	壹百	壹萬元	一五五	
新記	同前	壹百	壹萬元	一五五	
民記	同前	壹百	壹萬元	一五五	
郡記	同葛?	五百	五万元	一五五	
美記	周新民	叁百	叁萬元	一五五	
美記	康潤群	叁百	叁萬元	一五五	
運記	齊芸郎	貳百	貳萬元	一〇五	
啓記	同前	貳百	貳萬元	一〇五	
昌記	同前	貳百	貳萬元	一〇五	

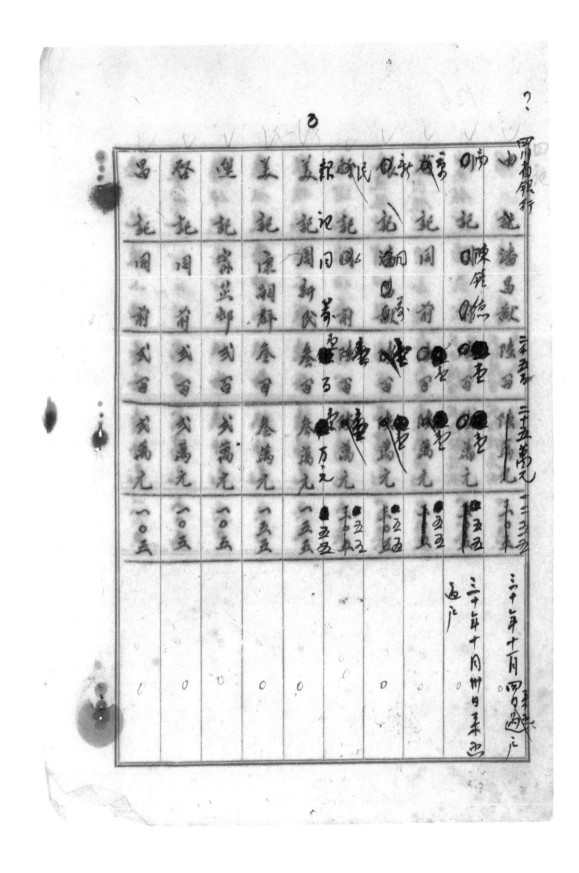

127

隆記	同前	叁百	叁萬元	一五五	○
川鹽銀行	~~何北渊~~ 席文光	壹千	壹拾萬元	五〇五	○
鄭記	~~潘仲三~~ 丁少鹄	伍拾	伍仟元	三〇	三十年六月更换代表人及印鑑 代表人丁少鹄。
勇記	潘昌猷	伍拾	伍仟元	三〇	○
寶記	同前	壹百	壹萬元	五五	○
仁記	同前	壹百	壹萬元	五五	○
義記	同前	貳百	貳萬元	一〇五	○
禮記	同前	貳百	貳萬元	一〇五	○
智記	同前	貳百	貳萬元	一〇五	○
泰記	同前	貳百	貳萬元	一〇五	○

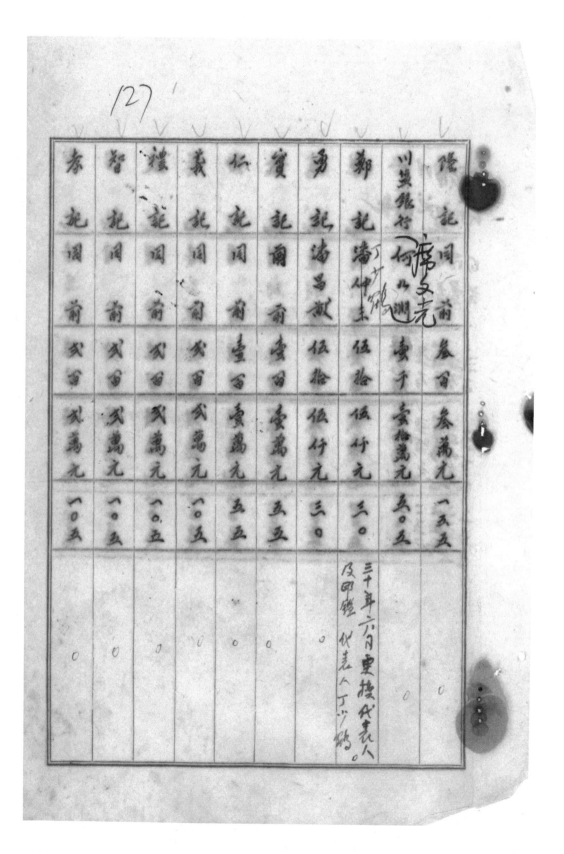

弟記	同前	貳百	貳萬元	一〇五
信記	同前	貳百	貳萬元	一〇五
敏記	同前	貳百	貳萬元	一〇五
慎記	同前	貳百	貳萬元	一〇五
勤記	同前	貳百	貳萬元	一〇五
儉記	同前	貳百	貳萬元	一〇五
樸記	同前	貳百	貳萬元	一〇五
壽記	同前	貳百	貳萬元	一〇五
[illegible]	[illegible]	伍萬股	伍佰萬元	二五六四六
川記	滬呂歐	五百	五万元	二五五
渝記	同前	五百	五万元	二五五
錕記	同前	五百	五万元	二五五
[illegible]記	同前	三百	三万元	二五三

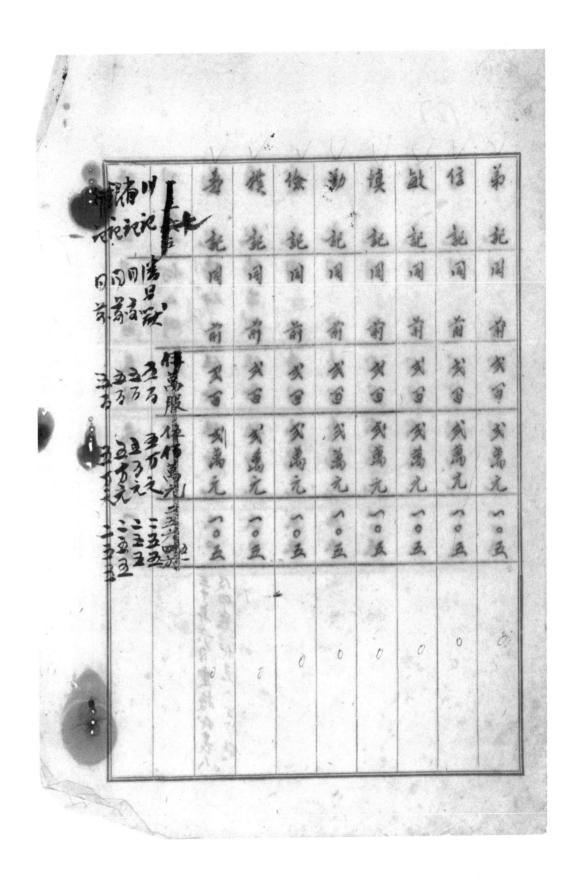

重庆电力股份有限公司关于请豁免营业税致重庆市营业税处的函（一九四一年三月二十一日） 0219-2-217

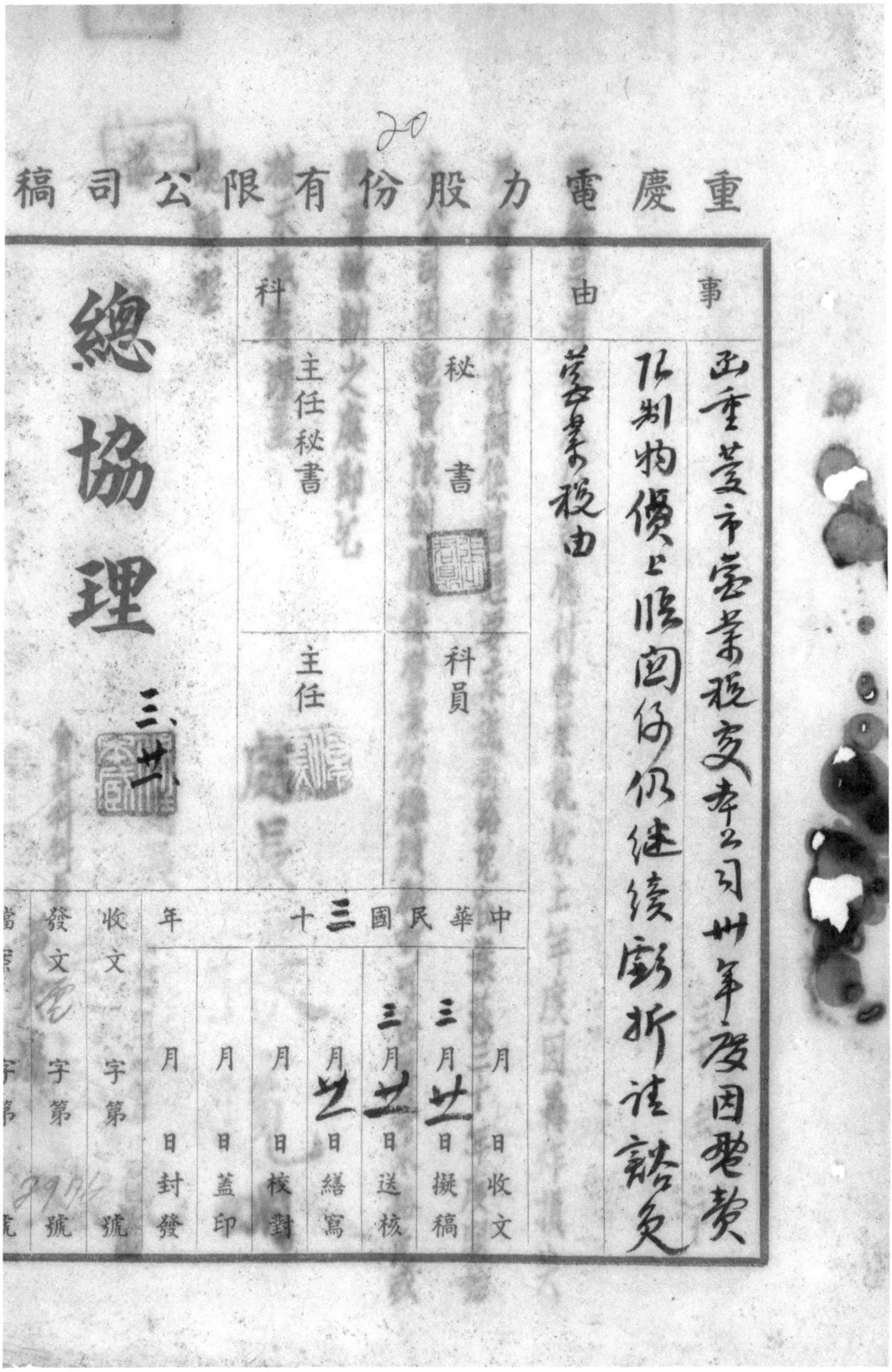

20

重慶電力股份有限公司稿

事由：函重慶市營業稅處本公司卅年度因電費限制物價上漲因係仍繼續虧折請豁免營業稅由

秘書

主任秘書

科員

主任

科

總協理 三、廿一

中華民國三十年

三月廿日擬稿

三月廿日送核

廿日繕寫

月日收文

月日校對

月日蓋印

月日封發

收文 字第 號

發文 字第 號

檔案 字第 號

敬启者查本公司去年因受空袭损失及
营业亏损关系迭函请求豁免营业税
曾蒙
贵处二月十三日税壬字第一三九号通知暂行
缓收先年七月份至十二月份应纳营业税并
着自本年一月份起按月将营业收入据实填
报照常纳税以济正供等由本公司感荷
曷既惟三十年度开始本公司因费费限

21

制物價上漲，關係仍繼續虧折，除遵處自本年一月份起按月將營業收入據實填報，請予鑒察外，特此函呈，請仍本一向維護公用事業之熱忱，所有虧折各月份營業税仍予以豁免，無任感盼。此致

重慶市營業税處

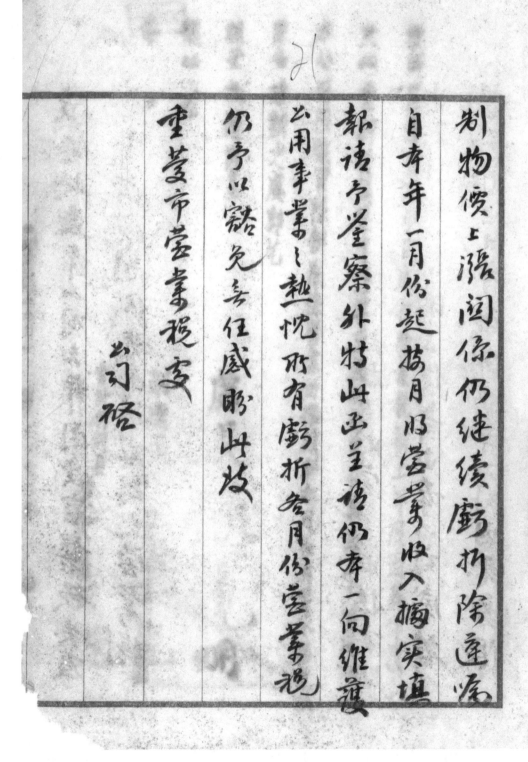

公司啓

中華民國　　年　　月　　日

B1-3300/2

22

請偉大請免營[illegible]業執照

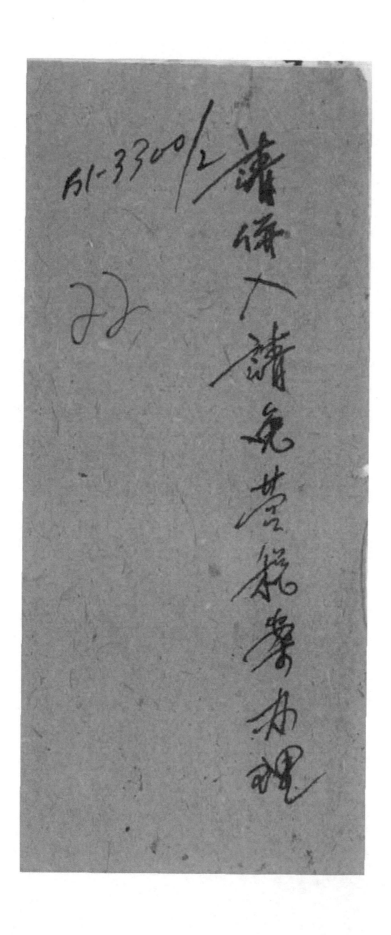

重庆电力股份有限公司关于请免征一九四一年二月、三月税捐致四川省营业税局的函（一九四一年五月八日） 0219-2-217

已登記

23

重慶電力股份有限公司稿

事由：函四川省營業稅局請免徵二三兩月份稅捐由

總協理	科	
	主任秘書	秘書
	主任	科員

中華民國三十年

月 日收文	五月 日擬稿	月 日送核	月八日繕寫	月 日校對	月 日蓋印	中華民國三十年五月初八日封發

收文 字第 號

發文 厝 字第 號

檔 中華民國三十年五月初八日歸檔 3012

23-1

敬啟者頃奉
貴局（五月六日填發）納稅通知單第九六六一五號
及九六六一二六號（兩件）繳付營業稅
五萬四千六百零一元七角二分令飭查
本公司連年虧折
貴局有案可稽去年遵照
貴局豁免全年稅額遵國府命本
年人工物料繼漲增高而電價未

24

去月下旬及本月三日又迭遭敌机轰炸损失惨重即维持现状已感困难缴纳捐税实无此力拟请

贵局豁免用恤商艰附还通知单两件四纸敬祈

查收为幸此致

四川省营业税局

公司启

中華民國　　年　　月　　日

关于请豁免一九四一年四月应纳营业税致四川省营业税局的函（一九四一年六月六日） 0219-2-217

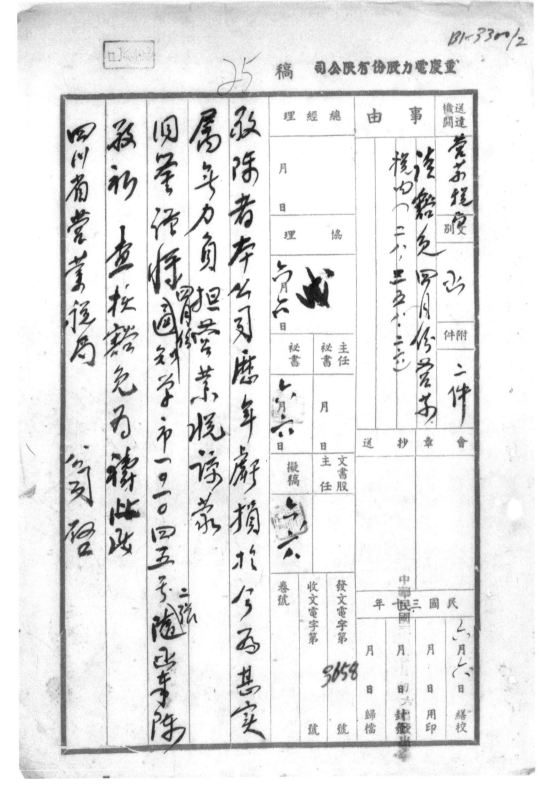

重慶電力股份有限公司 稿

送達機關	營業稅局
文別	函
事由	請豁免四月份營業稅由（二十八、三十五、二十二）
附件	二件
總經理	月 日
協理	六月六日
主任秘書	月 日
秘書	六月六日
文書股主任	
擬稿	六、六
發文電字第	3058 號
中華民國三十年	六月六日 繕校

敬陳者：本公司歷年虧蝕爲甚，實屬無力負擔營業稅，請
貴局准將（四月份）國幣計市一萬一千四百五十元二角隨函奉陳，
敬祈查核豁免爲禱。此致
四川省營業稅局
公司啓

批示

重慶市營業稅處批　稅字第0754號

具呈人本市電力股份有限公司

呈一件為臚陳營業情形懇予免征營業稅收一案由

呈悉。查該公司以虧折過鉅，請予繼續緩征營業稅，以示體恤，前據到處，當經本處呈請營業稅局轉呈四川省政府核示在案。未奉明令核准以前，該公司每月之營業收入仍應按月據實申報，以憑登記，而便稽核為要！

此批。

附件存。

中華民國三十年五月　日

處長　王

副處長　涂

會計科

會計科□閱，存卷　六，六

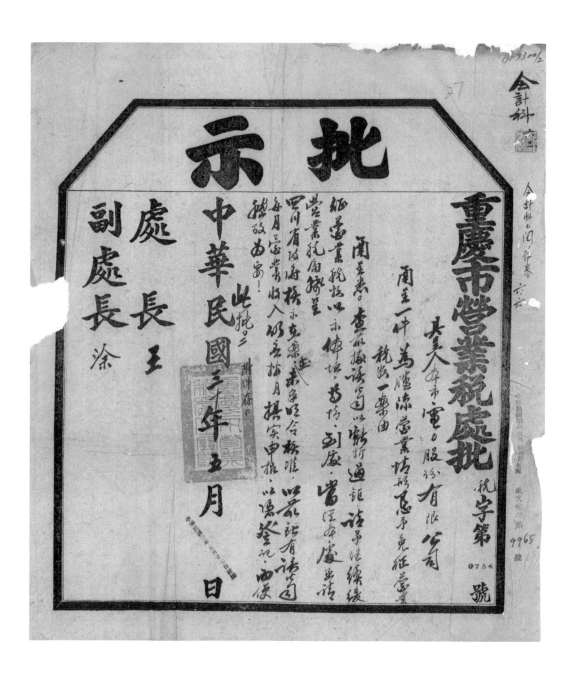

收文第9965號

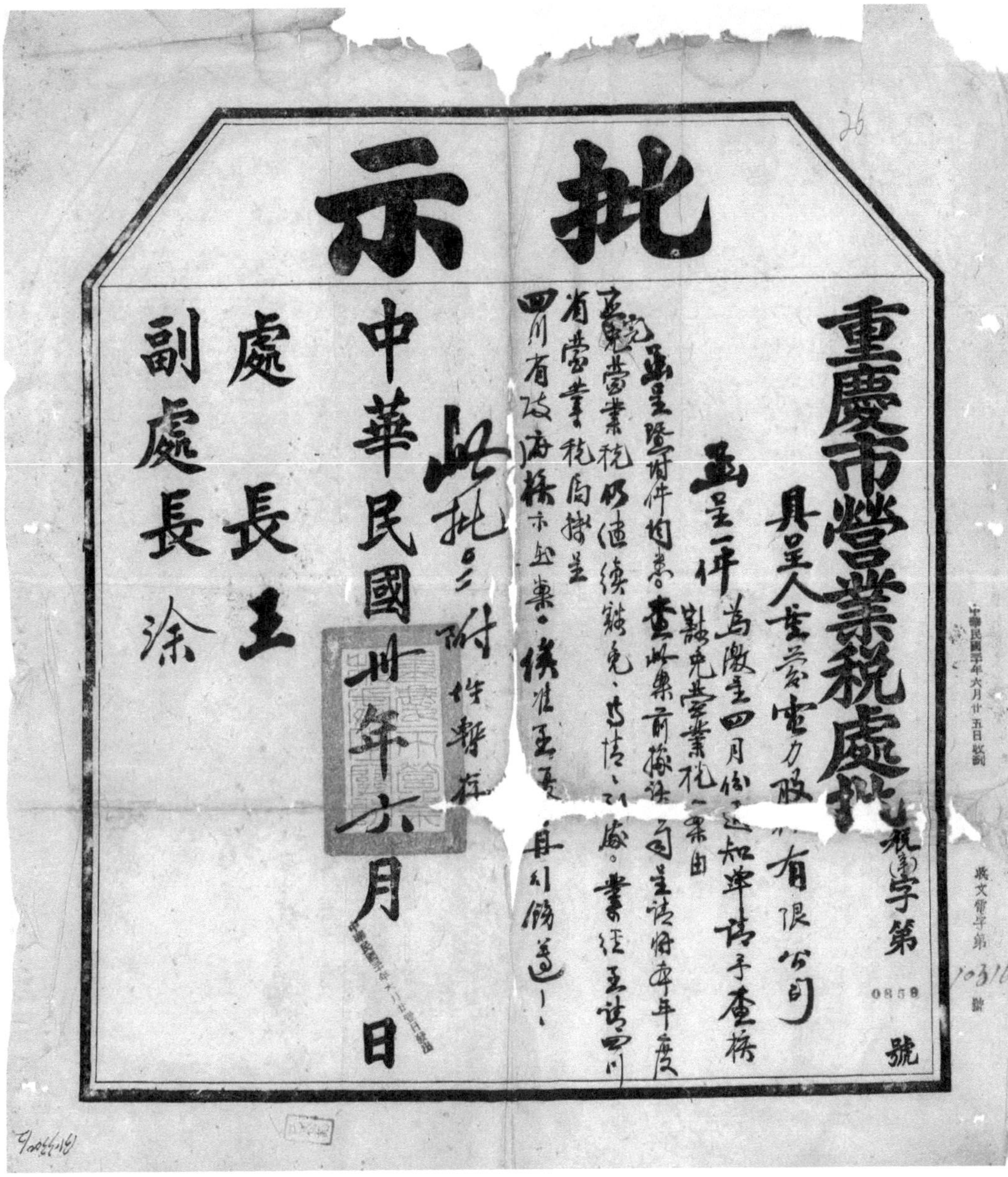

批示

重慶市營業稅處批 稅(辛)字第0859號

具呈人 [illegible][illegible]電力股份有限公司

函呈一件 為繳呈四月份通知單請予查核豁免營業稅一案由

函呈暨附件均悉。查此案前據該公司呈請將本年度應免營業稅仍繼續豁免，並請[illegible][illegible]。業經函請四川省營業稅局核呈四川省政府核示在案。候准再行飭遵。此批。附件存。

中華民國卅年六月 日

處長 王

副處長 涂

中華民國卅年六月廿五日收到

收文電字第10316號

重庆市营业税处关于准缓征重庆电力股份有限公司营业税给重庆电力股份有限公司的通知（一九四一年九月二十四日）

0219-2-217

會計科辦理 九.廿

51339302

重慶市營業稅處通知 稅

事由：為准四川省營業稅局函奉 省府三十年財二字第一〇八六二號指令以重慶電力股份有限公司繼續虧折懇請豁免營業稅一案既據呈明應准緩征特轉知照由

案查前據該公司二月二十一日函呈稱：本公司去年因受空襲損失，及營業虧折關係，迭函請求豁免營業稅，嗣蒙貴處通知，暫行緩收二十九年七至十二各月份應納營業稅在案，惟三十年度開始，本公司仍繼續虧折，特此函呈請仍本一向維護公用事業之熱忱，所有虧折各月份應繳營業稅，仍懇豁免等情，當經函請四川省營業稅局轉呈

四川省政府核示在案，茲准函復稱：

中華民國卅年九月廿四日收到

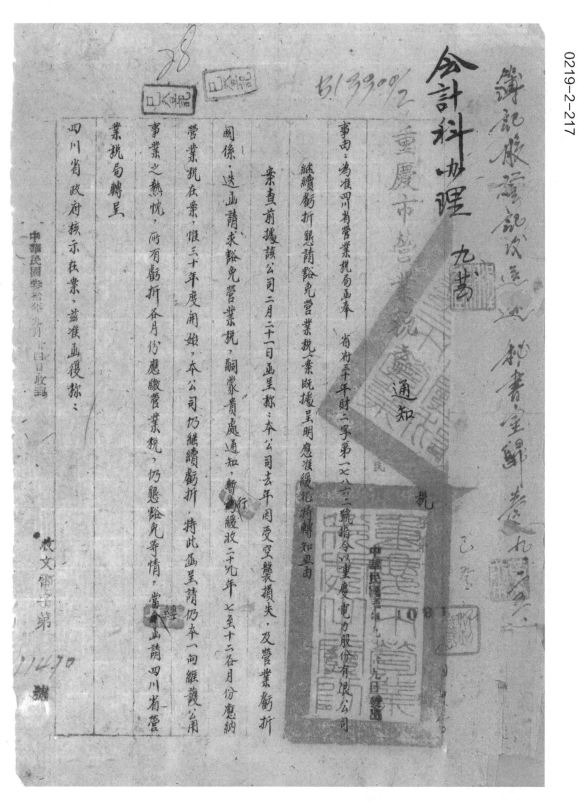

收文電字第11470號

29

案查前准貴處公函以據重慶市電力股份有限公司呈報營業虧折所有
本年度虧折各月份應納營業稅款請仍本一向維護事業之熱忱照舊豁免函
屬查照轉請核示見復一案過局當經轉請 四川省政府核示去訖茲奉財二字第
一七八六二號指令開「呈悉。查重慶電力股份有限公司，前因空襲損失，虧折甚
鉅，曾據該局呈經本府核准緩征二十九年七至十二各月應納稅款在案，既據呈明該
公司仍在繼續虧折時期，且關渝市公共福利事業，自應准予暫緩征收，以示
体恤，仰轉知照，此令。」等因奉此相應函請貴處查照轉飭知照為荷」
等由；准此。查該公司本年虧折各月份，應納營業稅款既經 四川省政府核准暫緩
征收，所有該公司各月營業收入，仰仍按月據實申報，以憑查考，勿稍違延為要！
右通知重慶市電力股份有限公司

30

處長 王子壽

副處長 [illegible]

監印 王貢廬

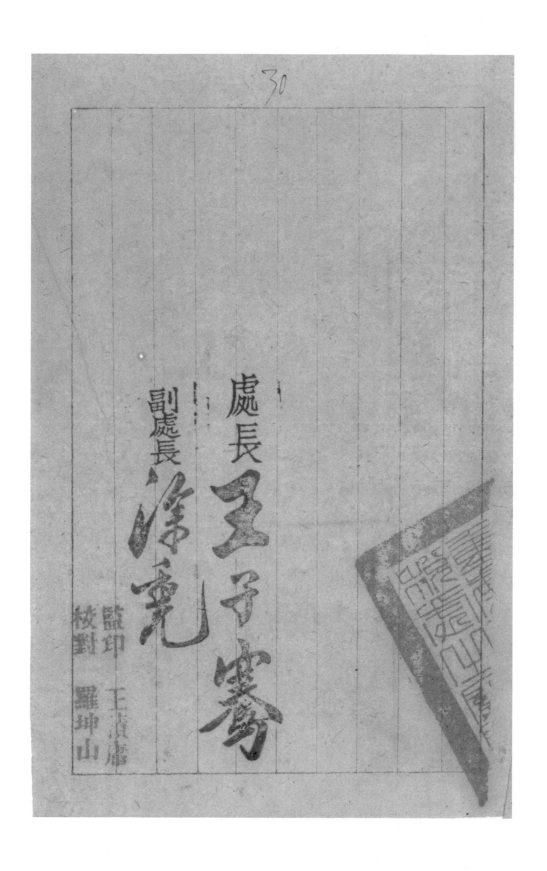

校對 羅坤山

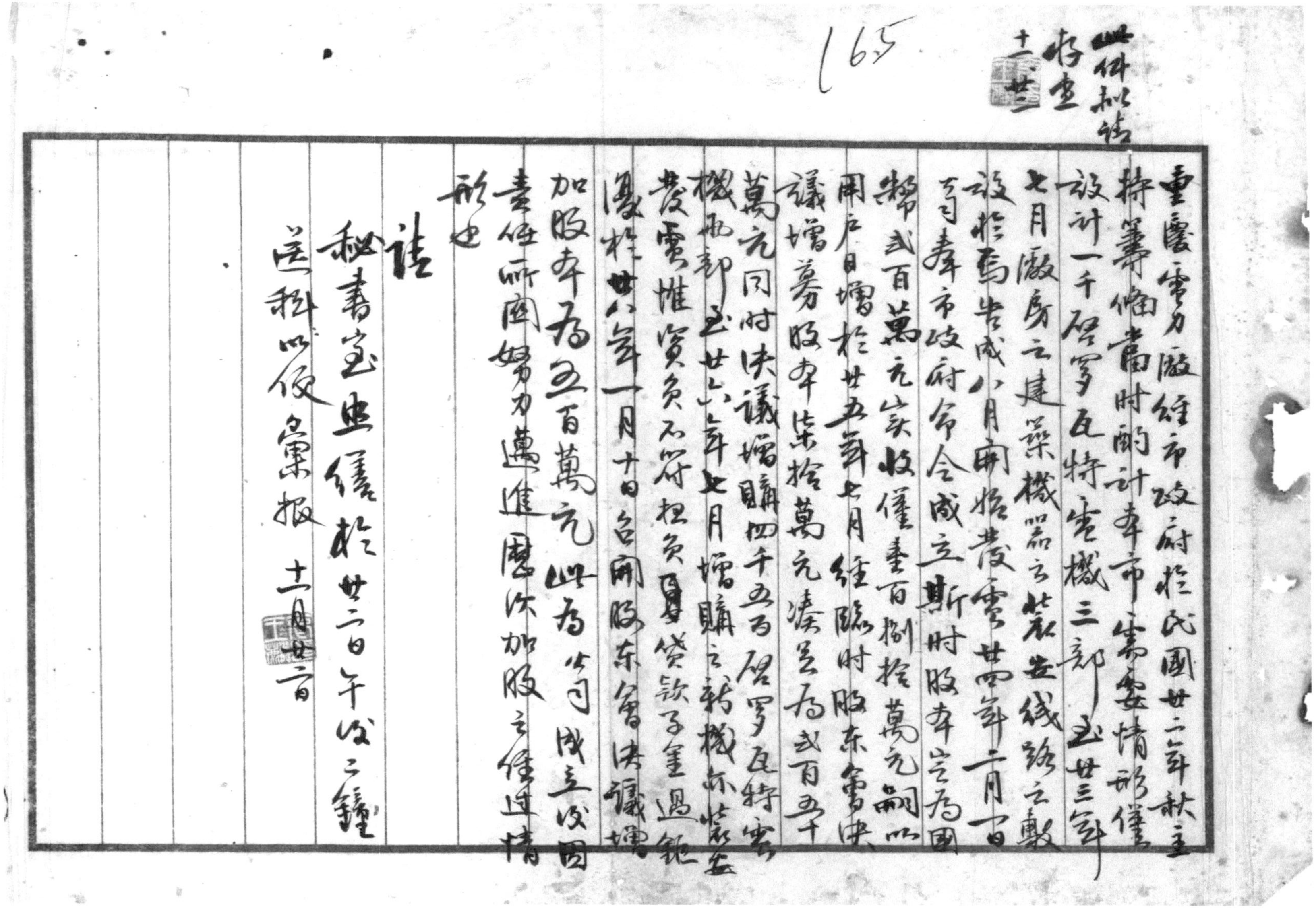

此件秘书 存查 十一、廿二

165

重庆电力厂经市政府于民国廿二年秋主持筹备，当时酌计本市需要情形，仅设计一千启罗瓦特电机三部，至廿三年七月厂房之建筑、机器之装置、线路之敷设始告成，八月开始发电，廿四年二月一日奉市政府令成立，斯时股本定为国币贰百万元，实收仅壹百捌拾万元。嗣以用户日增，于廿五年七月经临时股东会决议增募股本柒拾万元，凑足为贰百五十万元，同时决议增购四千五百启罗瓦特电机两部，至廿六年七月增购之新机亦装发电，惟资负不符，担负过重，贷款子金过钜，复于廿八年一月十日召开股东会决议增加股本为五百万元，此为公司成立后历年所图努力迈进历次加股之经过情形也。

请秘书室照缮，于廿二日午后二钟送科以便盖章报。十一月廿二日

关于检送重庆电力股份有限公司历次加股经过情形的函（一九四一年十一月二十二日） 0219-2-191

重庆电力股份有限公司一九四一年决算报告表（一九四一年十二月）　0219-2-105

中華民國三十年度

重慶電力股份有限公司決算報告表

董事長　潘仲三

常務董事　康心如　胡仲實　潘昌猷

董事　徐廣遲　浦心雅　周見三　潘益民　甯芷邨　尹志陶　周季悔　王君韌　何說岩　劉航琛　石體元

監察　傅友周　楊燦三　李謙　何兆青　席文光　石竹軒　尹國墉

總經理　劉航琛

兼代協理　程本臧

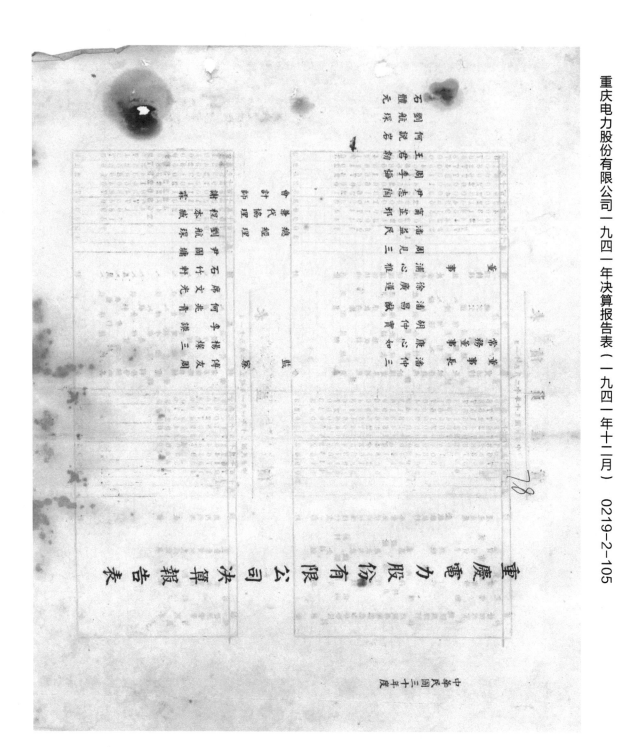

會計師　謝霖

29

資產負債表

中華民國三十年十二月三十一日

資產類	金額（萬千百十萬千百十元角分）
固定資產	716171780
發電資產	376376778
輸電配電資產	248222288
用電資產	53874157
業務資產	37698557
流動資產	655932151
現金	3578496
銀行存款	51420561
應收賬款	395402167
借出款	3900000
材料	201630954
雜項資產	1608999549
提存基金	44001813
戰時防護費	12304316
存出保證金	1528899
暫付款項	558411696
催收款項	21022580
應計欠項	16861684
預付款項	383534118
合同訂購新機	93439616
合同訂購材料	317394827
投資企業	160500000
虧損	115250043
前期虧損	115250043
合計	3096353523

負債類	金額（萬千百十萬千百十元角分）
資本及公積	534355610
資本總額	500000000
法定公積	13222987
特別公積	21132623
長期負債	746400778
長期借入款	746400778
短期負債	549345247
短期借入款	221500000
存入保證金	225621150
應付紅利	45
應付合同款項	102224052
雜項負債	1121921169
折舊準備	169685162
催收款項準備	21022580
電表損失準備	12000000
呆賬準備	20136154
暫收款項	601116662
應計存項	297960611
盈餘	144330719
前期盈餘滾存	320496
本期盈餘	144010223
合計	3096353523

損益表

中華民國三十年一月一日起至十二月三十一日

損失類	金額（萬千百十萬千百十元角分）
經常開支	1762274418
發電費用	1044581065
供電費用	176418235
營業費用	131543718
管理費用	409731400
特別開支	33094570
戰時損失	33094570
盈餘	144010223
本期盈餘	144010223
合計	1939379211

利益類	金額（萬千百十萬千百十元角分）
電費收入	17093539[illegible]
電燈收入	710399931
電力收入	931207240
電熱收入	63152631
路燈收入	11119920
自用電度收入	11701800
補繳電費收入	23120500
營業收入	42223800
業務手續收入	42223800
雜項收入	225802879
利息收入	46814435
房地租金收入	17353557
售貨利益	17450244
補助費收入	60080853
物材料盤盈	18484057
其他雜項收入	139076153
合計	1939379211

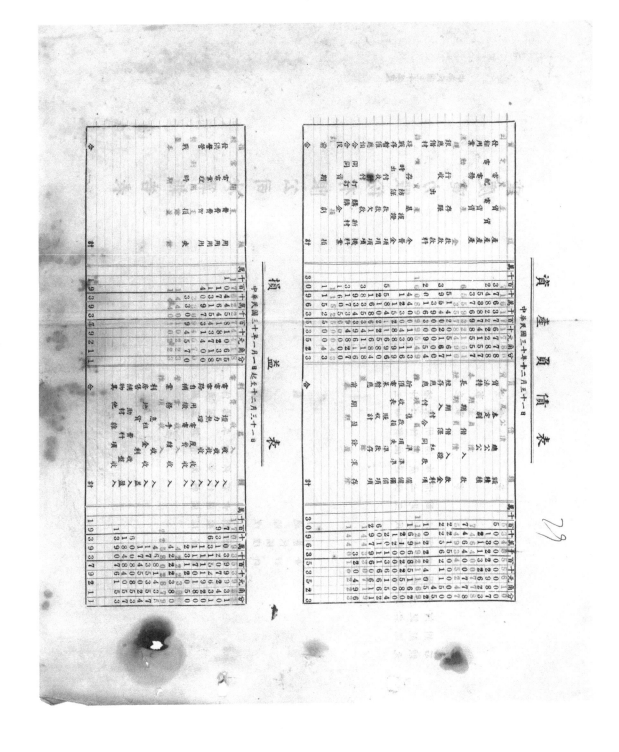

92

中華民國三十年度

重慶電力股份有限公司年報表

會計科製

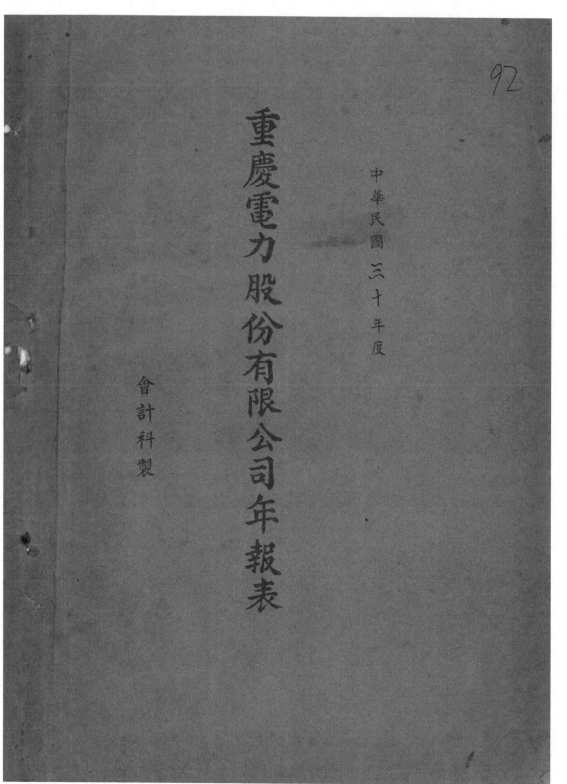

93

重慶電力股份有限公司三十年度年報表目錄

94

資產負債表

95

重慶電力股份有限公司資產負債表

（計一35）

民國 [illegible] 年度
第 [illegible] 屆決算

12月31日

資產	金額	合計	負債	金額	合計
	千百十萬千百十元角仙	千百十萬千百十元角仙		千百十萬千百十元角仙	千百十萬千百十元角仙
固定資產		[illegible]	資本及公積		[illegible]
發電資產	[illegible]		資本總額	[illegible]	
輸電配電資產	[illegible]		法定公積	[illegible]	
用電資產	[illegible]		特別公積	[illegible]	
業務資產	[illegible]		長期負債		[illegible]
流動資產		[illegible]	長期借入款	[illegible]	
現金	[illegible]		短期負債		[illegible]
銀行存款	[illegible]		短期借入款	[illegible]	
應收帳款	[illegible]		存入保證金	[illegible]	
借出款	[illegible]		應付紅利	[illegible]	
材料	[illegible]		應付合同款項	[illegible]	
雜項資產		[illegible]	雜項負債		[illegible]
提存基金	[illegible]		折舊準備	[illegible]	
預付訂貨	[illegible]		呆欠款項準備	[illegible]	
存出保證金	[illegible]		電表損失準備	[illegible]	
暫付款項	[illegible]		呆賬準備	[illegible]	
應收款項	[illegible]		暫收款項	[illegible]	
應計欠繳	[illegible]		應計存項	[illegible]	
預付款項	[illegible]		盈餘		[illegible]
合同定購新機	[illegible]		前期盈餘滾存	[illegible]	
合同定購材料	[illegible]		本期盈餘	[illegible]	
投資金票	[illegible]				
虧損		[illegible]			
前期虧損	[illegible]				
合計		[illegible]	合計		[illegible]

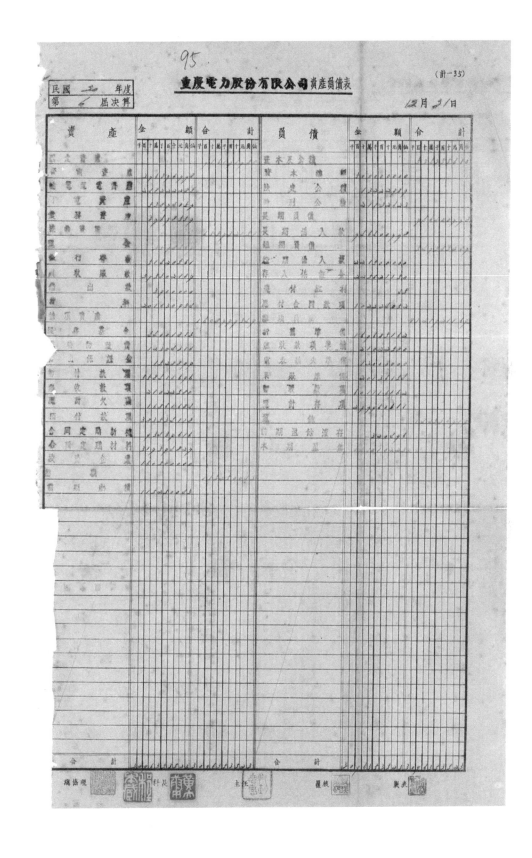

總協理　　科長　　主任　　覆核　　製表

96

損益計算書

97

（計一36）

重慶電力股份有限公司損益計算書

民國 30 年度
第 6 屆決算

自 1 月 1 日起
至 12 月 31 日止

損失	金額	合計	利益	金額	合計
經常開支		[illegible]	電費收入		[illegible]
發電費用	[illegible]		電燈收入	[illegible]	
供電費用	[illegible]		電力收入	[illegible]	
營業費用	[illegible]		電熱收入	[illegible]	
管理費用	[illegible]		路燈收入	[illegible]	
特別開支		[illegible]	自用電度收入	[illegible]	
折舊損耗	[illegible]		躉售電費收入	[illegible]	
盈餘		[illegible]	營業收入		[illegible]
本期盈餘	[illegible]		業務手續收入	[illegible]	
			雜項收入		[illegible]
			利息收入	[illegible]	
			房地租金收入	[illegible]	
			兌換利益	[illegible]	
			補助費收入	[illegible]	
			物料盤盈	[illegible]	
			其他雜項收入	[illegible]	
合計	[illegible]	[illegible]	合計	[illegible]	[illegible]

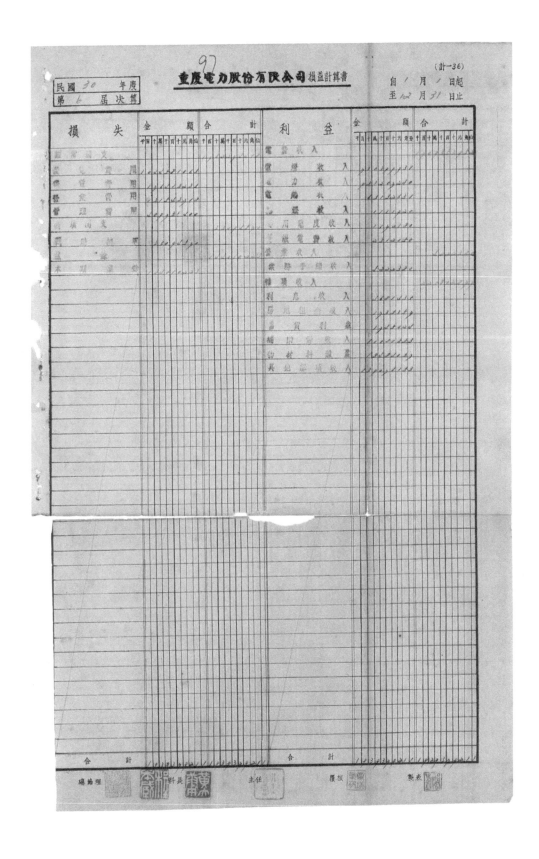

總經理　　科長　　主任　　覆核　　製表

98

盈餘分配表

99

(計—37)

重慶電力股份有限公司盈餘分配表

民國三十年度
第六屆決算

12月31日

科目	金額	合計	科目	金額	合計
分配			盈餘		
法定公積		[illegible]	本期盈餘		16,601,022.25
[illegible]	1,660,102.22		本年度盈餘	16,601,022.25	
所得税		[illegible]	前期盈餘滾存		[illegible]
[illegible]	[illegible]		[illegible]滾存	[illegible]	
利得税		[illegible]			
[illegible]	[illegible]				
特別準備		[illegible]			
[illegible]	[illegible]				
股息		[illegible]			
[illegible]	[illegible]				
[illegible]	[illegible]				
滾存		[illegible]			
本期未分配[illegible]	[illegible]				
前期滾餘[illegible]	[illegible]				
合計	[illegible]	[illegible]	合計	[illegible]	[illegible]

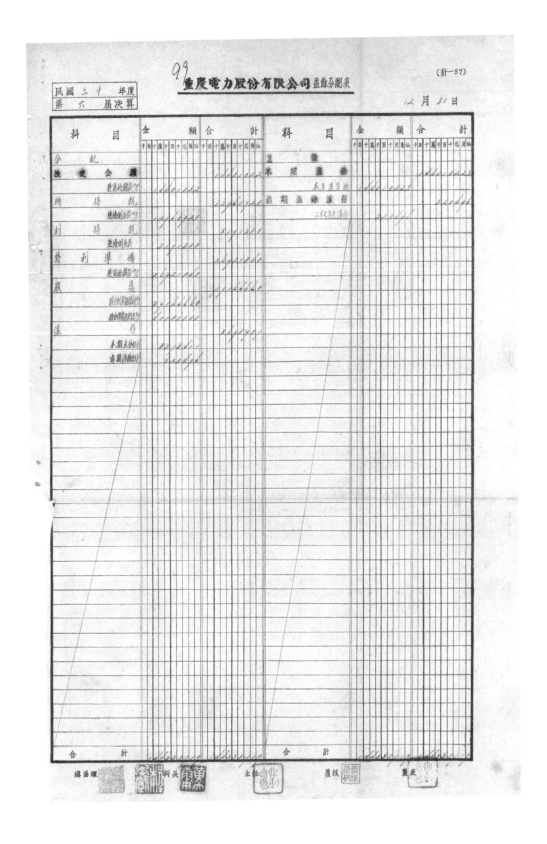

總經理　　科長　　主任　　覆核　　製表

100

資產目録表

重慶電力股份有限公司 資產目錄表

第　號　中華民國 30 年 12 月 31 日製　第 1 頁

科目	金額	分計	合計
固定資產	7161717.80		
發電資產			3763767.78
發電所土地		190402.36	
大溪溝發電所土地	116992.45		
南岸分廠土地	37607.21		
大田坎土地	27051.60		
李子壩分廠土地	8749.00		
發電所建築		822869.04	
廠房建築	314862.77		
石坎	38026.23		
進水道煤坡道	12855.37		
爐機	1540.61		
廠內道路	1798.54		
廠房大門	1375.67		
地洞	13000.00		
進水井	12845.28		
冷水池	69731.14		
迴冷水塔	108277.43		
冷水塔大池	36800.00		
水塔鐵管及開關	29860.00		
下水道	4351.29		
勘土工程	47217.05		
修理房及試驗室	11402.60		
衛生設備	1317.51		
南岸[illegible]建築	86661.79		
南岸分廠辦公室建築	30945.76		
鍋炉設備		1271873.63	
[illegible]水管鍋炉	714329.62		
鍋炉房[illegible]工程	83500.00		
鍋炉房石脚	34194.00		
加熱器	29588.63		
自動加煤機	53195.14		
引風機	12464.35		
蒸氣給水泵	18892.01		
[illegible]	14994.09		
鍋炉房全部	83226.31		
濾水器	2560.19		
[illegible]水[illegible]	4053.86		
爐台及[illegible]	784.33		
[illegible]	2061009.93	2285141.03	3763767.78

總經理　協理　科長　主任　覆核　製表

重慶電力股份有限公司 資產目錄表 101-1

第 號 中華民國30年12月31日製 第2頁

科目	金額	分計	合計
承第1頁	2066009.93	2285161.03	3763767.78
轉運閘門	754.18		
火磚	15923.54		
鋼筋混凝土	10114.07		
電熱設備	6149.71		
油漆	851.07		
混凝土水箱	4550.66		
鋼板水箱	3815.07		
走廊鐵梯	3471.03		
進水管道	6279.07		
減壓門及零件	2917.28		
冷油器管子	4171.89		
安裝費用	163133.53		
原動及發電機		1256118.68	
1500K.W.透平發電機	675687.91		
1000K.W.透平發電機	257015.04		
電纜	61007.72		
透平機地基工程	59655.25		
電纜室地基工程	11500.00		
電纜室建築	12651.00		
循環水管	17376.88		
熱水器	6095.28		
噴水器	14184.71		
花鐵地板	982.83		
混凝土基礎	9653.28		
分油器及温度表	4857.48		
絕熱設備	2391.45		
油漆	676.59		
安裝費用	122382.66		
電氣設備		86695.39	
電盤座架	800.00		
配電板調節器及其他	33931.51		
饋電線	25080.83		
廠用電線	5222.48		
電[illegible]	549.95		
電纜	4339.61		
避雷器	300.00		
安裝費用	16071.02		
廠內附屬設備		135812.68	
轉第3頁	3627955.10	3763767.78	3763767.71

總經理 [seal] 協理 [seal] 科長 [seal] 主任 [seal] 覆核 [seal] 製表 [seal]

重慶電力股份有限公司 資產目錄表

102

第　號　中華民國 30 年 12 月 31 日製　第 3 頁

科目	金額	分計	合計
[illegible]第 2 1	362755510	376376778	376376778
馬達設備	250002		
抽水進水管道機器設備	8550544		
修理房設備	1591477		
全廠電燈設備	1084414		
起重機	1296376		
安裝費用	672457		
電纜及電線暗溝	136000		
輸電配電資產			248222088
輸電配電土地		334028	
過江鐵塔地皮	29523		
分電站地皮	305505		
輸電配電建築		805400	
配電站建築	805400		
配電所設備		6092591	
配電站	2619214		
配電盤	3185600		
分電站機件	287777		
架空線路		191401369	
公司設置桿線各項	5179428		
木桿	25150433		
鐵塔	866171		
裸銅線	95830705		
風雨線	3841250		
碍子及附件	11813288		
保險盒	4804746		
避雷器	4450064		
南岸過江鐵塔	2576966		
江北過江鐵塔	917175		
過江線及附件	1630895		
油漆編號	928604		
扁角鐵	8436247		
磁瓶	12894959		
地錨等附件	5980210		
安裝費用	6160268		
變壓器		49587900	
裝置各區	49587900		
用電資產			53870157
用戶設備		43731631	
過次頁	624599066	668320097	678473223

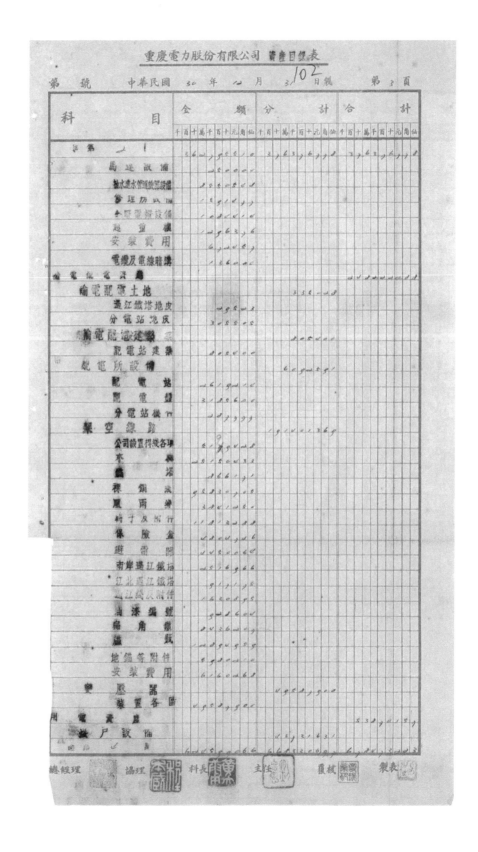

總經理　協理　科長　主任　覆核　製表

103

重慶電力股份有限公司 [illegible]表

第　號　中華民國 30 年 12 月 31 日製　第 4 頁

科目	金額	分計	合計
[illegible] 3	624599066	668330699	678473223
[illegible]戶[illegible]	30285660		
[illegible]度[illegible]	13445971		
其他用電資產		10142526	
路燈自動控制設備	435816		
編號[illegible]	3491548		
編號[illegible]	150000		
變流器	5504758		
專用電話	509404		
[illegible]務資[illegible]			37698557
事務所土地		2345170	
毛古樓地皮	1316170		
沙坪壩辦事處	1029000		
事務所建築		12501503	
國府路房產	1866245		
南岸辦事處建築	2290274		
沙坪壩辦事處土地	8344984		
運輸設備		7400382	
載重汽車	7150502		
運貨木船	150000		
[illegible]	54380		
膠輪板車	45500		
試驗設備		1850005	
儲電箱	536176		
電壓表及跑馬表	580066		
馬達	2800		
電[illegible]器	167462		
變流器	330101		
[illegible]用電流[illegible]	3400		
五門驗表台	223000		
器具設備		13601497	
營業用具	1279314		
醫務用具	623860		
其他用具	186323		
流動資產	655932151		
現金			3578469
[illegible]庫券	3578469	3578469	
銀行存款			51420561
中國銀行	12787222	12787222	
[illegible] 5 頁	732537471	732537471	771170810

經理　協理　科長　主任　覆核　製表

重慶電力股份有限公司資產目錄表

104

第　號　中華民國3年12月31日製　第5頁

科目	金額	分計	合計
承第4頁	7325379071	7325379071	7711170010
四川省銀行	1213176	1213176	
美豐銀行	16908208	16908208	
川康平民商業銀行	19610968	19610968	
川康平民商業銀行江北辦事處	10789	10789	
川鹽銀行	2191306	2191306	
中央銀行	12281886	12281886	
郵政儲金匯業局	1507386	1507386	
應收帳款			3954021679
應收電燈費		100025076	
各區用戶	100025076		
應收電力費		2562668098	
各區用戶	2562668098		
應收電熱費		30558066	
各區用戶	30558066		
應收路燈費		6331050	
路燈管理所	6331050		
借出款			39000000
本公司職員消費合作社	39000000	39000000	
材料			[illegible]
物料		1266132005	
本月庫存各料	1266859109		
廢料	600026		
燃料		7779686	
總廠庫存煤	3900067002		
南岸分廠庫存煤	3227121		
電錶		300090066	
本月庫存各錶	300090066		
雜項資產	160199954		
戰時防護費			12300316
保機設備費	310000303	310000303	
防空工料費	63207845	63207845	
防空設備費	2876100	2876100	
提存基金			00000113
償債基金		00000113	
中國銀行	00000113		
存出保證金			15088355
房屋押金		860000	
逸廬堂	860000		
過次頁6頁	[illegible]	[illegible]	[illegible]

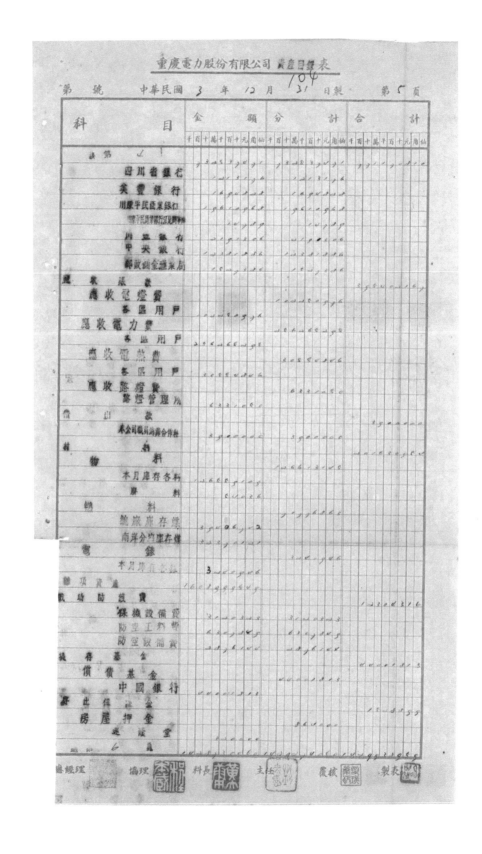

總經理［印］　協理［印］　科長［印］　主任［印］　覆核［印］　製表［印］

重慶電力股份有限公司資產目錄表 605

第　號　中華民國 31 年 12 月 31 日製　第 6 頁

科目	金額	分計	合計
承第 5 頁	1428,30060	1425[illegible],4060	1429538959
鄧朗益	100000		
鄧雅瑛	20000		
陳家康律師事務所	3000		
王耀[illegible]	7000		
嚴吉光	6000		
楊賢生	4000		
譚聯慶	10000		
重慶銀行	80000		
[illegible]入華	140000		
黎致平	30000		
[illegible]	20000		
[illegible]雲程記	14000		
水錶押金		54000	
自來水整理處	54000		
自用電錶		51899	
本公司	51899		
電話押金		160000	
電話總所	128000		
電政管理局	32000		
保險箱押金		6000	
美豐銀行	6000		
雜項押金		392000	
氧氣瓶押金	360000		
[illegible]桶押金	32000		
暫付款項			5584011696
[illegible]		656,270	
[illegible]金	656,270		
[illegible]		1531,984	
燃煤	1531,984		
[illegible]工程處		3381802382	
透機款費	92500		
經常支款	1918323929		
購料支款	1292202953		
日常備用金	200000		
暫記各項		1083440060	
救國公債	800000		
華西公司	4,0095		
所得稅	13921		
總計	1445254,0901	1988350652	1988350652

總經理　協理　科長　主任　覆核　製表

106

重慶電力股份有限公司 [illegible]日計表

第　號　中華民國 30 年 12 月 31 日製　第 7 頁

科目	金額	分計	合計
承第 6 頁	1245547091	1988350655	1988350655
吉利洋行	15412741		
潘仲三	147525		
四川水泥公司	144372		
收費股	350000		
楊記旅館	482502		
和豐[illegible]	435000		
裕華紡織公司	443000		
本公司職員消費合作社	1000000		
安利購料[illegible]	836751		
江北辦事處	250000		
節約儲蓄券	5852750		
南岸辦事處	350000		
業務科用戶股	350000		
沙坪壩辦事處	4850000		
各職工	711183		
建設美金公債	10780000		
第一煤廠	78300000		
郝雍君	2613200		
合泉貿易商行	10000000		
[illegible]二十九年度股息	18411050		
[illegible]股料	82422		
應收款項			21022280
各區用戶	21022280	21022280	
應計欠費			16861684
應計未收款項		16861684	
路燈管理所	417600		
軍政部兵工署第二十廠	5584		
民生公司	13560		
各股借料	846766		
中央廣播電台	46810		
軍政部兵工署第二十一廠	48510		
冉德昌	1382497		
閔宗一	588457		
龔偉堂	327894		
姚玉安	81900		
馬鐵猷	369516		
盛澤凱	100000		
辛卓夫	10820448		
過第 8 頁	2044422779	2026254919	2026234919

總經理　協理　科長　主任　覆核　製表

重慶電力股份有限公司資產目錄表

第　號　中華民國 30 年 12 月 31 日製　第 8 頁

(10)

科目	金額（千百十萬千百十元角仙）	分計（千百十萬千百十元角仙）	合計（千百十萬千百十元角仙）
承前 7 1	20244227.79	20262349.19	20262349.19
郭組明	18121.40		
應付款項			3835341.18
預付費用		282591.35	
廣播股	174225.26		
大同用室	9000.00		
預付[illegible]費	21745.59		
廠務	10257.75		
柴油	80.00		
張緝熙	4810.00		
各職工	3160.00		
業務科	1000.00		
南岸辦事處	7980.00		
業務科用戶股	1500.00		
工務科	29329.35		
收費股	1660.00		
溫子成	17513.40		
抄表股	330.00		
預付購料款項		3552749.83	
購買股	256043.14		
安利英行付料款	180983.40		
香港運料機關	2182.14		
寶源公司	162218.77		
華西公司	7000.00		
昆明轉運處	495502.58		
昆明轉運處	65462.40		
昆明轉運[illegible]	4246.74		
香港購料	4322.35		
[illegible]委員會	84000.00		
唐[illegible]字號	30000.00		
顧嘉棠	38000.00		
購煤專[illegible]	277638.09		
合益煤礦公司	192771.91		
[illegible]煤[illegible]廠	1561295.59		
第一煤廠	191085.75		
合同定購材料			934396.16
發電所新機		934396.16	
拔柏葛鍋爐合同	363413.83		
安利透平機合同	570982.33		
[illegible] 9 [illegible]	25032086.53	25032086.53	25032086.53

總經理　協理　科長　主任　覆核　製表

重慶電力股份有限公司 資產目錄表

第　號　中華民國 30 年 12 月 31 日製　第 9 頁

108

科目	金額	分計	合計
承前 8 頁	[illegible]	[illegible]	[illegible]
合同定購材料			[illegible]
購料合同		[illegible]	
華西購料合同	[illegible]		
鴻康購料合同	[illegible]		
鴻康購料合同	[illegible]		
鴻康[illegible]合同	[illegible]		
[illegible]利購料合同	[illegible]		
安利購料合同	[illegible]		
安利購料合同	[illegible]		
安利購料合同	[illegible]		
安利購料合同	[illegible]		
禮和電表合同	[illegible]		
西門子電表合同	[illegible]		
寶源購煤合同	[illegible]		
協力購煤合同	[illegible]		
習記木桿合同	[illegible]		
謙記木桿合同	[illegible]		
保興木桿合同	[illegible]		
華南行購料合同	[illegible]		
永利電料合同	[illegible]		
大康木杆合同	[illegible]		
中建購料合同	[illegible]		
中[illegible]購料合同	[illegible]		
[illegible]合同	[illegible]		
興泰翻砂合同	[illegible]		
永豐翻砂合同	[illegible]		
興國購料合同	[illegible]		
實成購料合同	[illegible]		
華實購料合同	[illegible]		
[illegible]購料合同	[illegible]		
[illegible]購料合同	[illegible]		
中孚銀業購[illegible]合同	[illegible]		
怡和購料合同	[illegible]		
怡和購料合同	[illegible]		
香港購料		[illegible]	
[illegible]文電話料合同	[illegible]		
協[illegible]	[illegible]		
合作華行購料合同	[illegible]		
過次 10 頁	[illegible]	[illegible]	[illegible]

總經理　協理　科長　主任　覆核　製表

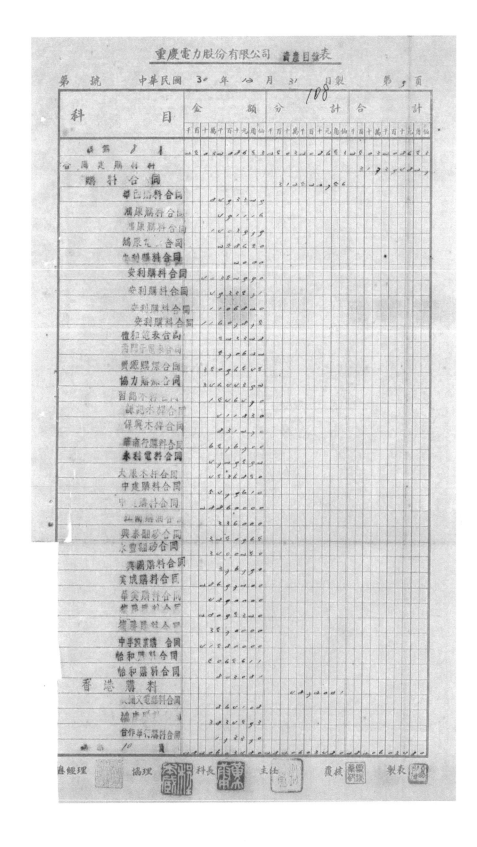

重慶電力股份有限公司[illegible]表

第　號　　中華民國 30 年 12 月 31 日製　　第 1[illegible] 頁

科目	金額	分計	合計
承第 9 1	28,206,034.80	28,206,034.80	28,206,034.80
投資企業			1,605,000.00
合益煤礦公司	200,000.00	200,000.00	
國民公報社	5,000.00	5,000.00	
華安礦業公司	500,000.00	500,000.00	
川康興業公司	900,000.00	900,000.00	
盈[illegible]餘			1,152,500.43
盈利[illegible]額		1,152,500.43	
二十九年度盈餘	1,152,500.43		
合計	30,963,535.23	30,963,535.23	30,963,535.23

總經理　協理　科長　主任　覆核　製表

110

負債目錄表

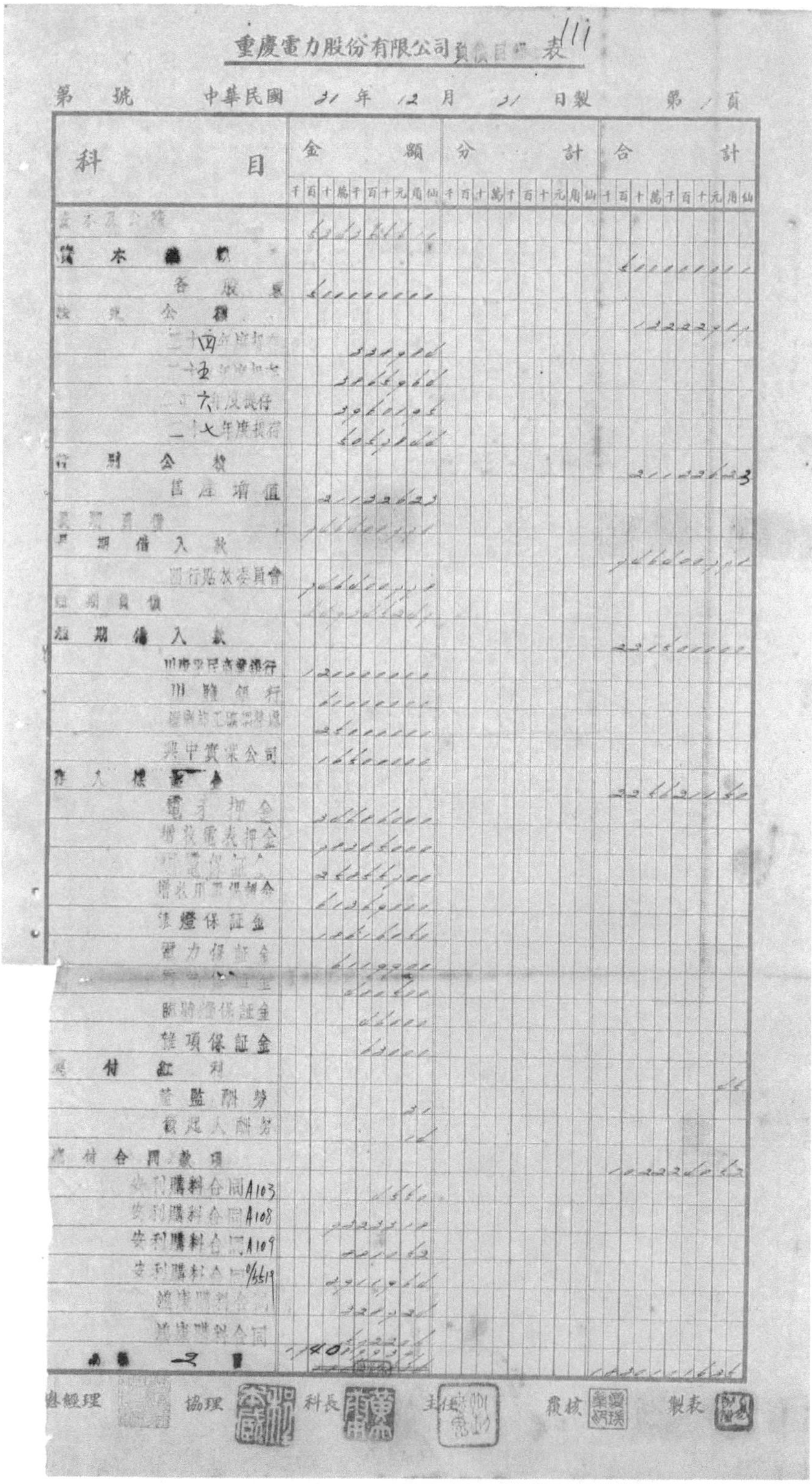

重慶電力股份有限公司負債目錄表 111

第 號 中華民國 31 年 12 月 31 日製 第 1 頁

科目	金額	分計	合計
資本及公積	[illegible]		
資本總額			[illegible]
各股東	[illegible]		
法定公積			[illegible]
二十四年度提存	[illegible]		
二十五年度提存	[illegible]		
二十六年度提存	[illegible]		
二十七年度提存	[illegible]		
特別公積			[illegible]
資產增值	[illegible]		
長期負債	[illegible]		
長期借入款			[illegible]
四行貼放委員會	[illegible]		
短期負債	[illegible]		
短期借入款			[illegible]
川康平民商業銀行	[illegible]		
川鹽銀行	[illegible]		
[illegible]	[illegible]		
興中實業公司	[illegible]		
存入保證金			[illegible]
電表押金	[illegible]		
增裝電表押金	[illegible]		
[illegible]	[illegible]		
增裝用戶保證金	[illegible]		
路燈保證金	[illegible]		
電力保證金	[illegible]		
[illegible]	[illegible]		
臨時燈保證金	[illegible]		
雜項保證金	[illegible]		
應付紅利			[illegible]
董監酬勞	[illegible]		
發起人酬勞	[illegible]		
應付合同款項			[illegible]
安利購料合同A103	[illegible]		
安利購料合同A108	[illegible]		
安利購料合同A109	[illegible]		
安利購料合同0/5519	[illegible]		
鴻康購料合同	[illegible]		
鴻康購料合同	[illegible]		
轉第2頁	[illegible]		[illegible]

總經理 協理 科長 主任 覆核 製表

112

重慶電力股份有限公司 負債目錄表

第　號　中華民國 30 年 12 月 31 日製　第 2 頁

科目	金額	分計	合計
接第 1 頁	[illegible]		[illegible]
寶源購料合同	[illegible]		
晋記木桿合同	[illegible]		
謙記木桿合同	[illegible]		
保興木桿合同	[illegible]		
華南行購料合同	[illegible]		
中工購料合同	[illegible]		
永利電料合同	[illegible]		
大康木杆合同	[illegible]		
[illegible]購油合同	[illegible]		
[illegible]購料合同	[illegible]		
興泰鋼砂合同	[illegible]		
永豐鋼砂合同	[illegible]		
興國購料合同	[illegible]		
美成購料合同	[illegible]		
華美購料合同	[illegible]		
總廠購料合同	[illegible]		
總廠購料合同	[illegible]		
中孚興業購油合同	[illegible]		
雜項負債	[illegible]		
折舊準備			[illegible]
發電資產折舊準備	[illegible]		
[illegible]資產折舊準備	[illegible]		
用電資產折舊準備	[illegible]		
業務資產折舊準備	[illegible]		
[illegible]收款項準備			[illegible]
二十八年度提存	[illegible]		
二十九年度提存	[illegible]		
三十年度提存	[illegible]		
電[illegible]損失準備			[illegible]
二十八年度提存	[illegible]		
呆帳準備			[illegible]
二十四年度提存呆帳準備金	[illegible]		
二十八年度提存呆帳準備金	[illegible]		
二十八年度提存呆帳準備金	[illegible]		
二十九年度提存呆帳準備金	[illegible]		
三十年度提存呆帳準備金	[illegible]		
暫收款項			[illegible]
[illegible]	[illegible]		
轉第 3 頁	[illegible]		[illegible]

總經理 [seal]　協理 [seal]　科長 [seal]　主任 [seal]　覆核 [seal]　製表 [seal]

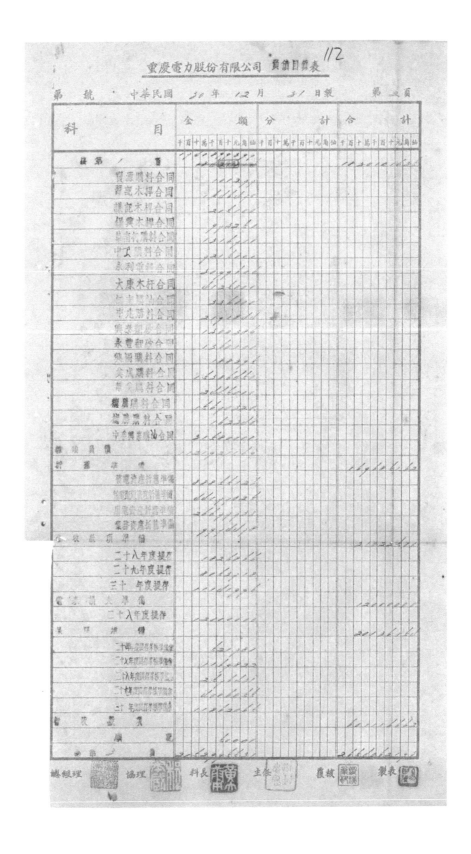

113

重慶電力股份有限公司 負債目錄表

第　號　　中華民國 31 年 12 月 31 日製　　第　頁

科目	金額	分計	合計
接第 2 頁	[illegible]		[illegible]
中央信託局	[illegible]		
所得稅	[illegible]		
四川水泥公司	[illegible]		
錫記	[illegible]		
致豐腊	[illegible]		
宜記	[illegible]		
暫記	[illegible]		
周見三	[illegible]		
榮記	[illegible]		
信記	[illegible]		
孝記	[illegible]		
雅記	[illegible]		
楓記	[illegible]		
振記	[illegible]		
陸地兵險賠款	[illegible]		
出水折屋賠款	[illegible]		
安記	[illegible]		
各職工	[illegible]		
公共汽車公司	[illegible]		
自來水公司	[illegible]		
總廠二次營修委員會	[illegible]		
軍政部兵工署第一廠	[illegible]		
防空服務金	[illegible]		
經濟部臨時工程委員會	[illegible]		
兵工署工程材料處	[illegible]		
和成銀行	[illegible]		
新華營造廠	[illegible]		
應計存項			[illegible]
營業稅	[illegible]		
未付各項材貨款	[illegible]		
未付職工津貼	[illegible]		
借入款息	[illegible]		
暫記稅款	[illegible]		
未付保險費	[illegible]		
臨江茶社	[illegible]		
信義豐	[illegible]		
富電豐會	[illegible]		
東林煤礦公司	[illegible]		
過次 1 頁	[illegible]		[illegible]

總經理　　協理　　科長　　主任　　覆核　　製表

114

重慶電力股份有限公司 負債目錄表

第　號　中華民國31年12月31日製　第6頁

科目	金額	分計	合計
承第3頁	29,222,666.20		29,520,220.00
應計未付所得稅	16,000.00		
各職工	219,913.21		
中央銀行	10,089.64		
大鑫鋼鐵廠	6,000.00		
軍政部兵工署第　廠	26,116.63		
軍政部兵工署第二廠	10,000.00		
中央銀行無線電台	6,000.00		
軍政部紡織廠	3,116.00		
各煤號	10,226.68		
未付房租	600.00		
中央電工器材廠	16,000.00		
福民麵粉廠	66,220.00		
興國磚瓦廠	8,366.66		
吉利洋行	1,241.66		
盈餘	1,166,330.79		
前期盈餘滾存			3,206.96
二十七年度盈餘	3,206.96		
本期盈益			1,661,002.23
12月底止盈餘	1,661,002.23		
合計	36,763,636.23		30,963,636.25

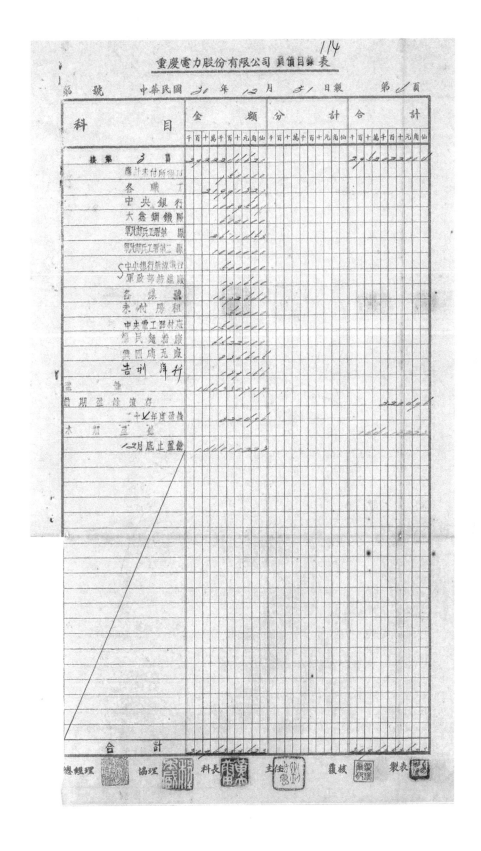

總經理　協理　科長　主任　覆核　製表

115

各項費用分類登記表

116

重慶電力股份有限公司各項費用分類統計表

民國30年度

自1月1日起至12月31日止

科目	發電費用 本月份金額	發電費用 累計金額	供電費用 本月份金額	供電費用 累計金額	營業費用 本月份金額	營業費用 累計金額	管理費用 本月份金額	管理費用 累計金額	總計 本月份金額	總計 累計金額	每月平均金額
薪金		[illegible]		[illegible]		[illegible]		[illegible]		[illegible]	[illegible]
工資		[illegible]		[illegible]		[illegible]		[illegible]		[illegible]	[illegible]
生活津貼		[illegible]		[illegible]		[illegible]		[illegible]		[illegible]	[illegible]
燃料消耗		[illegible]								[illegible]	[illegible]
潤滑油消耗		[illegible]		[illegible]						[illegible]	[illegible]
物料消耗		[illegible]		[illegible]		[illegible]		[illegible]		[illegible]	[illegible]
工具消耗		[illegible]		[illegible]						[illegible]	[illegible]
化驗藥物								[illegible]		[illegible]	[illegible]
修繕費		[illegible]		[illegible]		[illegible]		[illegible]		[illegible]	[illegible]
房地租		[illegible]		[illegible]		[illegible]		[illegible]		[illegible]	[illegible]
車旅運費		[illegible]		[illegible]		[illegible]		[illegible]		[illegible]	[illegible]
廣告費						[illegible]		[illegible]		[illegible]	[illegible]
財務律務費								[illegible]		[illegible]	[illegible]
文具印刷費		[illegible]		[illegible]		[illegible]		[illegible]		[illegible]	[illegible]
郵電費		[illegible]		[illegible]		[illegible]		[illegible]		[illegible]	[illegible]
自用電度								[illegible]		[illegible]	[illegible]
醫藥費		[illegible]		[illegible]		[illegible]		[illegible]		[illegible]	[illegible]
茶水薪炭		[illegible]		[illegible]		[illegible]		[illegible]		[illegible]	[illegible]
賑款		[illegible]						[illegible]		[illegible]	[illegible]
雜支		[illegible]		[illegible]		[illegible]		[illegible]		[illegible]	[illegible]
獎勵酬卹		[illegible]		[illegible]		[illegible]		[illegible]		[illegible]	[illegible]
保險費								[illegible]		[illegible]	[illegible]
[illegible]											
材料盤損								[illegible]		[illegible]	[illegible]
呆賬						[illegible]		[illegible]		[illegible]	[illegible]
稅捐		[illegible]		[illegible]		[illegible]		[illegible]		[illegible]	[illegible]
借款利息								[illegible]		[illegible]	[illegible]
折舊		[illegible]		[illegible]		[illegible]		[illegible]		[illegible]	[illegible]
其他費用		[illegible]		[illegible]				[illegible]		[illegible]	[illegible]
書報費		[illegible]		[illegible]		[illegible]		[illegible]		[illegible]	[illegible]
合計											
息計折舊											
總計		[illegible]		[illegible]		[illegible]		[illegible]		[illegible]	[illegible]

總經理　　協理　　總務科長　　會計科長　　主任　　覆核　　製表

117

特項開支表

118

重慶電力股份有限公司[illegible]表

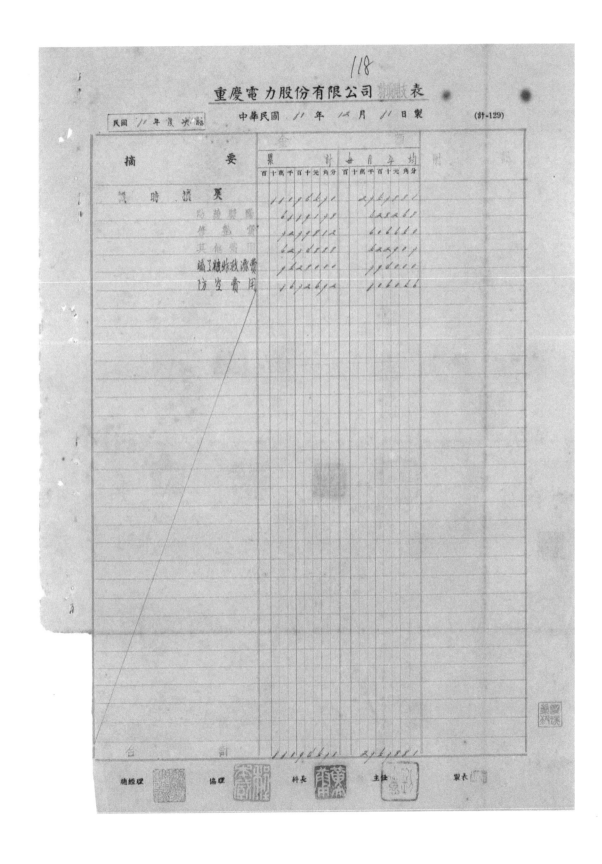

民國 11 年度決算　　中華民國 11 年 12 月 11 日製　　(計-129)

摘要	金額 累計	金額 每月平均	附記
戰時損失	110,964.91	29,498.81	
防護設備	68,791.98	4,282.68	
修繕費	72,798.12	6,066.60	
其他費用	62,765.88	4,229.07	
職工轟炸救濟費	95,280.00	7,960.00	
防空費用	16,726.92	9,060.46	
合計	111,964.11	29,498.81	

總經理　　協理　　科長　　主任　　製表

119

各項收入分類登記表

120

民國 30 年度 第六屆決算

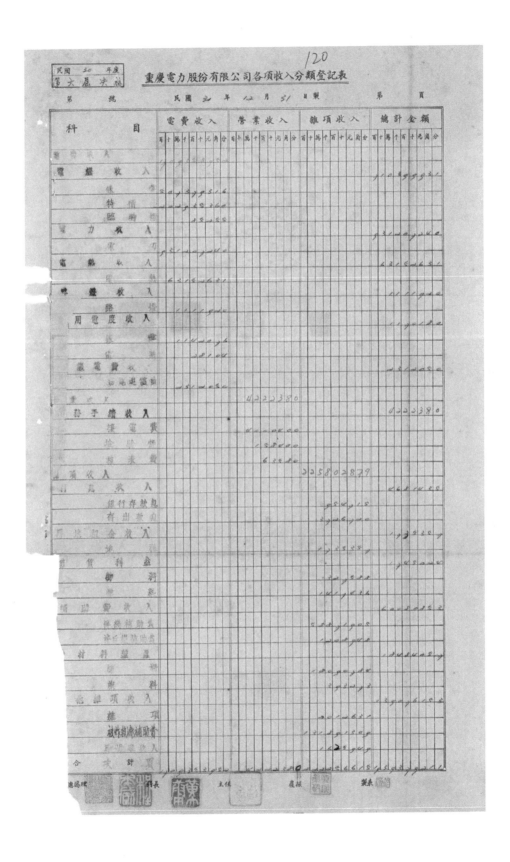

重慶電力股份有限公司各項收入分類登記表

第　　號　　民國 30 年 12 月 31 日製　　第　　頁

科目	電費收入	營業收入	雜項收入	總計金額
電費收入	[illegible]			
電燈收入				[illegible]
錶燈	[illegible]			
特價	[illegible]			
臨時燈	[illegible]			
電力收入				[illegible]
電力	[illegible]			
電熱收入				[illegible]
電熱	[illegible]			
路燈收入				[illegible]
路燈	[illegible]			
用電度收入				[illegible]
錶燈	[illegible]			
[illegible]	[illegible]			
竊電費收入				[illegible]
竊電追償費	[illegible]			
業務收入		4222380		
業務手續收入				4222380
接電費		[illegible]		
[illegible]		[illegible]		
換表費		[illegible]		
雜項收入			225802879	
利息收入				[illegible]
銀行存款息			[illegible]	
存出款息			[illegible]	
房地租金收入				[illegible]
地租			[illegible]	
售貨利益				[illegible]
物料			[illegible]	
[illegible]			[illegible]	
補助費收入				[illegible]
[illegible]補助費			[illegible]	
[illegible]補助費			[illegible]	
材料盤盈				[illegible]
[illegible]料			[illegible]	
[illegible]料			[illegible]	
其他雜項收入				[illegible]
雜項			[illegible]	
被炸救濟補助費			[illegible]	
[illegible]			[illegible]	
合計　頁	[illegible]	[illegible]	[illegible]	[illegible]

總經理　　科長　　主任　　覆核　　製表

14

民國 30 年度
第六屆決算

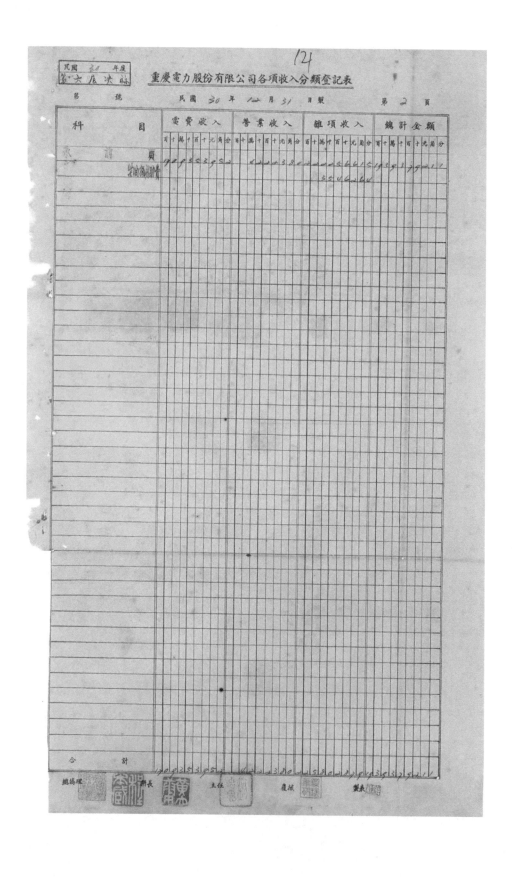

重慶電力股份有限公司各項收入分類登記表

第　　號　　　民國 30 年 12 月 31 日製　　　第 2 頁

科目	電費收入	營業收入	雜項收入	總計金額
承前頁	17093539.52	42223.80	222566.15	17393792.11
柴油機補助費			35462.64	
合計	17093539.52	42223.80	258028.79	17393792.11

(各欄分位：百、十、萬、千、百、十、元、角、分)

總協理　　科長　　主任　　覆核　　製表

122

應計折舊表

123

重慶電力股份有限公司[illegible]表

民國 31 年度決算 | 中華民國 31 年 12 月 31 日製 | (計-129)

摘要		金額 資產 (百 十 萬 千 百 十 元 角 分)	金額 折舊 (百 十 萬 千 百 十 元 角 分)	附記
發電資產		[illegible]	[illegible]	發電費用
發電所建築 照年率折舊計	5%	[illegible]	[illegible]	
鍋爐設備	4%	[illegible]	[illegible]	
原動及發電機	6%	[illegible]	[illegible]	
電氣設備	5%	[illegible]	[illegible]	
廠內附屬設備	8%	[illegible]	[illegible]	
輸電資產		[illegible]	[illegible]	供電費用
變電所建築	5%	[illegible]	[illegible]	
配電所設備	5%	[illegible]	[illegible]	
架空線路	6%	[illegible]	[illegible]	
變壓器	7%	[illegible]	[illegible]	
用電資產		[illegible]	[illegible]	營業費用
接戶設備	12%	[illegible]	[illegible]	
其他用電資產	10%	[illegible]	[illegible]	
業務資產		[illegible]	[illegible]	管理費用
辦公室建築	16%	[illegible]	[illegible]	
運輸設備	16%	[illegible]	[illegible]	
試驗設備	16%	[illegible]	[illegible]	
器具設備	16%	[illegible]	[illegible]	
合計		[illegible]	[illegible]	

總經理　　協理 [stamp]　　科長 [stamp]　　主任 [stamp]　　製表

重庆电力股份有限公司董事会关于检送一九四二年六月资产负债表等致重庆电力股份有限公司各董事、监事的函（附表）

（一九四二年七月十八日）　0219-2-47

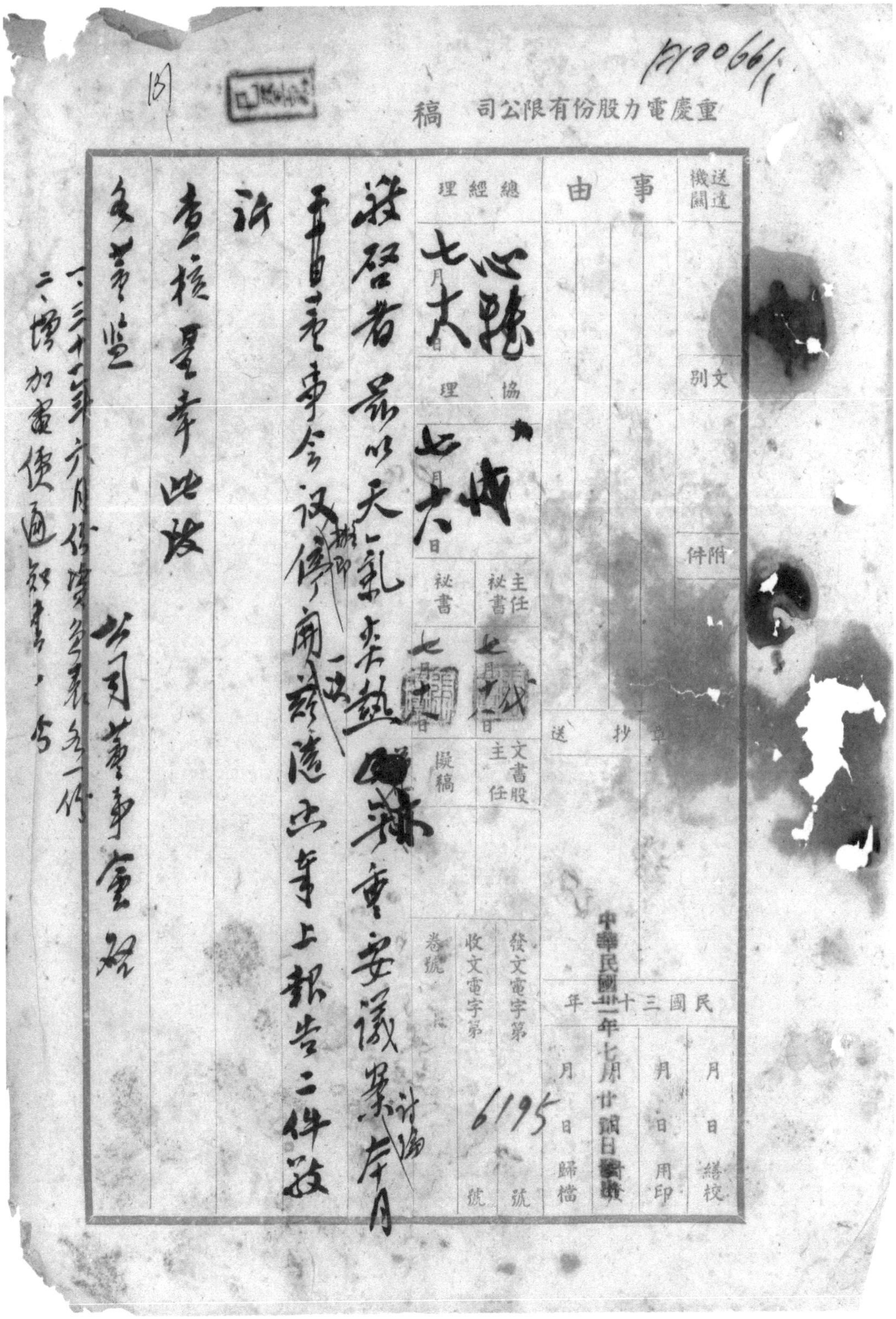
重慶電力股份有限公司稿

敬启者　兹以天气炎热，无重要议案讨论，本月廿日董事会议停开一次，兹随函上报告二件，敬祈

查核是幸　此致

各董监

公司董事会启

一、三十一年六月份资负表各一份

二、增加电价通知书一份

民國 31 年 1 月 31 日

(計)27 1—500 / 31.3.10

重慶電力股份有限公司月計表

第一表： 資產負債表 字第 6 號

資產科目	金額	合計	負債科目	金額	合計
固定資產：		[illegible]	資本及公積：		[illegible]
發電資產	[illegible]		資本總額	[illegible]	
輸電配電資產	[illegible]		法定公積	[illegible]	
用電資產	[illegible]		特別公積	[illegible]	
業務資產	[illegible]		償債公積		
其他固定資產			特別準備	[illegible]	
			長期負債：		[illegible]
流動資產：		[illegible]	長期借入款	[illegible]	
現金	[illegible]		公司債		
銀行存款	[illegible]				
應收票據			短期負債：		[illegible]
應收帳款	[illegible]		短期借入款	[illegible]	
借出款	[illegible]		應付票據		
存出款			銀行透支		
有價證券	[illegible]		存入保證金	[illegible]	
材料	[illegible]		應付帳款		
其他流動資產	[illegible]		應付股利	[illegible]	
未繳股款	[illegible]		應付息利	[illegible]	
雜項資產：		[illegible]	應付職工酬勞	[illegible]	
戰時防護費	[illegible]		職工儲金		
存出保證金	[illegible]		應付合同款項	[illegible]	
暫付款項	[illegible]		其他短期負債		
應計欠項	[illegible]				
預付款項	[illegible]		雜項負債：		[illegible]
提存基金	[illegible]		折舊準備	[illegible]	
催收款項	[illegible]		呆帳準備	[illegible]	
投資企業	[illegible]		電表損失準備	[illegible]	
合同訂購材料	[illegible]		暫收款項	[illegible]	
合同訂購新機	[illegible]		應計存項	[illegible]	
其他雜項資產			其他雜項負債	[illegible]	
			材料漲價準備	[illegible]	
虧損：		[illegible]	盈餘：		
前期虧損	[illegible]		前期盈餘滾存	[illegible]	
前月虧損	[illegible]		前月盈餘	[illegible]	
本月虧損	[illegible]		本期盈餘		
	[illegible]	[illegible]		[illegible]	[illegible]
	[illegible]	[illegible]		[illegible]	[illegible]
			應提折舊準備	[illegible]	[illegible]
			應計本項損失	[illegible]	[illegible]
虧損	[illegible]	[illegible]	盈餘		
合計	[illegible]	[illegible]	合計	[illegible]	[illegible]

總經理 協理 科長 主任 覆核 製表

民國 31 年 [illegible] 月
自 6 月 1 日起至 6 月 [illegible] 日止

(計)28. 1—1000. 27-9-25.

重慶電力股份有限公司月計表

第二表： 損益計算書　　　　字第 6 號

損失科目	本月金額	累計金額	利益科目	本月金額	累計金額
	百十萬千百十元角分	千百十萬千百十元角分		百十萬千百十元角分	千百十萬千百十元角分
經常開支	[illegible]	[illegible]	電費收入	[illegible]	[illegible]
發電費用	238469200	1184226380	電燈收入	111783713	1825260.67
供電費用	20621212	141822180	電力收入	91419007	91838190.7
營業費用	20441670	118041507	電熱收入	5738543	33299877
管理費用	61683493	240080929	路燈收入	951160	430960
雜項開支	6669623	16613713	補繳電費收入	3146668	35802.62
戰時損失	6669623	16613713	自用電度收入	88199	406686
前期盈餘		42131989			
		42131989	營業收入	[illegible]	[illegible]
			業務手續收入	1158000	6620502
			機件租金收入		
			其他業務收入		
			雜項收入	2161[illegible]	[illegible]
			利息收入		790289
			房地租金收入		727010
			進貨折扣收入		420000
			售貨利益		2996601
			補助費收入	2135695	5385003
			匯兌利益		
			物材料盤盈		2176710
			其他雜項收入	20669	2050716
			前月虧損		60427797
			本月虧損	43148705	43148706
	358903159	1684408602		358903159	1684408602
	354903439	1601932613		312950034	1611130100
應計折舊	3402573	8269581.5			
應計攤提					
盈餘			虧損	5277933 6	7313330696
合計	320011[illegible]	1[illegible]4446726	合計	32001[illegible]	16[illegible]4446726

總經理　協理　科長　主任　覆核　製表

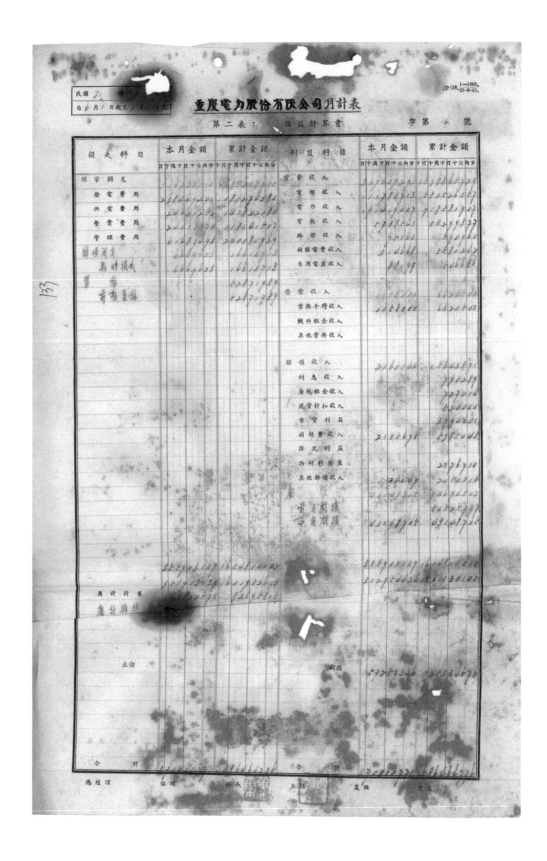

137

重庆电力股份有限公司关于公司困难请准豁免历年营业税上重庆市营业税处的呈（一九四三年六月十四日） 0219-2-217

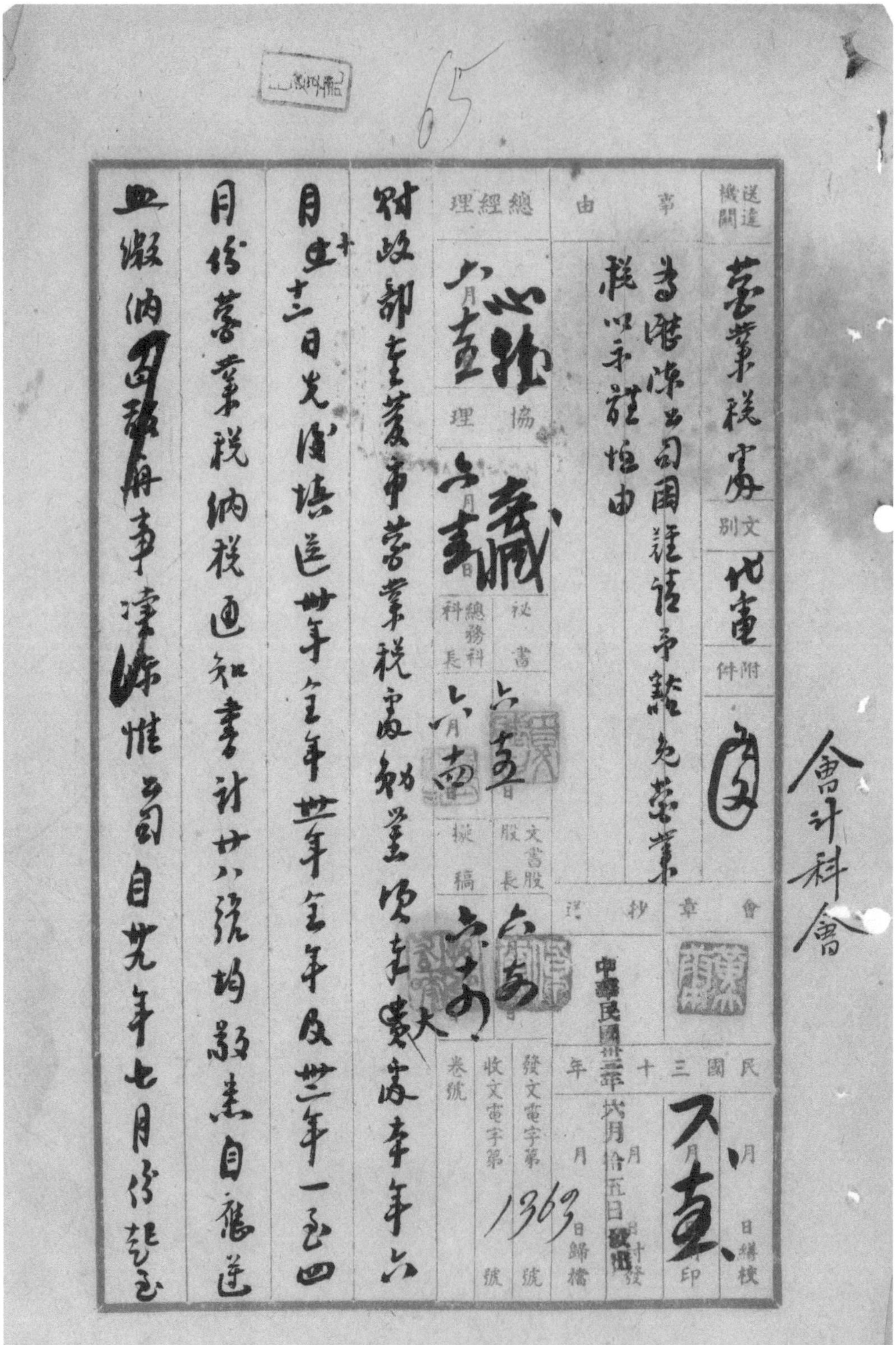

送達機關：營業稅處
文別：呈
附件：
事由：為據陳公司困難請予豁免營業稅以示體恤由
總經理：心鉅 六月 日
協理：義 六月 日
秘書 六月 日
總務科科長 六月 日
文書股股長 六月 日
擬稿 六月 日
會計科會
中華民國卅二年六月拾五日發出
發文電字第1363號

財政部重慶市營業稅處勛鑒：頃奉大貴處本年六月十二日先後填送卅年全年、卅一年全年及卅二年一至四月份營業稅納稅通知書計廿六號，均敬悉，自應遵照繳納。因屬困難事，據陳惟公司自卅年七月份起至

66

卅年十二月停止缴纳营业税，已蒙重庆市营业税处
税字第四一二号及税字第一〇九一号通知暂缓征收，
本业仰见政府体念商艰扶植公用事业，深为感荷。
查电气事业，因年来器材燃料价格暨人工开支逐
步高涨，而电价为维护抗建国策遵照经济部令饬（政府所统制，不敢减本甚钜）
价格销售，未能随物价之动定予以调整，故历年（且来不断遭受敌机炸毁，亦损失不赀）
亏折负债累累之资金周转失灵者，廿九年之（处）国境所被
（日益）更平日结银窘，公司服务公众，报効国家，初不以营利

67

為目的惟至少必須使其足以維持当時繳納稅款
並實無此力量敬祈大處一本維護公用事業之熱
忱惠將公司應納之營業稅准予豁免以示體恤並
附電字遠字通知書廿八年第號敬祈察核成全無任感
謹
重慶電力公司（附）即附檢還營業稅納稅通知
書廿八年件

31

化驗室設備及藥品預算表

品名	規格	單位	數量	單價	總價
波美比重計 Beamé		只	1		14,000
比重瓶	100 CC	〃	1		32,000
滴定管	25 CC	〃	4	80,000	320,000
〃	50 CC	〃	10	100,000	1,000,000
直形移液管	50 CC	〃	4	10,000	40,000
〃	25 CC	〃	4	8,000	32,000
〃	15 CC	〃	4	6,000	24,000
〃	10 CC	〃	4	4000	10,000
〃	5 CC	〃	4	3000	12000
〃	2 CC	〃	3	2000	6000
〃	1 CC	〃	3	1500	4500
長頸量液瓶	1000 CC	〃	10	20,000	200,000
	500 CC	〃	10	16,000	160,000
	250 CC	〃	10	12,000	120,000
乾燥器	dia 20 cm.	〃	4	100,000	400,000
Kipp氏氣体發生器	500 CC	〃	2	80,000	160,000
量筒	1000 CC	〃	2	21,000	42,000
〃	500 CC	〃	2	15,000	30,000
〃	100 CC	〃	4	6,000	24,000
〃	50 CC	〃	4	5,000	20,000
〃	10 CC	〃	4	3,200	12,800
〃	5 CC	〃	2	2000	4000
乾燥管U形球形		〃	6	1,000	6,000
漏斗	20 cm	〃	2	7,000	14,000
〃	10 cm	〃	2	1,800	3,600
〃	8 cm	〃	4	1,500	6,000
直管分液漏斗	250 CC	〃	2	20,000	40,000
表面皿	6 cm.	〃	6	1500	9,000
平底燒瓶	500 CC	〃	10	8,000	80,000
三角瓶	250 CC	〃	6	3,600	21,800

32

化驗室設備及藥品預算表

品名	規格	單位	數量	單價	總價
三角瓶	150 CC	只	6	4000	24,000
〃	100 CC	〃	6	2,800	16,800
燒杯	1000 CC	〃	3	13,200	39,600
〃	500 〃	〃	10	8,000	80,000
〃	250 〃	〃	10	5,200	52,000
〃	150 〃	〃	6	3,600	21,600
〃	100 〃	〃	6	2,800	16,800
窄口瓶	1000 〃	〃	20	6,000	120,000
〃	500 〃	〃	30	3,600	108,000
〃	250 〃	〃	20	2,400	48,000
〃	125 〃	〃	10	1,800	18,000
指示药瓶 dropper.		〃	10	4000	40,000
酒精灯		〃	4	3,000	12,000
称量瓶	50×25 m/m	〃	8	8,000	64,000
大玻瓶	10 l. (40P.)	〃	4	50,000	200,000
〃	5000 CC	〃	4	22,000	88,000
玻板	10 cm	〃	5	2000	10,000
〃	8 cm	〃	5	1500	7500
分液漏斗	500 CC	〃	2	24,000	48,000
〃	250 CC	〃	2	20,000	40,000
試管	15×150 m/m	〃	50	400	20,000
圆底烧瓶	500 CC	〃	5	8,000	40,000
〃	250 〃	〃	5	3,600	18,000
廣口瓶	500 〃	〃	5	3,600	18,000
〃	250 〃	〃	10	2,400	24,000
〃	125 〃	〃	10	1,800	18,000
玻璃棒		磅	2	6,000	12,000
玻璃管		〃	2	6,000	12,000
吸滤器	500 CC	只	2	10000	20,000
高氏坩锅 Gooch crucible 連橡皮套		〃	3	80,000	240,000

33

化驗室設備及藥品預算表

品名	規格	單位	數量	單價	總價
磁坩堝	30 CC	只	5	200,000	1,000,000
〃	15 CC	〃	5	150,000	750,000
磁蒸發皿	10 Cm.	〃	10	50000	500.000
有柄蒸發皿	7½ cm dia.	〃	4	75,000	300,000
白磁板		〃	4	40000	160,000
陶土三角架		〃	10	4,000	40,000
瓷船		〃	6	100,000	600,000
研鉢(磁)		〃	2	12,000	24,000
無灰重量濾紙	dia 12 cm	束	2	300,000	600,000
粗濾紙	大張	〃	10	4,000	40,000
移液管架(木質)		只	1	60,000	60,000
橡皮塞	大小			150000	150,000
橡皮管	7 m/m	呎	30	2,800	84,000
軟木塞	#1—#30 24只	組	5	40,000	200,000
滴管架(附管挾)		只	5	45,000	225,000
試管架		〃	3	12,000	36,000
鉄三角架		〃	4	5,000	20,000
三角銼	4" U.S.A.	只	1	30,000	30,000
穿孔器	三枚	套	1	35,000	35,000
圓銼		只	1	15000	15000
骨匙	3吋	組	4	6,000	24,000
溫度計	100°C	只	2	25,000	50,000
〃	200°C	〃	2	40,000	80,000
〃	360°C	〃	2	80,000	160,000
寒暑表	晴雨	〃	1	23,000	23,000
冷凝管	蛇形 40 cm	〃	2	25,000	50,000
〃	直形 40 cm	〃	2	20,000	40,000
漏斗架		〃	4	12,000	48,000
安全漏斗		〃	4	2,000	8,000
工作服(藍色)		件	3	70000	210000

34.

化驗室設備及药品預算表

品名	規格	單位	數量	單價	總價	備註
药碾		只	1	150000	150,000	
盐酸	比重1.2 C.P.	磅	5	14,000	70,000	
硫酸	〃 1.84 〃	〃	5	12,000	60,000	
硝酸	〃 1.2 〃	〃	3	20,000	60,000	
醋酸		〃	5	20000	100,000	
磷酸	85%	〃	1	140,000	140,000	
草酸		〃	1	35,000	35,000	
硼酸		〃	1	14,000	14,000	
氫氧化鈉		〃	2	15,000	30,000	
氫氧化鉀	pure 條形	〃	2	180,000	360,000	
〃〃〃鋇	日品500g裝	〃	1	420,000	420,000	
〃〃〃錏	比重0.9	〃	3	17,000	51,000	
碳酸鈉		〃	2	5,000	10,000	
硫〃〃		〃	1		8,000	
草〃〃	pure	〃	1		60,000	
磷〃〃		〃	1		750,000	
溴化鈉		〃	1		48,000	
酒石酸氫鉀		〃	1		200,000	
磷酸氫二鈉	E.D.H.	〃	1		480,000	
氧化亞砷		〃	½	60000	30,000	
氯化鋇	pure	〃	1		80,000	
碳酸鉀		〃	1		15,000	
氰化鉀		〃	½	50,000	25,000	
碘〃〃	英品	〃	2	280,000	560,000	
氯酸鉀		〃	1		20,000	
高錳酸鉀		〃	½	50,000	25,000	
碳酸鍶		〃	1		24,000	
氯化鈷		〃	½	200,000	100,000	
氯化鋰	B.D.H.	〃	2	300,000	600,000	
二氯化汞	"Merck" ½磅裝	〃	1		400,000	

35

6

化驗室設備及藥品預算表

品名	規格	單位	數量	單價	總價	備註
硝酸鋁		磅	1		30,000	
硫酸亞鐵銨		〃	1		24,000	
溴化鉀	英出	〃	1		80,000	
鉬酸銨		〃	1		1000000	
硝酸銀	pure	〃	1		180,000	
硫氰化鉀		〃	1		200000	
鋁酸鈉		〃	1		80000	
氯化鈣		〃	3	10,000	30,000	
碳酸氫銨		〃	1		12,000	
硫代硫酸鈉		〃	1		6,000	
氯化鎂		〃	1		36,000	
草酸鉀		〃	1		70,000	
〃〃銨		〃	1		96,000	
氯化亞銅	pure	〃	1		440,000	
亞硫酸鈉		〃	1		20,000	
磷酸氫鉀	KH_2PO_4	〃	1		860,000	
碳酸鈣		〃	1		3,000	
重鉻酸鉀		〃	1		30,000	
碘片		〃	1/2	320,000	160,000	
醋酸鈉		〃	1		30,000	
磷酸氫鈉銨		〃	1		550,000	
硼砂		〃	1		10,000	
四氯化碳		〃	1		100,000	
三氯甲烷		〃	1		80,000	
硝酸銨		〃	1		40,000	
赤血鹽		〃	1		80,000	
黃血鹽		〃	1		50,000	
氰化鉀		〃	1		15,000	
鉻酸鉀		〃	1		80,000	
Isopropyl allohol		〃	1		150000	

36

1.

化驗室設備及藥品預算表

品名	規格	單位	數量	單價	總價	備註
Benzidine hydrochloride		磅	1		600,000	
焦性没食子酸	日品 pure	〃	1		80,000	
Tetra-hydroxyquinone		〃	1		500,000	
凡士林		〃	1		30,000	
橄欖油		〃	1		60,000	
純錫粒		〃	1		40,000	
純銅絲		〃	1		60,000	
酒精		磅	5		250,000	
二氯化錫	pure	磅	1		240,000	
甲基橙		克	50		500,000	
酚酞		〃	50		200,000	
Erythrosine(愛利斯洛新紅)		〃	50		250,000	
安息香酸		磅	1		60,000	
澱粉		〃	1		8,000	
石蕊試驗紙	(藍紅)	本	4	3,000	12,000	
α-Naphthylamine Acetate		lb	1		350,000	
$NaNO_2$		lb	2		300,000	
phenoldisulphonic acid		lb	1		250,000	

總共人民幣 143,862,800元

财政部关于转知重庆电力股份有限公司照规定缴纳营业税给该公司的通知（一九四四年三月二十八日） 0219–2–217

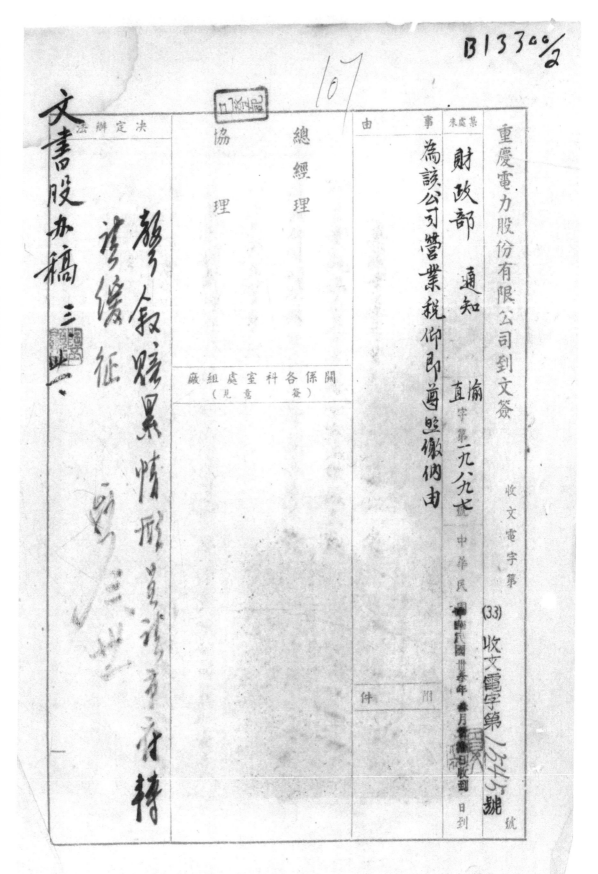

B13300/2

107

重慶電力股份有限公司到文簽

收文電字第（33）收文電字第15445號

來處	財政部 通知 渝直字第一九八九七號 中華民國卅三年三月廿八日收到
事由	為該公司營業稅仰即遵照繳納由
附件	
總經理	
協理	
關係各科室處組廠（簽意見）	
決定辦法	擬叙明累情形呈請市府轉請緩征

文書股办稿 三、廿八

108

财政部

案據重慶市營業税[illegible]稱「查本[illegible]

納營業税迄今三年有餘分文未繳經本局[illegible]

後該公司均以請緩請免等詞延宕不繳[illegible]

三年止共欠營業税陸佰柒拾貳萬陸千柒佰叁拾叁元叁角捌分

究應如何辦理請核示辦法以便遵行」等情查該公司前以資産

增值添募新股經核准其投資所得部份應納税額於納庫

後由國庫照數撥給以資補助已屬優予体卹所有該欠繳

營業税款既無豁免之規定又未奉准緩繳自應遵照

民國 中華民國卅三年三月廿八日 第19897號

109

報繳乃拖延三年拒不繳納，寔有未合。況当抗戰時期，支應浩繁，該公司既屬公用事業，尤應仰体時艰，依法納税，以爲一般商民之表率，未便容心延宕，致損庫收。擬呈前情，除指復外，仰即遵照迅速繳納，以了懸案，勿得再延爲要。

右通知重慶市電力公司

重庆电力股份有限公司关于转请行政院豁免重庆电力股份有限公司营业税致重庆市市长、经济部部长、国家总动员会议的代电

（一九四四年八月十二日） 0219-2-217

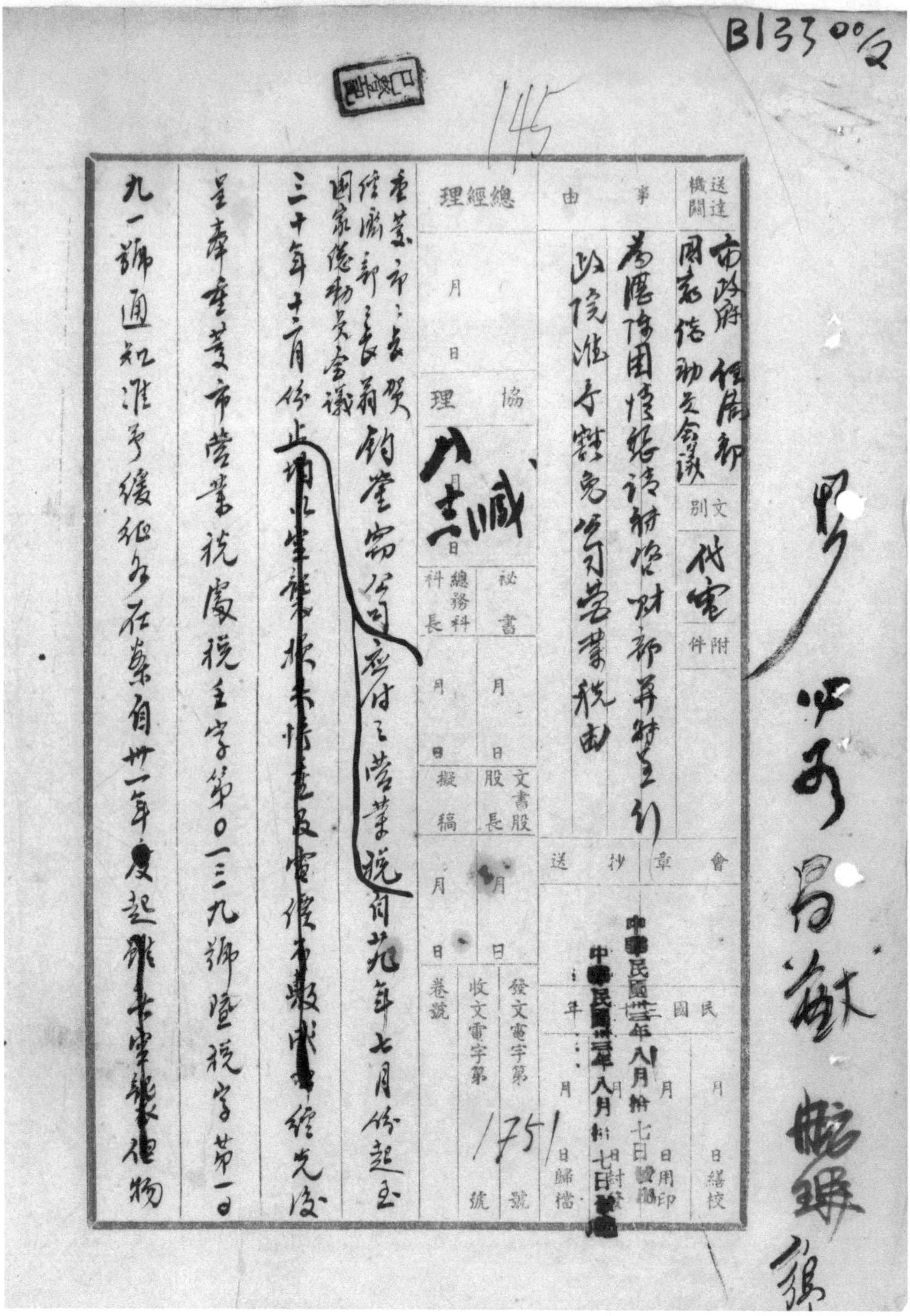

送達機關：市政府 經濟部 國家總動員會議
文別：代電
事由：為懇[illegible]困[illegible]情形請轉咨財部並轉呈行政院准予豁免營業稅由
總經理 協理 秘書 總務科科長 文書股股長 擬稿 會章 抄送
重慶市吳市長、經濟部翁部長、國家總動員會議鈞鑒：竊公司應付之營業稅自三十年七月份起至三十年十二月份止[illegible]經先後呈奉重慶市營業稅處稅主字第〇一三九號暨稅字第一〇九一號通知准予緩徵在案，自卅一年度起[illegible]
1751
中華民國卅三年八月拾七日

146

價步漲成本劇增而票價自卅一年八月份核予調整後直到至卅二年七月份始蒙再度調整以至於今債臺高築虧蝕甚鉅昔以敝自卅年[illegible]起至卅二年十月份止應付營業稅款額六、七三〇、二八元尚未照繳迭經瀝陳困情呈請鈞府准照請營業稅讓 市府准照請營業稅讓 市政府准照請營業稅讓 轉咨財政部隨即轉呈行政院准予豁免未蒙核准公司雖屬民營並係公用事業其在政府嚴格管制之下早無自由營運之餘地實與政府辦理者並無二致現在羅掘俱窮告貸無門委實無力負此鉅額稅捐請速洞察公司對於政府法令素即

迭年以来，能毅藉词幽抗，澜不顾含默，置之僻於颓抗之乱

是其准收电价不敷成本，尤在何望[illegible]自

迫前政府按月补助[illegible]免捐事同[illegible]，谨电恳钧府部

抗战以来报告贡献，不遗余力，兹以限价过严，无法维持，为此呈

议，鉴察，并盟转咨财政部，请特呈行政院，准予[illegible]纾困，分呈

俯赐维持[illegible]应纳[illegible]营业税[illegible]抗战期间[illegible]准予缓征，以苏喘息而资维护

经济部国家总动员会议

市政府国家总动员会议

市政府经济部

外，伏候核示，祗遵。重庆电力公司

董事长[illegible]

刘航琛等心如满君献经理傅友周、总经理

心非同叩（衔印）

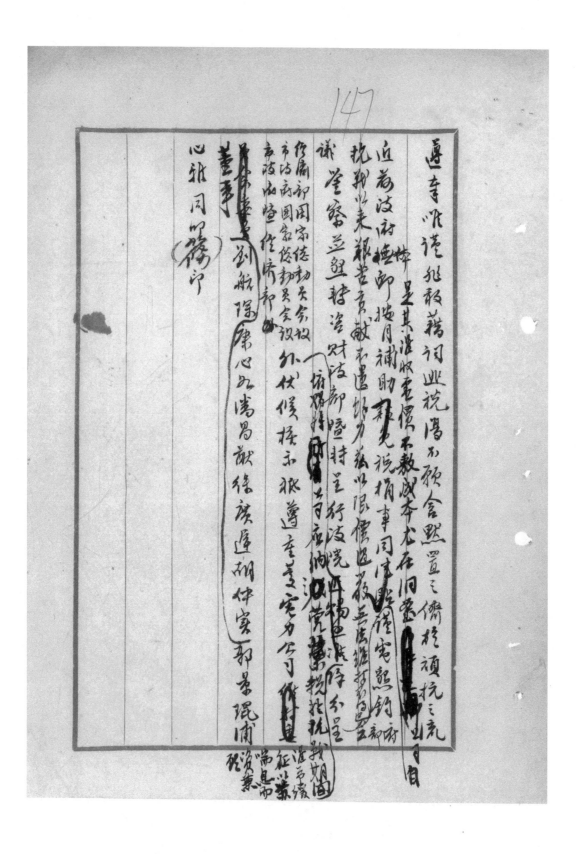

重庆电力股份有限公司员工津贴表（一九四四年十二月） 0219-2-196

重庆电力公司津贴表

三十三年十二月

(甲)依据九月份指数发给十月份及十一月份一般津贴

职别	金额
科长主任以上	$11,553.60
股长工程师	$01,553.60
科员工务员	$11,553.60
见习技工	$9,960.00
小工公役	$7,470.00

(乙)依据十月份指数一般津贴表

职别	金额
科长主任以上	$12,087.20
股长工程师	$12,087.20
科员工务员	$12,087.20
见习技工	$10,420.00
小工公役	$7,815.00

(丙)补足十月份及暂补十一月份一般津贴

职别	补足十月份	暂补十一月份	共计
科长主任以上	$533.60	$533.60	$1,067.20
股长工程师	$533.60	$533.60	$1,067.20
科员工务员	$533.60	$533.60	$1,067.20
见习技工	$460.00	$460.00	$920.00
小工公役	$345.00	$345.00	$690.00

(丁)十二月份应发津贴

职别	一般津贴	米贴	房贴	总计
科长主任以上	$13,154.40	$720.00	$2,400.00	$16,274.40
股长工程师	$13,154.40	$720.00	$1,800.00	$15,674.40
科员工务员	$13,154.40	$720.00	$1,400.00	$15,274.40
见习技工	$11,340.00	$720.00	$1,000.00	$13,060.00
小工公役	$8,500.00	$[illegible]20.00	$400.00	$9,625.00

总协理　　审核　　计算

33

2523

重慶電力公司津貼表

三十三年十二月

(甲)依照九月份核發暫發十月份及十一月份一般津貼

職別	金額
科长主任以上	$11,553.60
股长工程师	$11,553.60
科员工务员	$11,553.60
见习技工	$9,960.00
小工公役	$7,470.00

(乙)依照十月份核發一般津貼表

職別	金額
科长主任以上	$12,087.20
股长工程师	$12,087.20
科员工务员	$12,087.20
见习技工	$10,420.00
小工公役	$7,815.00

(丙)補足十月份及暫補十一月份一般津貼

職別	補足十月份	暫補十一月份	共計
科长主任以上	$533.60	$533.60	$1,067.20
股长工程师	$533.60	$533.60	$1,067.20
科员工务员	$533.60	$533.60	$1,067.20
见习技工	$460.00	$460.00	$920.00
小工公役	$345.00	$345.00	$690.00

(丁)十二月份應發津貼

職別	一般津貼	米貼	房貼	總計
科长主任以上	$13,154.40	$720.00	$2,400.00	$16,274.40
股长工程师	$13,154.40	$720.00	$1,800.00	$15,674.40
科员工务员	$13,154.40	$720.00	$1,400.00	$15,274.40
见习技工	$11,340.00	$720.00	$1,000.00	$13,060.00
小工公役	$8,505.00	$720.00	$400.00	$9,625.00

總協理　　審核　　計算

十二月七日

№2523

19

F10066/5

重慶電力股份有限公司決算報告表

中華民國三十三年度

董事長 潘仲三

常務董事 康心如 胡仲實 潘昌猷

董事 浦心雅 周見三 郭景琨 甯芷邨 杜梅和 周季悔 王君韌 石竹軒 劉航琛 石體元

監察 傅友周 楊燦三 梁千 胡子昂 何說岩 伍劍若 尹國墉

總經理 浦心雅

協理 程本臧

會計師 謝霖

重庆电力股份有限公司一九四四年度决算报告表（一九四四年十二月） 0219-2-118

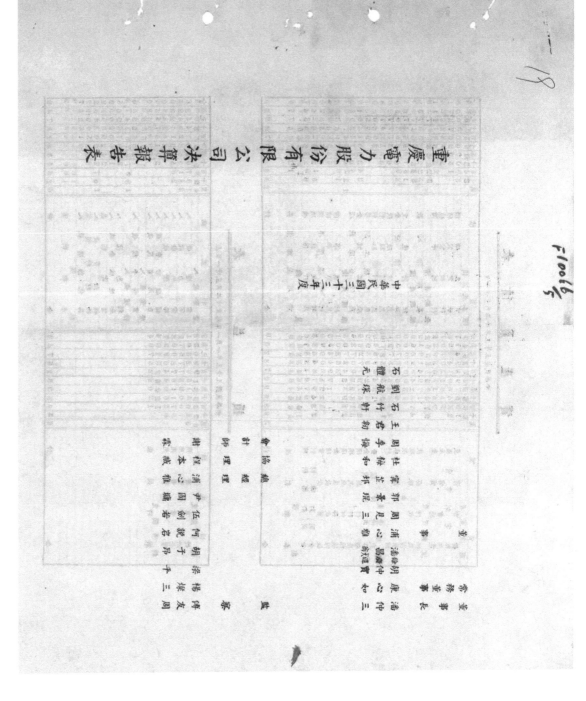

資產負債表

中華民國三十三年十二月三十一日

資產	金額
固定資產	56602285.49
發電資產	19579894.77
輸電配電資產	22409143.56
用電資產	5196207.91
業務資產	9417039.25
流動資產	97496125.62
銀行存款	179410.19
應收賬款	47824990.69
借出款	150000.00
有價證券	696337.50
材料	48645387.24
雜項資產	117943888.70
戰時防護費	194296.49
存出保證金	522993.99
暫付款項	26679772.69
應計欠項	31893007.37
預付款項	28932427.03
提存基金	263.01
催收款項	17944.53
投資企業	5235000.00
合同訂購材料	23497644.83
合同訂購新機	970438.76
虧損	16648482.69
本期虧損	16648482.69
合計	288690782.50

負債	金額
資本及公積	34300516.05
資本總額	30000000.00
法定公積	1502572.71
特別公積	211326.23
特別準備	2586617.11
長期負債	32248507.59
長期借入款	32248507.59
短期負債	88818627.49
銀行透支	18709547.69
存入保證金	30639630.50
應付賬款	615777.20
應付股利	331247.28
應付紅利	53960.69
應付職工酬勞	985.41
職工儲金	34390149.13
應付合同款項	4077329.59
雜項負債	132085473.67
折舊準備	10654063.86
呆賬準備	546860.54
材料溢價準備	364058.20
暫收款項	51234282.60
應計存項	69286208.47
盈餘	1237657.70
前期盈餘滾存	1237657.70
合計	288690782.50

損益表

中華民國三十三年一月一日起至十二月三十一日止

損失類	金額
經常開支	623331990.38
發電費用	380515023.01
供電費用	70095776.72
營業費用	67116780.68
管理費用	105604409.97
特項開支	1206267.04
戰時損失	1206267.04
合計	624538257.42

利益類	金額
電費收入	498965680.95
電燈收入	197029744.86
電力收入	281063294.25
電熱收入	20579159.30
路燈收入	22838.40
補繳電費收入	201575.34
自用電度收入	69068.80
營業收入	126559.00
業務手續收入	126559.00
雜項收入	108797534.78
利息收入	239769.05
房地租金收入	106000.00
售貨利益	242055.22
補助費收入	107212036.92
物材料盤盈	988509.92
其他雜項收入	9163.67
虧損	16648482.69
本期虧損	16648482.69
合計	624538257.42

重庆电力股份有限公司一九四四年度年报表（一九四四年十二月） 0219-2-51

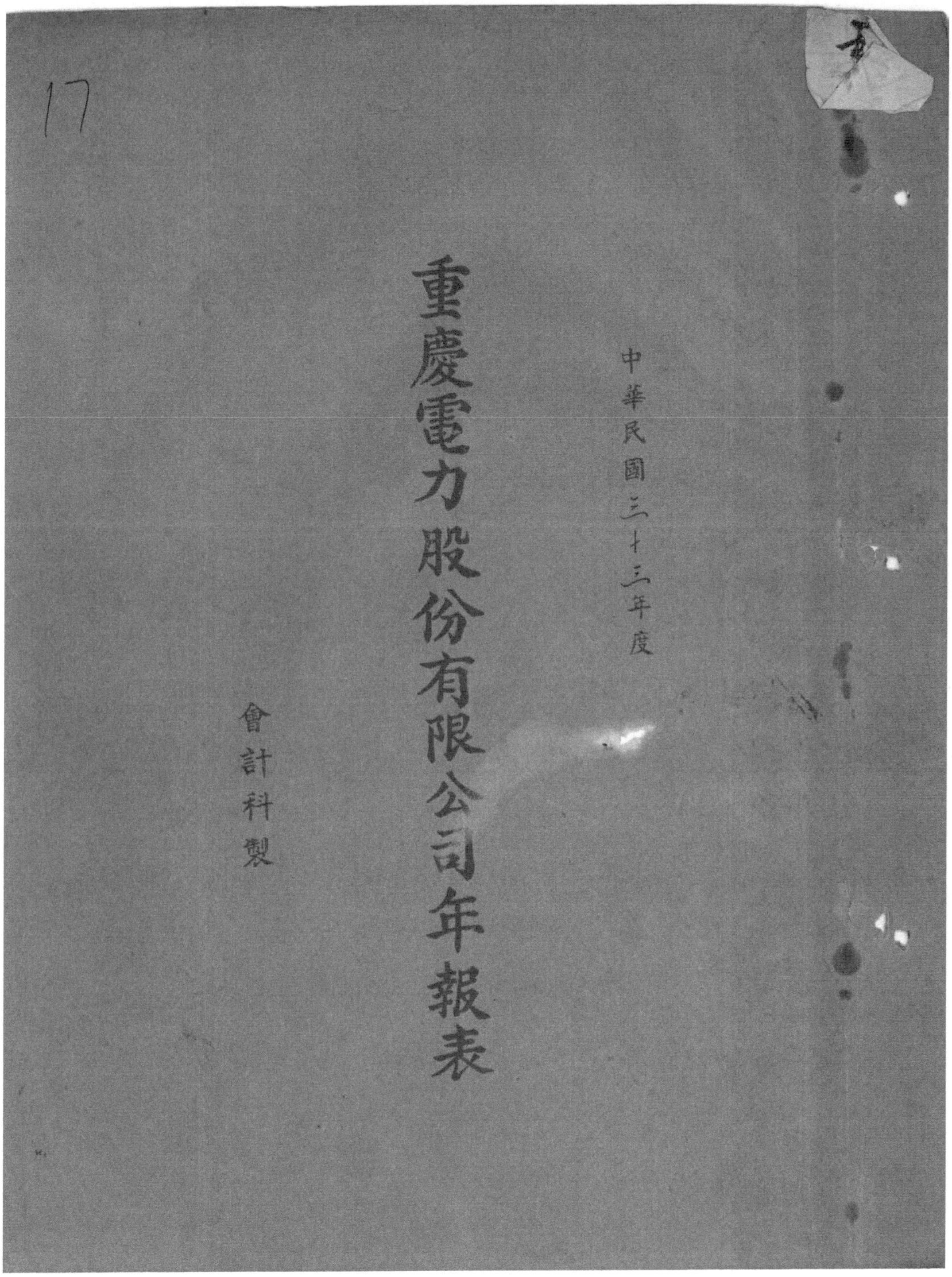

17

重慶電力股份有限公司年報表

中華民國三十三年度

會計科製

18

重慶電力股份有限公司　月份各項報告表目錄

19

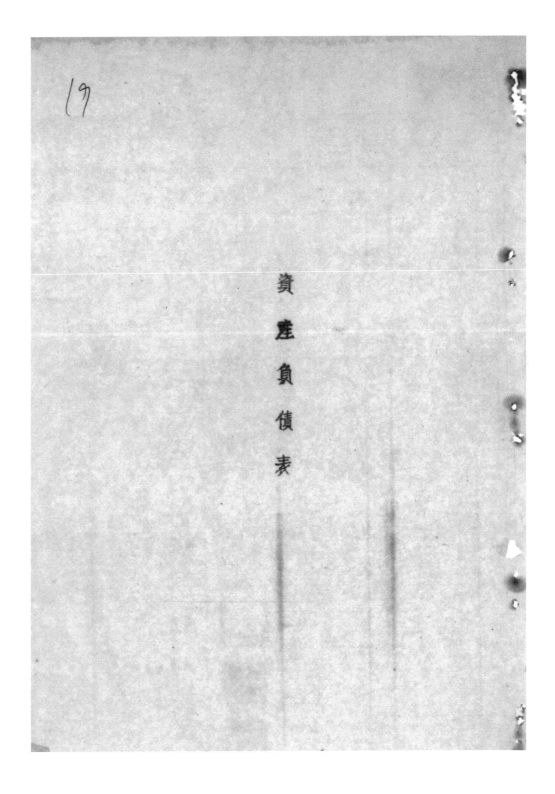

资产负债表

20

民國	33	年度
第	9	屆決算

重慶電力股份有限公司資產負債表

（計·25）

12 月 31 日

資產	金額	合計	負債	金額	合計
固定資產：		56,602,285.49	資本及公積：		34,300,516.05
發電資產	19,579,894.77		資本總額	30,000,000.00	
輸電配電資產	22,409,143.56		法定公積	1,502,572.71	
用電資產	5,196,207.91		特別公積	211,326.23	
業務資產	9,417,039.25		償債公積		
其他固定資產			特別準備	2,586,617.11	
流動資產：		97,496,125.62	長期負債		32,248,507.59
現金			長期借入款	32,248,507.59	
銀行存款	179,410.19		公司債		
應收票據	~~47,824,990.69~~				
應收賬款	47,824,990.69		短期負債：		88,818,627.49
借出款	150,000.00		短期借入款		
存出款			應付票據		
有價證券	696,337.50		銀行透支	18,709,547.69	
材料	48,645,387.24		存入保證金	30,639,630.50	
未繳股款			應付賬款	615,777.20	
其他流動資產			應付股利	331,247.28	
			應付紅利	53,960.69	
雜項資產：		117,943,888.70	應付職工酬勞	985.41	
戰時防護費	194,296.49		職工儲金	34,390,149.13	
存出保證金	522,993.99		應付合同款項	4,077,329.59	
暫付款項	26,679,772.69		其他短期負債		
應計欠項	31,893,[illegible]7.37				
預付款項	28,932,[illegible]7.03		雜項負債：		132,085,473.67
提存基金	363.01		折舊準備	10,654,063.86	
催收款項	17,944.53		呆賬準備	546,860.54	
投資企業	5,235,000.00		材料滅價準備	364,058.20	
合同訂購材料	23,497,644.83		其他各項準備		
合同訂購新機	970,438.76		暫收款項	51,234,282.60	
其他雜項資產			應計存項	69,286,208.47	
			其他雜項負債		
虧損：		16,648,482.69	盈餘：		1,237,657.70
前期虧損			前期盈餘滾存	1,237,657.70	
本期虧損	16,648,482.69		本期盈餘		
合計	288,690,782.50	288,690,782.50	合計	288,690,782.50	288,690,782.50

總經理　　協理　　科長　　股長　　覆核　　製表

21

损益计算书

22

民國 33 年度
第 9 屆決算

(計.36)

重慶電力股份有限公司損益計算書

自1月1日起
至12月31日止

損失	金額	合計	利益	金額	合計
經常開支：		623,331,990.38	電費收入：		498,965,680.95
發電費用	380,515,023.01		電燈收入	197,029,744.86	
供電費用	70,095,776.72		電力收入	281,063,294.25	
營業費用	67,116,780.68		電熱收入	20,579,159.30	
管理費用	105,604,409.97		路燈收入	22,838.40	
特項開支：		1,206,267.04	補繳電費收入	201,575.34	
戰時損失	1,206,267.04		自用電度收入	69,068.80	
盈餘：					
本期盈餘			營業收入：		126,559.00
			業務手續收入	126,559.00	
			機械租金收入		
			其他業務收入		
			雜項收入：		108,797,534.78
			利息收入	239,769.05	
			房地租金收入	106,000.00	
			進貨折扣收入		
			售貨利益	242,055.22	
			補助費收入	107,212,036.92	
			匯兑利益		
			物材料盤盈	988,509.92	
			其他雜項收入	9,163.67	
			虧損：		16,648,482.69
			本期虧損	16,648,482.69	
合計	624,538,257.42	624,538,257.42	合計	624,538,257.42	624,538,257.42

總經理　　協理　　科長　　股長　　覆核　　製表

23

各項費用分類登記表

24

重慶電力股份有限公司各項費用分類統計表

民國33年　月份

自1月1日起至12月31日止

科目	發電費用		供電費用		營業費用		管理費用		總計		每月平均金額
	本月份金額	累計金額	本月份金額	累計金額	本月份金額	累計金額	本月份金額	累計金額	本月份金額	累計金額	
薪金		4979143.46		3143747.35		4873227.19		9443673.75		22439791.75	
工資		17791362.40		9890577.39		612867.92		4467686.47		32762494.18	
生活津貼		72801543.55		38040780.22		20071096.33		43706261.25		174619681.35	
燃料消耗		204057902.48								204057902.48	
潤滑油消耗		868961.79						30000.00		898961.79	
物料消耗		19831969.21		11877008.62		41700.00		6851354.62		38602032.45	
工具消耗		86945.15		4616.61						91561.76	
化驗藥物		18150.00								18150.00	
修繕費		195575.[illegible]		130220.00		93000.00		290365.90		709161.15	
房地租				16100.00		200.00		147845.00		164145.00	
車旅運費		699367.90		3275313.90		1861107.74		2207614.50		8043404.04	
廣告費				2900.00		84281.00		186257.00		273438.00	
財務律務費								276169.67		276169.67	
文具印刷費		1606833.40		545339.30		2946907.70		4304401.31		9303481.71	
郵電費		2332.50		9513.50		1184.00		107973.75		121003.75	
自用電度								60758.21		60758.21	
醫藥費				49174.00		51393.00		2428043.50		2528610.50	
茶水薪炭		934447.51		255601.81				1358438.80		2548488.12	
服裝		9221.00						349122.60		358343.60	
雜支		732788.65		292393.80		27056.00		2697884.70		3750123.15	
獎勵酬鄉		2308463.07		1133103.65		845920.89		1123539.10		5411026.71	
保險費								1104643.01		1104643.01	
壞帳准備											
材料盤損											
呆帳								9803.39		9803.39	
稅捐		55739.20		18764.00		16816299.12		5118043.10		22008835.42	
債款利息								13887721.04		13887721.04	
折舊		888673.56		1193398.17		428486.32		939273.07		3449831.12	
其他費用		2348662.75		201064.40		18354883.47		4456998.43		25361609.05	
書報		43176.00		16170.00		7170.00		50537.80		117053.80	
購電費		80353764.18								80353764.18	
合計		380515023.01		70095776.72		97116780.68		105604409.97		623331990.38	

總經理　協理　總務科長　會計科長　股長　覆核　製表

25

各项收入分类登记表

26

重慶電力股份有限公司 收入表

第　號　中華民國 33 年　月　日製　第 1 頁

科目	金額	分計	合計
電費收入			498,965,680.95
電燈收入		197,029,744.86	
表價燈	180,772,094.61		
特價燈	15,294,186.32		
政府燈	165,764.05		
新表裝置費	592,131.68		
環王特價燈	205,568.20		
電力收入		281,063,294.25	
合同電力	213,634,835.66		
普通電力	67,182,679.10		
新表裝置費	245,779.49		
電熱收入		20,579,159.30	
合同電熱	1,634,431.96		
普通電熱	18,944,727.34		
路燈收入		22,838.40	
路燈	22,838.40		
自用電度收入		69,068.80	
鐵燈	69,068.80		
轉售電費收入		201,575.34	
蓄電池儲費	201,575.34		
營業收入			126,559.00
手續費收入		126,559.00	
接電費	98,450.00		
檢驗費	8,990.00		
校表費	350.00		
複求費	18,769.00		
雜項收入			108,797,534.78
利息收入		239,769.05	
銀行存款息	21,791.03		
美金公債息	102,279.38		
川康公司股款息	105,300.00		
支票延期利息	10,398.64		
房地租金收入		106,000.00	
房地租	106,000.00		
售貨利益		242,055.22	
物料	242,055.22		
補助費收入		107,212,036.92	
裝戶線補助費	2,520,968.52		
電表補助費	4,138,186.40		
2 頁	506,339,219.14	606,892,101.14	607,889,774.73

總經理　協理　科長　主任　覆核　製表

27

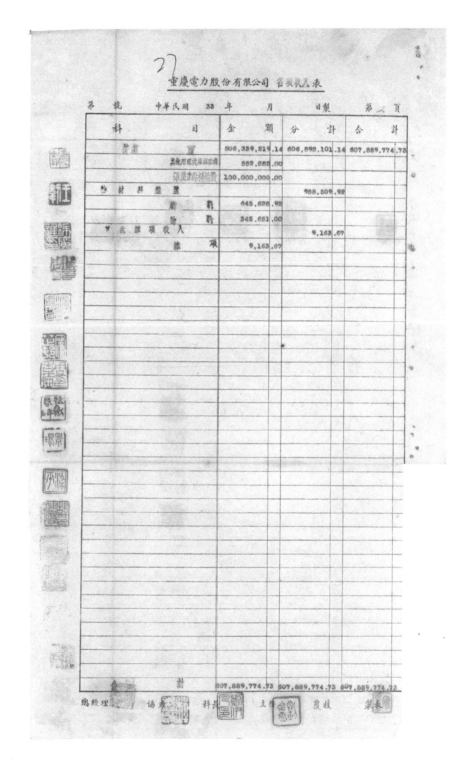

重慶電力股份有限公司 各項收入表

第　號　　中華民國　33　年　　月　　日製　　第 1 頁

科目	金額	分計	合計
營業[illegible]	506,339,219.14	606,892,101.14	607,889,774.73
其他用電貨產補助費	552,882.00		
限價津貼補助費	100,000,000.00		
物材料盤盈		988,509.92	
[illegible]料	645,828.92		
[illegible]料	342,681.00		
[illegible]雜項收入		9,163.67	
雜項	9,163.67		
合計	607,889,774.73	607,889,774.73	607,889,774.73

總經理　　協理　　科長　　主任　　覆核　　製表

28

資產目錄表

29

重慶電力股份有限公司 資產目錄表

第　號　　中華民國 33 年　月　日製　　第 1 頁

科目	金額	分計	合計
固定資產	56,602,285.49	56,602,285.49	56,602,285.49
營業資產			19,579,894.77
發電所土地		801,201.08	
大溪溝發電所土地	350,977.35		
南岸分廠土地	342,821.93		
大田坎土地	81,154.80		
李子壩分廠土地	25,247.00		
發電所建築		3,104,198.79	
廠房建築	859,838.16		
石堤	114,078.69		
進水通路設施	38,560.11		
煤棧	109,841.83		
廠內道路	5,395.62		
廠房大門	4,127.01		
地洞	39,000.00		
進水井	38,535.84		
冷水溝	201,693.42		
迴冷水塔	324,482.31		
冷水塔大池	110,400.00		
水塔鐵管及閘閥	89,580.00		
下水道	13,053.87		
擋土工程	140,151.15		
修理房及試驗室	34,207.80		
衛生設備	3,952.53		
南岸分廠建築	388,287.37		
南岸分廠辦公室建築	92,837.28		
[illegible]	198,163.80		
運煤便橋	111,584.00		
石洞出水溝	186,428.00		
鍋爐設備		7,466,250.37	
[illegible]	3,928,812.91		
鍋爐房地基工程	459,250.00		
鍋爐房石牆	188,067.00		
加熱器	162,737.46		
自動加煤機	290,073.27		
引風機	185,553.93		
蒸氣給水泵	121,014.12		
煙囪	82,357.50		
鍋爐房全部	754,811.19		
過第 2 頁	10,078,077.25	11,371,650.24	19,579,894.77

總經理　協理　科長　主任　覆核　製表

30

重慶電力股份有限公司資產目錄表

第　號　　中華民國33年　月　日製　　第2頁

科目	金額	分計	合計
承第1頁	10,075,077.25	11,371,650.24	19,579,894.77
濾水器	38,399.02		
加水器	22,789.23		
混合及回爐	4,313.82		
煙道閘門	4,147.99		
火爐	86,727.67		
鋼筋混凝土	55,627.39		
保熱設備	33,823.40		
油漆	4,680.89		
混凝土水箱	25,328.62		
鋼板水箱	53,862.89		
天廊鐵梯	19,090.66		
進水管道	36,632.55		
減壓門及零件	16,045.04		
冷油器管子	6,445.39		
安裝費用	885,656.42		
原動及發電設備		6,927,964.69	
4500K.W.透平發電機	3,716,282.50		
1000K.W.透平發電機	1,413,582.72		
電壁	335,831.13		
透平機地基工程	328,107.18		
電壁室地基工程	63,250.00		
電壁室建築	69,580.80		
循環水管	95,767.84		
熱水器	33,524.04		
噴水器	78,015.90		
花鐵地板	5,405.57		
混凝土基礎	53,093.04		
冷油器及濾油器	45,844.62		
保熱設備	13,152.97		
油漆	3,721.25		
安裝費用	573,104.63		
電氣設備		435,001.95	
電錶座架	4,000.00		
配電板開關器及儀錶	169,657.55		
變電器	125,404.15		
廠用電表	26,112.40		
電石板上開關及變壓器	4,749.75		
電纜	23,223.00		
轉第2頁	18,652,761.98	18,734,617.08	19,579,894.77

總經理　協理　科長　主任　覆核　製表

31

重慶電力股份有限公司資產目錄表

第　號　中華民國 33 年　月　日製　第 3 頁

科目	金額	分計	合計
接第 2 頁	18,652,761.98	18,734,617.08	19,579,894.77
[illegible]	1,500.00		
安裝費用	80,355.10		
廠內附屬設備		845,277.69	
馬達設備	13,302.44		
鍋水進水管道排洩設備	579,256.24		
修理房設備	83,486.23		
全廠電燈設備	58,241.13		
[illegible]	64,818.80		
安裝費用	33,622.85		
電纜及電線附件	6,800.00		
電風扇	5,750.00		
輸電配電資產			22,409,143.56
輸電配電土地		39,880.76	
過江鐵塔地皮	295.23		
分電站地皮	39,585.53		
輸電配電建築		196,745.95	
配電站建築	196,745.95		
配電所設備		34,719.30	
配電盤	31,443.05		
分電站機件	3,276.25		
架空線路		15,202,757.70	
公司設置桿線各項	155,382.84		
木桿	2,267,352.74		
鐵塔	25,9[illegible]5.13		
裸銅線	7,877,261.32		
風雨線	89,050.38		
磁子及附件	1,121,208.30		
保險盒	381,143.44		
避雷器	132,536.27		
南岸過江鐵塔	75,508.98		
江北過江鐵塔	27,615.25		
過江線及附件	48,926.85		
油漆編號	27,858.12		
扁角鐵	676,067.43		
[illegible]	942,408.42		
地錨等附件	1,169,744.19		
安裝費用	184,808.04		
變壓器		6,935,039.85	
轉第 4 頁	35,053,998.48	41,989,038.33	41,989,038.33

總經理　協理　科長　主任　覆核　製表

32

重慶電力股份有限公司資產目錄表

第 號 中華民國 33 年 月 日製 第 4 頁

科目	金額	分計	合計
接第 3 頁	35,053,998.45	41,989,038.33	41,989,038.33
供電設備	6,935,039.85		
用電資產			5,196,207.91
接戶設備		4,325,445.86	
接戶線	745,569.70		
電度錶	3,579,876.16		
其他用電資產		870,762.05	
[illegible]	16,896.18		
編號機	1,510.00		
變流器	700,343.67		
專用電話	147,154.04		
路燈自動控制設備	4,858.16		
業務資產			9,417,039.28
事務所土地		524,511.70	
[illegible]古[illegible]地皮	13,161.70		
沙坪壩辦事處土地	10,290.00		
民權路總公司土地	501,060.00		
事務所建築		4,243,036.29	
人和灣房屋	105,326.00		
[illegible]設[illegible]房屋	48,868.40		
[illegible]房屋	18,662.45		
南岸辦事處建築	22,902.74		
沙坪壩辦事處	97,654.24		
總公司辦事處	3,109,505.87		
大溪溝三元橋房屋	840,108.59		
運輸設備		2,330,503.82	
載重汽車	1,855,005.02		
運貨木船	1,500.00		
[illegible]	543.80		
膠輪板車	455.00		
[illegible]車	375,000.00		
交通客車	98,000.00		
試驗設備		25,266.05	
[illegible]電[illegible]	5,361.76		
電壓表及絕緣表	5,800.66		
[illegible]	28.00		
電流測量器	1,694.62		
變流器	3,301.01		
儀用電流變壓器	6,800.00		
轉第 5 頁	54,306,284.10	54,308,564.10	56,602,285.49

總經理 協理 科長 主任 覆核 製表

33

重慶電力股份有限公司資產目錄表

第　號　　中華民國 33 年　月　日製　　第 5 頁

科目	金額	分計	合計
承第 4 頁	54,306,284.10	54,308,564.10	56,602,285.49
五門驗表台	2,280.00		
器具設備		2,272,856.53	
營業用具	2,081,222.60		
醫務用具	9,575.60		
其他用具	182,058.33		
其他業務資產		20,864.86	
大溪溝永祥庫房	20,864.86		
流動資產	97,496,125.62	97,496,125.62	97,496,125.62
銀行存款			179,410.19
中國銀行	7,518.21	7,518.21	
中央銀行	5,301.05	5,301.05	
中央銀行國庫局	15,352.13	15,352.13	
交通銀行	544.76	544.76	
交通銀行[illegible]辦事處	33,611.69	33,611.69	
中國農民銀行	29,842.38	29,842.38	
農民銀行化龍橋辦事處	564.89	564.89	
四川省銀行	5,357.87	5,357.87	
美豐銀行	155.24	155.24	
川康平民商業銀行	487.34	487.34	
川康平民商業銀行江北辦事處	36,103.43	36,103.43	
川鹽銀行	43,631.70	43,631.70	
郵政儲金匯業局	939.50	939.50	
應收賬款			47,824,990.69
應收電燈費		15,219,546.58	
各區用戶	15,219,546.58		
應收電力費		27,801,909.73	
各區用戶	27,801,909.73		
應收電熱費		4,728,508.68	
各區用戶	4,728,508.68		
應收路燈費		75,025.70	
路燈管理處	75,025.70		
借出款			150,000.00
本公司職員消費合作社	150,000.00	150,000.00	
有價證券			696,337.50
美金儲蓄券	422,000.00	422,000.00	
建設美金公債	107,800.00	107,800.00	
節約儲蓄券	158,537.50	158,537.50	
[illegible]國公債	8,000.00	8,000.00	
過第 6 頁	105,433,023.87	105,433,023.87	105,453,023.87

總經理　協理　科長　主任　覆核　製表

34

重慶電力股份有限公司 資產目錄表

第　號　中華民國33年　月　日製　第6頁

科目	金額	分計	合計
接第6頁	105,433,023.87	105,433,023.87	105,453,023.87
公益儲蓄券	20,000.00	20,000.00	
材料			48,645,387.24
器料		32,360,530.38	
第一廠庫存器料	20,771,085.54		
第二廠庫存器料	2,377,493.21		
第三廠庫存器料	4,812,433.64		
南岸處庫存器料	2,793,720.70		
江北處庫存器料	218,655.29		
沙磁區庫存器料	623,332.55		
用戶處庫存器料	753,906.35		
電錶		19,935.32	
本月庫存電錶	19,935.32		
燃料		2,857,583.64	
總廠庫存煤	1,037,521.31		
南岸分廠庫存煤	34,357.22		
鵝公岩廠庫存煤	1,785,705.11		
押款購料		13,417,337.90	
本月庫存器料	13,417,337.90		
預付貨款	117,943,888.70	117,943,888.70	117,943,888.70
[illegible]			194,296.49
[illegible]設備費	1,000.00	1,000.00	
防空工料費	126,892.10	126,892.10	
防空設備費	66,404.39	66,404.39	
存出保證金			522,993.9[illegible]
房屋押金		27,440.00	
孫成之	20,000.00		
郭德如	800.00		
袁昌堂	1,200.00		
[illegible]	2,000.00		
[illegible]	300.00		
[illegible]	30.00		
王燕之	70.00		
蕭吉光	60.00		
郭寶生	40.00		
羅聯康	100.00		
重慶銀行	800.00		
劉文齋	1,400.00		
[illegible]致譽	300.00		
轉 7 頁	154,319,807.60	154,320,147.60	154,815,701.59

總經理　協理　科長　主任　覆核　製表

35

重慶電力股份有限公司 資產目錄表

第　號　　中華民國 33 年　月　日製　　第 7 頁

科目	金額	分計	合計
承前 6 頁	154,319,807.60	154,320,147.60	154,815,701.59
[illegible]同業公會	200.00		
[illegible]	140.00		
水錶押金		9,010.00	
自來水管理處	9,010.00		
自用電錶		518.99	
本公司	518.99		
電話押金		74,820.00	
電話總所	74,500.00		
電政管理局	320.00		
保險箱押金		1,875.00	
美豐銀行	1,875.00		
雜項押金		99,330.00	
氧氣瓶押金	60,000.00		
[illegible]押金	39,330.00		
[illegible]押金		310,000.00	
[illegible]	10,000.00		
[illegible]	400,000.00		
暫付款項			26,679,772.69
擴建工程處		12,980,145.72	
運機旅費	9,295.00		
經常支款	8,321,145.59		
購料支款	4,647,705.14		
零用備用金	4,000.00		
修建工程處		7,401,908.64	
購料支款	4,412,996.21		
經常支款	2,988,912.43		
暫記各項		6,297,718.33	
華西公司	117,784.75		
業務科用戶股	3,500.00		
旅費	14,751.03		
沙坪壩辦事處	3,500.00		
[illegible]辦事處	4,500.00		
南岸辦事處	3,500.00		
各廠工	778,358.18		
材料科付	154,127.41		
福利委員會	992,480.00		
[illegible]	48,191.72		
鼓樓廢料	1,364.58		
轉下 8 頁	177,319,813.62	181,495,474.28	181,495,474.28

總經理　　協理　　科長　　主任　　覆核　　製表

36

重慶電力股份有限公司 資產目錄表

第　號　中華民國 33 年　月　日製　第 8 頁

科目	金額		分計		合計	
承前 7 頁	177,319,813	.62	181,495,474	.28	181,495,474	.28
退回支票	46,409	.94				
職工伙食	140,000	.00				
中央電瓷廠電力	920	.40				
[illegible]	3,376	.50				
福利委員會[illegible]基金	972,400	.00				
職工借支	512,977	.96				
總務科購置款	368,333	.39				
交通銀行	10,194	.09				
工務處材料庫房	300,000	.00				
燃料股	730,000	.00				
[illegible]	1,800	.00				
軍事委員會外事局	6,353	.38				
[illegible]	200,640	.00				
中央[illegible]廠	22,555	.00				
[illegible]	100,000	.00				
職工福利社	760,000	.00				
應收欠款					31,893,007	.37
應計未收款項			31,893,007	.37		
[illegible]	3,369	.80				
[illegible]保險公司	428	.56				
劉[illegible]	58,000	.00				
電費[illegible]津貼費	30,000,000	.00				
天府公司	7,623	.00				
黄基泉及蒲家祿	1,823,586	.21				
預付款項					28,932,427	.02
預付費用			3,411,258	.82		
職工薪津	168,890	.61				
預付平安[illegible]保險費	192,452	.81				
預付兵險保費	551,985	.00				
[illegible]	3,000	.00				
張[illegible]	31,800	.00				
[illegible]	3,000	.00				
[illegible]	8,547	.70				
[illegible]	1,500	.00				
工務科	5,000	.00				
[illegible]	4,060	.00				
紗[illegible]廠	330	.00				
雜項用品	746,202	.70				
轉第 9 頁	215,125,250	.47	216,799,740	.47	242,320,908	.68

總經理　協理　科長　主任　覆核　製

37

重慶電力股份有限公司資產目錄表

第　號　　中華民國 35 年　月　日製　　第 9 頁

科目	金額	分計	合計
承第 8 頁	215,125,250.47	216,799,740.47	242,320,908.68
[illegible]	3,500.00		
[illegible]廠	6,000.00		
會計科	300.00		
第三發電廠	6,000.00		
[illegible]	1,000.00		
第二發電廠	1,000.00		
沙坪壩辦事處	2,000.00		
[illegible]	233,500.00		
用户股[illegible]	12,490.00		
建業營造廠	1,160,000.00		
材料股	54,000.00		
開源圖書館	97,200.00		
楊有為	10,000.00		
[illegible]新毛織工廠	30,000.00		
[illegible]	57,500.00		
預付購料款項		25,521,168.21	
總務科	50,000.00		
安利洋行	14,615.94		
華成	42,409.24		
[illegible]成	50,000.00		
華新	82,887.60		
防空司令部	10,202.00		
[illegible]	2,132.14		
資源公司	5,233,246.26		
華西公司	7,000.00		
昆明轉運處	2,600.00		
昆明轉運[illegible]	881,967.33		
[illegible]委員會	46,500.00		
[illegible]記字號	30,000.00		
[illegible]	38,000.00		
合益煤礦公司	92,771.91		
[illegible]公司	3,027,695.36		
[illegible]	1,016,052.60		
[illegible]安公司	800,000.00		
[illegible]	146,199.71		
[illegible]廠	6,512,210.00		
天府公司	656,290.46		
上海[illegible]	30,000.00		
過第 10 頁	235,572,540.92	242,320,908.68	242,320,908.68

總經理　協理　科長　主任　覆核　製表

38

重慶電力股份有限公司 資產目錄表

第　號　　中華民國 33 年　月　日製　　第 10 頁

科目	金額	分計	合計
承前 9 頁	235,572,540.92	242,320,908.68	242,320,908.68
中興公司	80,000.00		
[illegible]	640,000.00		
中央電工器材廠	5,035.00		
中央信託局	562,930.00		
中央電瓷廠	20,622.90		
義大公司	84,000.00		
集和商行	1,694,000.00		
沙坪壩辦事處	10,000.00		
中國銀行	2,905,979.86		
資渝鍊鋼廠	375,000.00		
三才生煤礦公司	370,800.00		
儲存基金			363.01
償債基金		363.01	
中國銀行	363.01		
應收款項			17,944.53
各區用戶	17,944.53	17,944.53	
投資企業			5,235,000.00
富源發電公司	1,000,000.00	1,000,000.00	
第一煤礦	2,000,000.00	2,000,000.00	
國民公報社	5,000.00	5,000.00	
華安保險公司	1,250,000.00	1,250,000.00	
川康興業公司	900,000.00	900,000.00	
[illegible]實業公司	50,000.00	50,000.00	
[illegible]有限公司	10,000.00	10,000.00	
[illegible]有限公司	10,000.00	10,000.00	
金融導報社	10,000.00	10,000.00	
合同定購材料			23,497,644.82
購料合同		8,861,624.95	
華西購料合同	84,933.29		
鴻康購料合同	4,911.16		
德康購料合同	14,039.79		
鴻康電表合同	2,584.50		
安利購料合同	22,217.30		
安利購料合同	40,825.21		
安利購料合同	11,068.20		
安利購料合同	119,189.86		
安利購料合同	8,343.72		
安利購料合同	11,189.67		
轉第 11 頁	242,893,220.92	256,435,351.18	271,571,861.05

總經理　協理　科長　主任　覆核　製表

39

重慶電力股份有限公司資產目錄表

第　號　　中華民國 33 年　月　日製　　第 11 頁

科目	金額	分計	合計
接第 10 頁	242,893,220.92	256,435,851.18	271,071,861.05
安利購料合同	32,248.09		
安利購料合同	49,405.26		
[illegible]電表合同	5,233.28		
西門子電表合同	5,706.22		
協力購煤合同	346,443.92		
[illegible]記木料合同	4,118.30		
保興木料合同	5,312.70		
華南行購料合同	65,767.00		
永利電料合同	47,295.92		
怡和購料合同	50,656.11		
怡和購料合同	8,030.81		
中央電瓷製造廠購料合同	150,794.05		
中央電瓷製造廠購料合同	3,300.00		
中央電瓷製造廠購料合同	50,177.00		
中央電瓷製造廠購料合同	40,141.60		
中央電瓷製造廠購料合同	18,500.00		
[illegible]購料合同	41,000.00		
華美購料合同	819,000.00		
華生電器廠	1,210,000.00		
永利購料合同	910,000.00		
華益購料合同	276,500.00		
中國興業公司	4,400,000.00		
印度購料		14,587,289.16	
中工購料合同	33,040.52		
安利洋行電表合同	23,672.31		
中央電瓷製造廠購料合同	102,880.40		
中工購料合同	5,893,922.50		
華成購料合同	1,011,370.80		
中央電工器材廠	5,198,392.23		
大陸購料合同	1,876,000.00		
[illegible]購料合同	449,010.40		
香港購料		46,720.71	
[illegible]電話料合同	8,641.08		
鴻康購料合同	38,345.93		
合作華行購料合同	1,733.70		
合同定購新機			970,438.76
發電所新機		970,438.76	
拔柏葛鍋炉合同	399,456.43		
過第 12 頁	271,471,317.48	272,042,299.81	272,042,299.81

總經理　　協理　　科長　　主任　　覆核　　製表

40

重慶電力股份有限公司資產目[illegible]表

第　號　中華民國 33 年　月　日製　第 12 頁

科目	金額	分計	合計
營業[illegible]	271,471,217.48	272,042,299.81	272,042,299.81
[illegible]合同	570,982.33		
[illegible]損			16,648,482.69
本[illegible]虧損	16,648,482.69	16,648,482.69	16,648,482.69
合計	288,690,782.50	288,690,782.50	288,690,782.50

總經理　協理　科長　主任　覆核　製表

41

負債目録表

42

重慶電力股份有限公司負債目錄表

第　號　中華民國 33 年　月　日製　第 1 頁

科目	金額	分計	合計
資本及公積			34,300,516.05
股本總額		30,000,000.00	
普股票	30,000,000.00		
法定公積		1,502,572.71	
法定公積金	1,502,572.71		
特別公積		211,326.23	
售產增值	211,326.23		
特別準備		2,586,617.11	
三十年度提存	379,218.40		
三十一年度提存	1,062,418.87		
三十二年度提存	1,144,979.84		
長期負債			32,248,507.59
長期借入款		32,248,507.59	
四行貼放委員會	10,000,000.00		
交通銀行抵押放款	22,248,507.59		
短期負債			88,818,627.49
銀行透支		18,709,547.69	
交通銀行	18,709,547.69		
存入保證金		30,639,630.50	
電表押金	99,720.00		
增收電表押金	495,005.00		
用電保証金	46,591.00		
增收用電保證金	621,085.00		
路燈保証金	186,980.50		
電力保証金	56,199.00		
電熱保証金	4,805.00		
臨時燈保証金	460.00		
雜項保証金	530.00		
[illegible]	5,000.00		
新昌綢布號	5,000.00		
大溪口土地押金	13,170.00		
用戶欠電燈表押金	5,893,050.00		
用戶欠電燈表保證金	3,596,285.00		
用戶欠電力表押金	1,761,350.00		
用戶欠電力表保證金	2,394,525.00		
用戶欠電熱表押金	6,200.00		
用戶欠電熱表保證金	10,000.00		
江北欠電燈表押金	641,000.00		
江北欠電燈表保證金	452,500.00		
轉第 2 頁	101,348,226.83	115,898,201.82	155,367,651.13

總經理　協理　科長　主任　覆核　製表

43

重慶電力股份有限公司負債目錄表

第　號　中華民國 33 年　月　日製　第 2 頁

科目		金額	分計	合計
[illegible]頁		101,342,226.33	115,898,201.33	155,367,651.13
	江辦處電力表押金	774,500.00		
	江辦處電力表保證金	1,488,750.00		
	南辦處電燈表押金	1,477,600.00		
	南辦處電燈表保證金	1,355,500.00		
	南辦處電力表押金	1,521,600.00		
	南辦處電力表保證金	2,097,225.00		
	南辦處電熱表押金	2,500.00		
	南辦處電熱表保證金	3,000.00		
	沙辦處電燈表押金	602,750.00		
	沙辦處電燈表保證金	573,600.00		
	沙辦處電力表押金	768,000.00		
	沙辦處電力表保證金	2,277,950.00		
	沙辦處電熱表押金	2,500.00		
	沙辦處電熱表保證金	4,500.00		
	沙磁押金	1,600,000.00		
應付欠款			615,777.20	
	各項欠付	615,777.20		
應付股利			331,247.28	
	二十九年度股息	3,216.00		
	三十年度股息	18,825.20		
	三十一年度股息	83,691.12		
	三十二年度股息	225,514.96		
應付紅利			53,960.69	
	[illegible]	.14		
	董監酬勞	.31		
	三十三年度紅利	53,960.24		
應付職工酬勞			985.41	
	各職工	985.41		
職工儲金			34,390,149.13	
	工友儲金	23,290,527.44		
	職員儲金	11,099,621.69		
應付合同款項			4,077,329.59	
	安利購料合同	45.50		
	鴻康購料合同	3,287.24		
	鴻康購料合同	5,722.06		
	寶源購煤合同	1,002.77		
	謙記木料合同	2,051.00		
	裕興木料合同	9,732.50		
[illegible] 3 頁		151,312,162.61	155,367,651.13	155,367,651.13

總經理　協理　科長　主任　覆核　製表

44

重慶電力股份有限公司資負日計表

號　中華民國 33 年　月　日製　第 3 頁

科目	金額	分計	合計
承前 2 頁	151,312,162.61	155,367,651.13	155,367,651.13
華南行購料合同	13,167.00		
永利購料合同	47,473.57		
華美購料合同	89,750.00		
華益車木工廠購料合同	111,031.00		
中央電瓷製造廠購料合同	59,469.25		
泰興[illegible]廠購料合同	20,500.00		
永祥購料合同	910,000.00		
華生電器廠	363,000.00		
華成購料合同	243,597.70		
大陸購料合同	1,312,500.00		
中國興業公司	380,000.00		
[illegible]負債			132,085,473.67
折舊準備		10,654,063.66	
發電資產折舊準備	3,971,762.57		
輸電配電資產折舊準備	3,277,027.15		
用電資產折舊準備	1,293,680.49		
業務資產折舊準備	2,111,593.65		
呆賬準備		546,860.54	
二十四年度提存呆賬準備金	5,217.51		
二十七年度提存呆賬準備金	11,698.22		
二十八年度提存呆賬準備金	25,764.31		
二十九年度提存呆賬準備金	40,060.55		
三十年度提存呆賬準備金	136,565.19		
三十一年度提存呆賬準備金	327,554.47		
材料溢價準備		364,058.20	
器料溢價準備	306,112.80		
燃料溢價準備	57,945.40		
暫收款項		81,234,288.60	
家賓廠	300,000.00		
津貼補助費	9,215,216.09		
火險賠償	35,045.15		
華美電業廠	68,000.00		
還款借款附加費	6,709,202.82		
保險借款附加費	17,150,257.70		
多職工	236,046.20		
重慶市[illegible]工程委員會	5,700,000.00		
經濟部工礦調整處	250,000.00		
和成銀行	15,000.00		
過第 4 頁	206,811,401.69	218,166,916.33	287,453,124.80

總經理　協理　科長　主任　覆核　製表

45

重慶電力股份有限公司[illegible]表

第　號　中華民國 33 年　月　日製　第 4 頁

科目		金額	分計	合計
[illegible] 3 頁		205,811,401.69	218,166,916.33	287,453,124.80
	[illegible]營造廠	170,775.50		
	軍政部兵工署第一廠	44,860.00		
	防空[illegible]金	1,000.00		
	[illegible]	100.00		
	所得稅	4,901.42		
	[illegible]汽車公司	20,000.00		
	[illegible]公司	4,922,524.14		
	軍政部交通司	50,000.00		
	[illegible]運力	255,493.15		
	軍政部衛生器材廠	6,000.00		
	中央汽車配件廠	200,000.00		
	中央信託局	1,142.41		
	昌記公司	1,320.00		
	中國農民銀行信託處	36,259.00		
	中國興業公司	5,600,000.00		
	[illegible]光營造廠	15,053.00		
	中國航空公司	46,066.00		
應計[illegible]			69,236,208.47	
	昆明轉運處	30,580.80		
	借入款息	337,786.52		
	暫記稅款	4,990,525.52		
	營業稅	21,954,950.18		
	應計未付利得稅	15,265.52		
	應計未付所得稅	669,719.51		
	[illegible]	256,221.80		
	[illegible]	9,372,927.99		
	未付各商行貨款	11,773.07		
	[illegible]	59,285.34		
	未付職工[illegible]	241.47		
	應付未付職工薪津	16,644,259.22		
	未付房租	[illegible]537.50		
	各職工	1,290,839.97		
	大鑫鋼鐵廠	6,000.00		
	中央電工器材廠	15,000.00		
	[illegible]	1,871.56		
	中央造紙廠	2,364,832.56		
	五十兵工廠	2,439,202.97		
	電一煤礦公司	8,824,482.77		
[illegible] 5 頁		287,453,124.80	287,453,124.80	287,453,124.80

總經理　協理　科長　主任　覆核　製表

46

重慶電力股份有限公司負債目錄表

第　號　　中華民國 33 年　月　日製　　第 5 頁

科目	金額	分計	合計
承第 4 頁	287,453,124.80	287,453,124.80	287,453,124.80
盈餘			1,237,657.70
前期盈餘滾存		1,237,657.70	
三十六年度盈餘	1,237,657.70		
合計	288,690,782.50	288,690,782.50	288,690,782.50

總經理　協理　科長　主任　覆核　製表

47

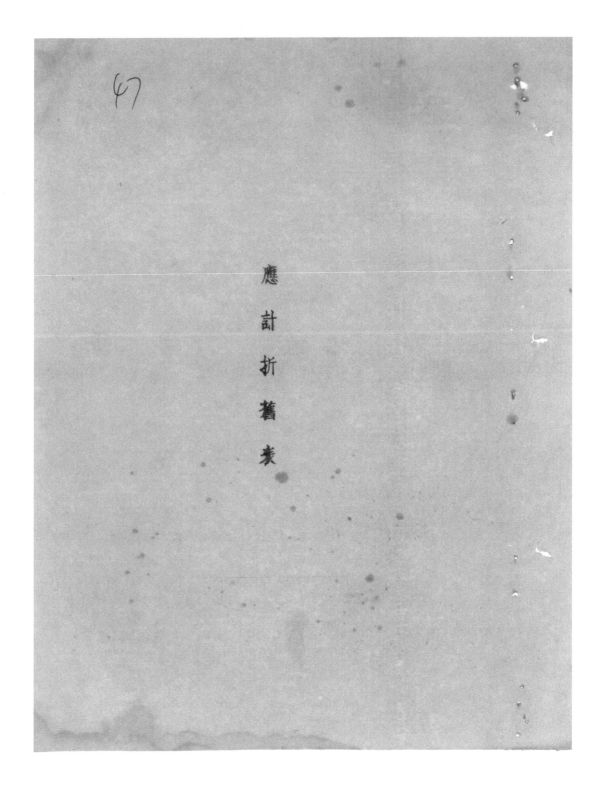

應計折舊表

48

重慶電力股份有限公司應計折舊表

第 12 號　　中華民國 33 年 12 月 21 日製　　第　頁

科目		金額	分計	合計
發電資產			888,673.56	
	發電所建築	97,800.22		
	鍋爐設備	328,988.97		
	原動及發電機	380,988.65		
	電氣設備	21,750.12		
	廠內附屬設備	59,168.64		
輸電配電資產			1,193,397.87	
	輸電配電建築	9,832.84		
	配電所設備	1,735.92		
	架空線路	834,058.02		
	變壓器	347,765.09		
用電資產			428,486.32	
	用戶設備	359,075.49		
	其他用電資產	69,410.83		
業務資產			939,273.07	
	事務所建築	416,171.61		
	運輸設備	245,863.14		
	試驗設備	3,729.84		
	器具設備	270,318.56		
	其他業務資產	3,129.72		
合計		3,449,830.82	3,449,830.82	

總經理　協理　科長　主任　覆核　製表

49

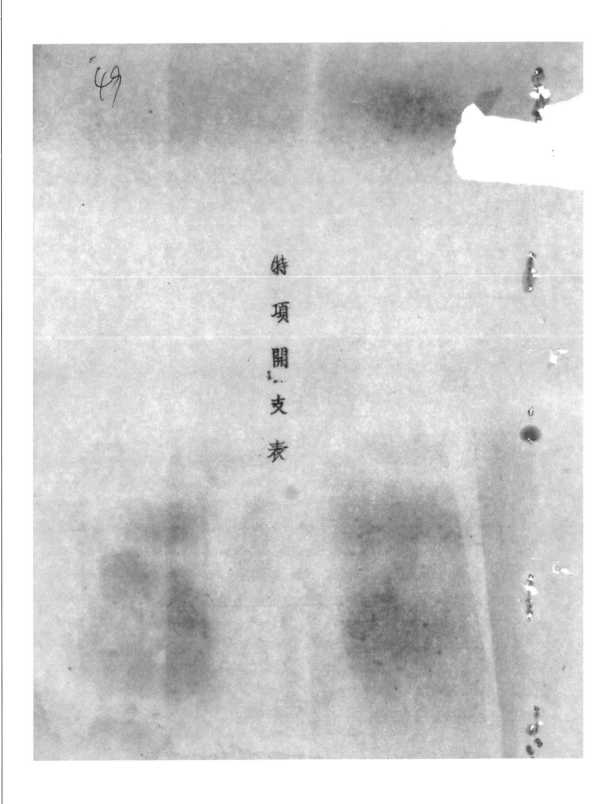

特項開支表

50

重慶電力股份有限公司 特項開支表

第　號　　中華民國 33 年　月　日製　　第　頁

科目	金額	分計	合計
戰時損失	1,206,267.04		
防護設[illegible]	311,687.39		
警[illegible]費	15,000.00		
被炸救濟费	3,160.00		
疏[illegible]費用	876,419.65		
合計	1,206,267.04		

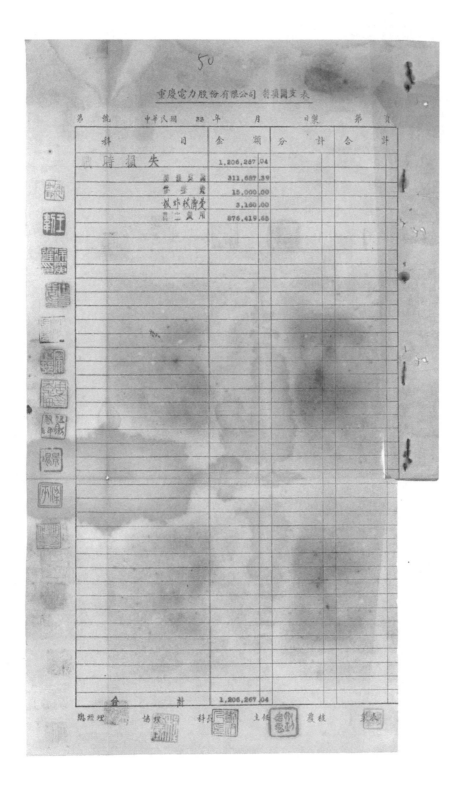

總經理　協理　科長　主任　覆核　製表

重庆电力股份有限公司关于检送公司现有资本与资产总额及历年增值情形致四川省政府的代电
（一九四七年四月三十日）　0219-2-118

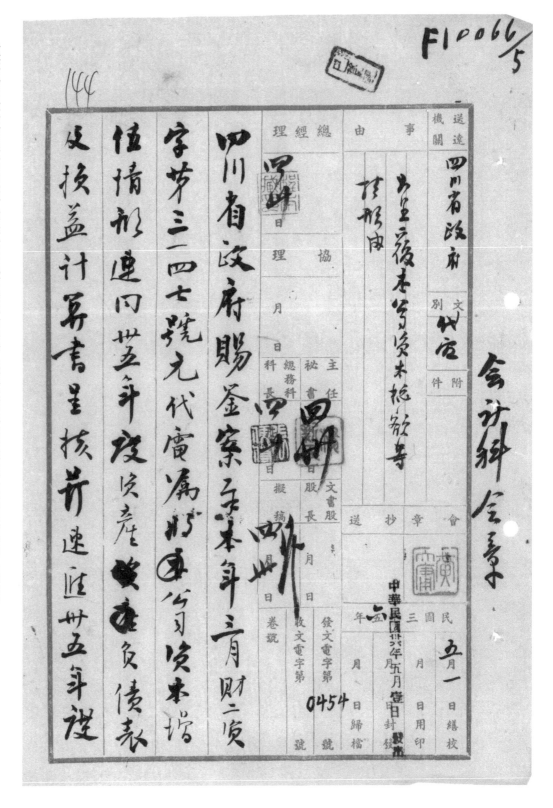

送達機關	四川省政府
文別	代電
附件	
事由	呈復本公司資本總額等情形由
總經理	月　日
協理	月　日
主任秘書 / 總務科科長	月　日
文書股股長 / 擬稿	月　日
會章抄送	
民國三十六年	五月一日繕校　月　日用印　月　日封發　月　日歸檔
發文電字第　號	0454
收文電字第　號	
卷號	

中華民國卅六年五月壹日發出

會計科會章

四川省政府鈞鑒：案奉本年三月財二資字第三一四七號元代電屬將本公司資本增值情形連同卅五年度資產負債表及損益計算書呈核，并速匯卅五年從股息等因，查本公司自三十一年增值为资本总额为国币三千万元的，全部实收总额为三八八八八二五千四百六十元，历近年以来并未增值，至卅五年故股息仍係以八厘计算，股息但按一专案结算，兹附呈卅五年度资产负债表损益计算书共一份，拟请察核为荷。谨呈
重庆电力公司（印）

146

現有資本總額三千萬元

全部資產總額為三八三六·二五三·二四·一六

以後歷年折計值標準

卅五年度股息為八厘應即結付

送上卅五年度資產負債表及損益計算

書各一份

中華民國卅六年四月卅日　收到

重慶電力股份有限公司便箋

147

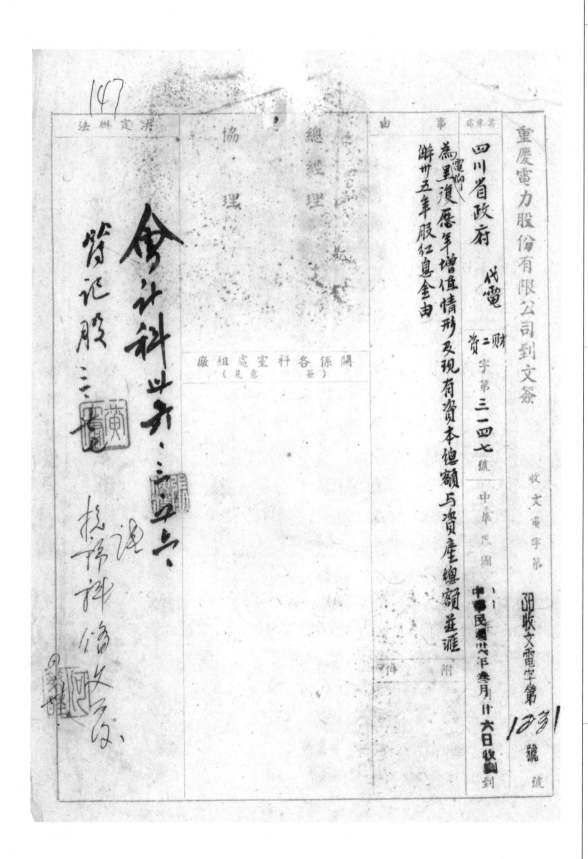

重慶電力股份有限公司到文簽

收文電字第1831號

來文機關	四川省政府　代電
	財二資字第三二四七號
	中華民國卅六年叁月廿六日收到
事由	為呈復歷年增值情形及現有資本總額与資產總額並匯辦卅五年股紅息金由
附件	
總經理	
協理	
關係各科室處組廠簽（見意）	
決定辦法	會計科卅六、三、廿六 營証股三二七 核稿科備文復

重庆电力股份有限公司关于检送一九四七年七月开支及收入预算表等并调整电价致重庆市政府、重庆市工务局的代电（一九四七年七月十二日） 0219-2-201

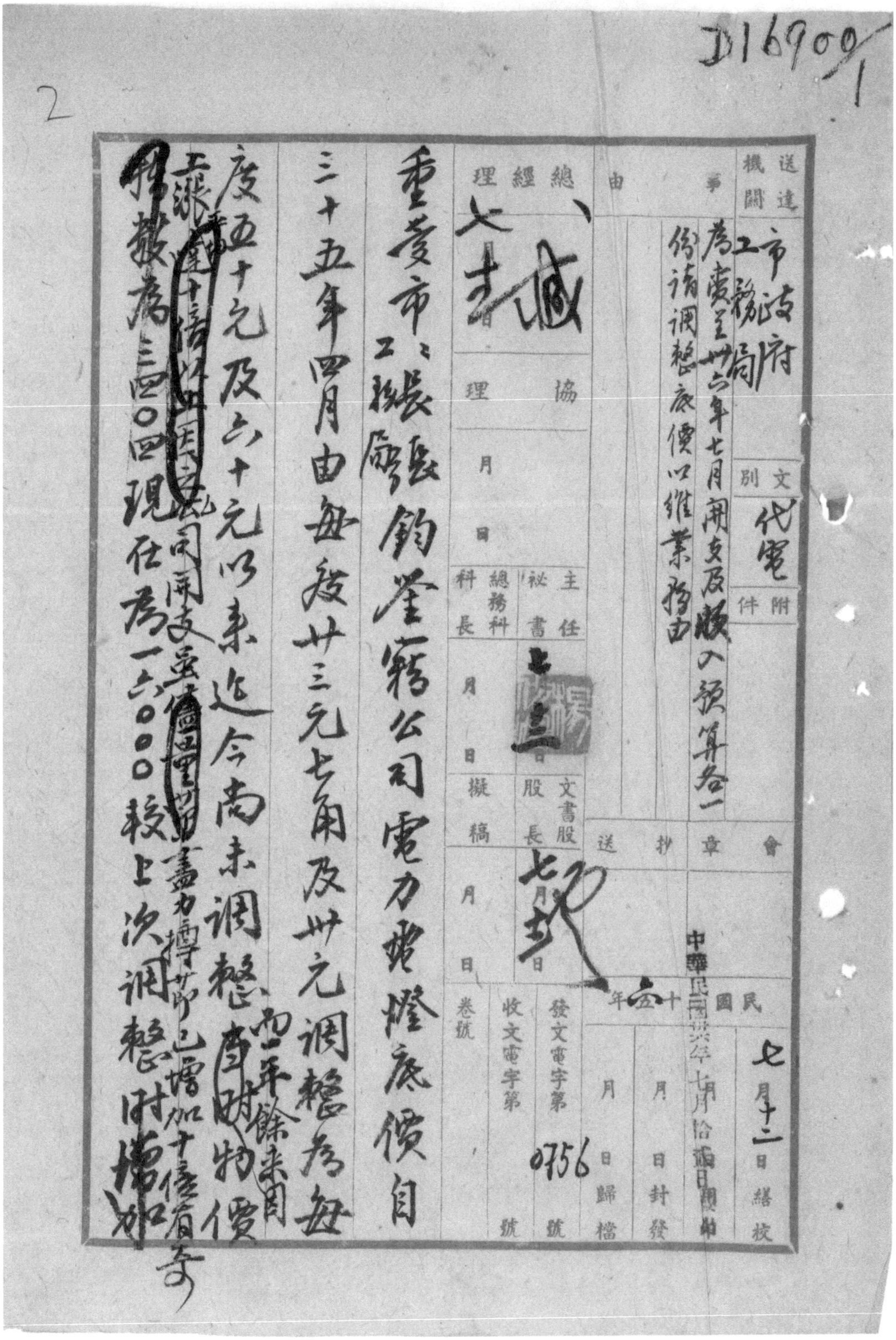

D16909/1

送達機關：市政府 工務局

事由：為呈送卅六年七月開支及收入預算各一份請調整電價以維業務由

文別：代電

附件：

總經理：七月十二日 誠

協理：月 日

主任秘書 總務科科長：月 日

文書股股長 擬稿：七月十二日

會章抄送：

中華民國卅六年七月十二日繕校 七月十二日封發

發文電字第0756號

重慶市政府、工務局張局長鈞鑒：竊公司電力燈電價自三十五年四月由每度卅三元七角及卅元調整為每度五十元及六十元以來，迄今尚未調整，物價……據報為三四〇四，現在為一六〇〇〇，較上次調整時增加……

3

約[redacted]信難由有煤價調整辦法除調整煤價上之增減外其他開支之增減但仍不敷甚鉅已至無法維持之境地故底價實有急待調整以維業務之必要謹賫呈開支預算表及收入預算表各一份擬懇核改電力底價為每度三五〇元電灯底價為每度四〇〇元每安培十度以上之電灯價即第二級為每度七〇〇元党政軍機關及學校電價每度仍照三分之一計算謹呈懇請鑒核照准無任感禱待命之至

6

重慶電力公司卯文附呈卅六年七月開支及收入預標各一份

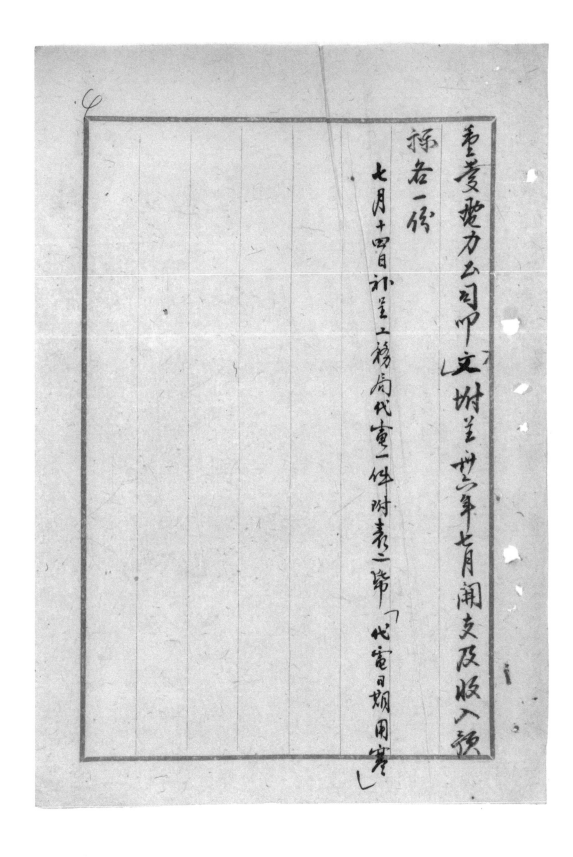

七月十四日補呈工務局代電一件附表二份「代電日期用寅」

重慶電力公司電價月報表

六月份

	價格 項目	原核定數（元）	應加調整數（元）	本月份實際數（元）
電價	電燈	(1) 60　(2) 120	757.65	(1) 817.65　(2) 877.65
	電力	50	〃	807.65
	電熱	〃	〃	〃

	燃料價格調整辦法			本月份到廠燃料實際價格		
燃料	每公噸計算標準數（元）	每公噸變動數（元）	電價每度增減數（元）	每公噸平均價（元）	力運等費（元）	共計平均價格（元）
	3960.00	50.00	0.35	92720.00	13937.00	106657.00
附註						

廠長或經理簽名蓋章　　36年9月　日

重慶電力公司電價月報表

七月份

	價格 項目	原核定數（元）	應加調整數（元）	本月份實際數（元）
電價	電燈	(1) 60 (2) 120	1086.34	(1) 1146.34 (2) 1206.34
	電力	50	〃	1136.34
	電熱	〃	〃	〃

	燃料價格調整辦法			本月份到廠燃料實際價格		
燃料	每公噸計算標準數（元）	每公噸變動數（元）	電價每度增減數（元）	每公噸平均價（元）	力運等費（元）	共計平均價格（元）
	3960.00	50	0.35	135,733.00	19,635.00	155,368.00

附註

6

廠長或經理簽名蓋章

36年9月　日

7

重慶電力公司電價月報表　八月份

	價格 / 項目	原核定數（元）	應加調整數（元）	本月份實際數（元）
電價	電燈	(1) 60　(2) 120	1955.05	(1) 2015.05　(2) 2075.05
	電力	50	〃	2005.05
	電熱	〃	〃	〃

	燃料價格調整辦法			本月份到廠燃料實際價格		
	每公噸計算標準數（元）	每公噸變動數（元）	電價每度增減數（元）	每公噸平均價（元）	力運等費（元）	共計平均價格（元）
燃料	3960.00	50.00	0.35	255516.00	18933.00	274449.00
附註						

廠長或經理簽名蓋章　　36年9月　日

重庆电力股份有限公司关于请鉴察一九四七年五月和六月收支概况表致重庆市工务局的代电（一九四七年七月三十一日） 0219–2–201

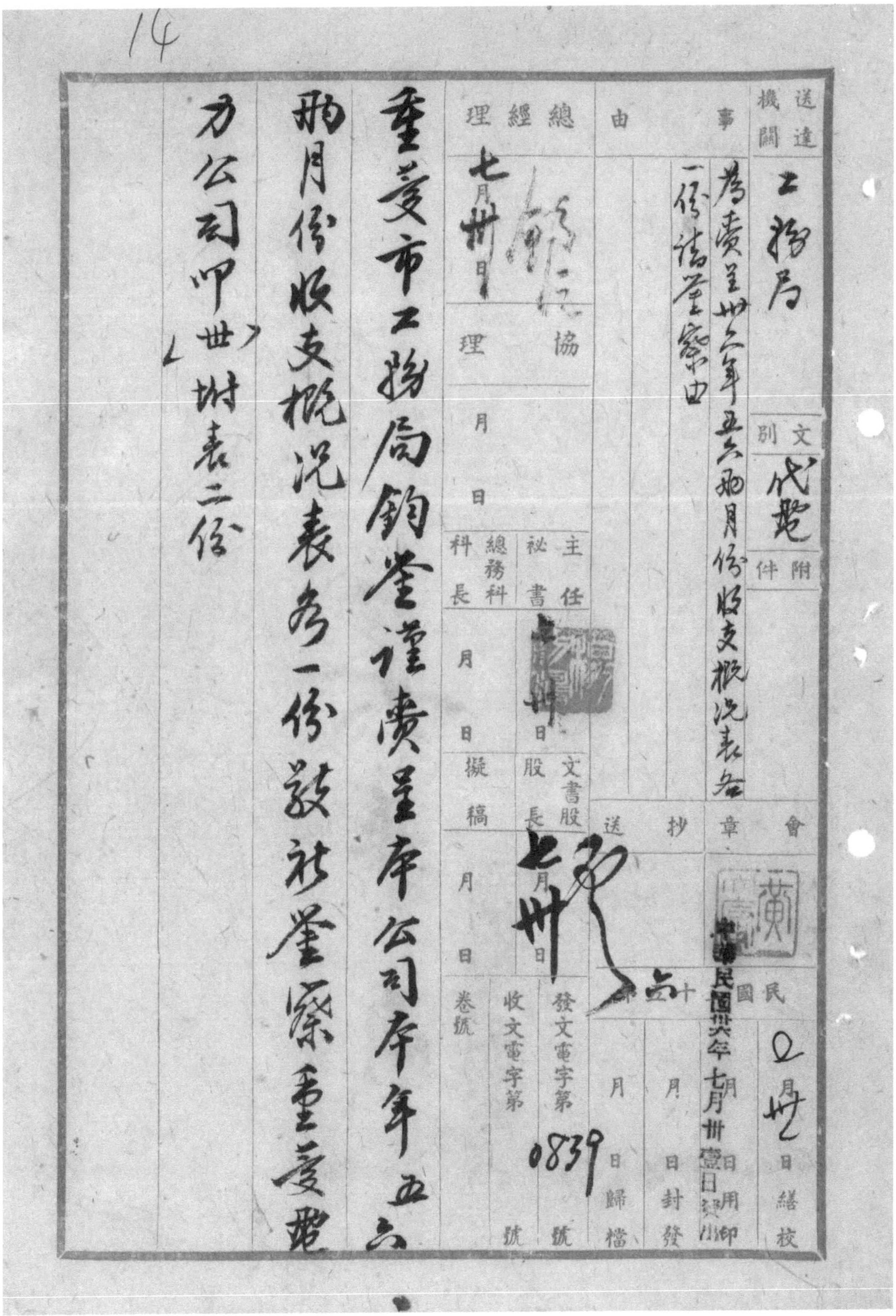

14

送達機關：工務局

事由：為賫呈卅六年五六兩月份收支概況表各一份請鑒察由

文別：代電

附件

總經理 七月卅日

協理 月 日

主任秘書 總務科科長 月 日

文書股股長 擬稿 七月卅日

會章 抄 送

中華民國卅六年七月卅壹日 用印

繕校 封發 歸檔

發文電字第0839號

收文電字第 號

卷號

重慶市工務局鈞鑒謹賫呈本公司本年五六兩月份收支概況表各一份敬祈鑒察重慶電力公司叩卅

附表二份

重庆电力股份有限公司 收支概况表

民國三十六年五月份製

科目	摘要	收方金額	付方金額
支出部份			
薪津	本月份約計		660,000,000.00
燃煤	本月份約計		750,000,000.00
購電費	照本月份購電價@度$6,0[illegible]約計		615,000,000.00
物材料	照經月數字估計包括發電供電用電一切材料		160,000,000.00
債款利息	長短期借款約計$[illegible]一按月息三分八、四分五及預扣日拆六元約計		160,000,000.00
福利款	照薪津提[illegible]%及子弟教補助費$[illegible]醫藥補助費$[illegible]等約計		50,000,000.00
稅捐	包括營業稅印花稅及其他捐稅等約計		63,000,000.00
雜支	包括車旅修繕文具印刷及其他雜項開支等約計		85,000,000.00
呆賬	照電費收入提[illegible]%計		115,616,690.16
折舊	~~照原折舊率增加[illegible]倍約計~~ [illegible]		~~120,000,000.00~~ 800,000,000.—
職工儲蓄金	照薪津提[illegible]%約計		128,000,000.00
支出總額			2,886,616,690.16 3,566,614,490.[illegible]
收入部份			
電費收入	基本電價售[illegible]度@度$60.—計 89,490,907.80	~~89,490,907.80~~	952,924,654.16
	調整煤價售[illegible]度@度$[illegible]計 864,[illegible]623.08	~~[illegible]~~	954,420,521.68
電力收入	基本電價售[illegible]度@度$50.—計	107,238,368.60	
	調整煤價售[illegible]度@度$[illegible]計	1,263,[illegible]	
電熱收入	基本電價售[illegible]度@度$60.—計	666,120.00	
	調整煤價售[illegible]度@度$[illegible]計	6,2[illegible]80	
~~營業收入~~	~~本月份約計~~	~~[illegible]~~	
~~補助費收入~~	~~本月份約計~~	~~11,000,000.00~~	
收入總額		2,323,669,[illegible]	2,280,398,825.30
差額		562,[illegible]	1,285,820,664.80
	註：自七月份起[illegible]十億元而[illegible]缺[illegible]三億以上[illegible]基本[illegible]十五億以上。		
	[illegible]計31,4[illegible]5,877.[illegible]		
合計		2,886,616,690.16	2,886,616,690.16

[illegible]

重庆电力股份有限公司 收支概况表

16

民國三十六年六月份製

科目	摘要	收方金額	付方金額	
支出部份				
薪津	本月份估計		810,000,000.00	
燃料	~~照五月份估計~~ 本月份估计		980,000,000.00	
購電費	照本月份購電估@度約718.88估計		738,124,800.00	
物材料	本月份估计		215,000,000.00	
債款利息	[illegible]		175,000,000.00	
福利費	照薪津[illegible]		58,500,000.00	
稅捐	營業稅所得稅及其他稅捐等估計		66,000,000.00	
雜支	包括事務修繕文具印刷業務及其他損項開支等估計		78,000,000.00	
呆帳	照電費收入提5%計		131,119,438.57 ~~[illegible].76~~	
折舊	~~[illegible]~~ (照五月份)		110,000,000.00	800,000,000.-
職工(生活)儲金	照薪津提20%計		162,000,000.00	
支出總額			3,523,744,238.57 ~~3,514,[illegible].76~~	4,217,749,238.57?
收入部份				
電燈	基本電價值1,486,944.08度@60.-元 89,216,644.80	~~89,216,644.80~~	1,029,087,884.08?	1,064,205,898.05?
	調整煤價值1,486,944.08度@655.70元 974,989,233.25?	~~974,989,233.25?~~		
電力	基本電價值2,185,943.34度@50.-元	109,297,167.00		
	調整煤價值2,185,943.34度@655.70元	1,433,323,048.04		
電熱	基本電價值4,419.00度@60.-元	265,140.00		
	調整煤價值4,419.00度@655.70元	2,897,538.30		
~~營業收入~~	~~本月份估計~~	~~400,000.00~~		
~~補助費收入~~	~~本月份估計~~	~~12,000,000.00~~		
收入總額		2,622,388,771.38	2,574,869,977.42?	
差額		901,355,467.19	1,638,874,261.15	
	註：[illegible]			
	[illegible] 計 1,518,773.77?			
合計		3,523,744,238.57	3,523,744,238.57	

[illegible]

重庆电力股份有限公司一九四七年度年报表（一九四七年十二月） 0219-2-51

1

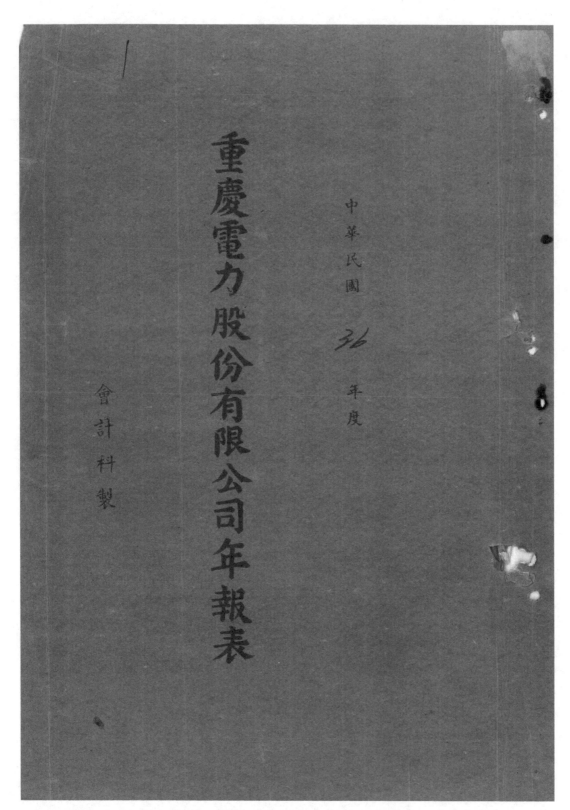

重慶電力股份有限公司年報表

中華民國36年度

會計科製

2

重慶電力股份有限公司　月份各項報告表目錄

資產負債表
損益計算書
各項費用分類登記表
各項收入分類登記表
收支對照表
收支金額月計表
資產目錄表
負債目錄表
應計折舊表

3

資產負債表

4

民國 36 年度
第 8 屆決算

重慶電力股份有限公司資產負債表

(計·25)

12月31日

資產	金額	合計	負債	金額	合計
固定資產：		592,957,668.96	資本及公積：		34,819,331.74
發電資產	58,725,521.63		資本總額	30,000,000.00	
輸電配電資產	302,829,676.57		法定公積	2,021,388.40	
用電資產	135,600,371.87		特別公積	211,326.23	
業務資產	95,802,098.89		償債公積		
其他固定資產			特別準備	2,586,617.11	
流動資產：		27063,745,328.43	長期負債		12345,317,550.00
現金			長期借入款	12345,317,550.00	
銀行存款	4,392,907.58		公司債		
應收票據					
應收賬款	25457,002,266.90		短期負債：		8348,090,786
借出款			短期借入款		
存出款			應付票據	5200,000,000.00	
有價證券	59,672,103.15		銀行透支	688,256,058.63	
材料	1542,678,048.80		存入保證金	1764,881,083.49	
未繳股款			應付賬款	11,794,249.20	
其他流動資產			應付股利	899,071.68	
			應付鴻利	23,960.69	
雜項資產：		20064,625,213.09	應付職工酬勞	985.41	
戰時防護費			職工儲金	679,070,480.03	
存出保證金	9,143,788.99		應付合同款項	3,164,897.69	
暫付款項	525,567,137.02		其他短期負債		
應計欠項	251,683,733.74				
預付款項	6646,377,357.94		雜項負債：		28428,652,179.94
提存基金	148,326,578.21		折舊準備	2324,310,596.38	
催收款項			呆賬準備	3935,351,255.14	
投資企業	117,932,300.00		材料減價準備		
合同訂購材料	6450,028,428.43		其他各項準備		
合同訂購新機	5915,565,888.76		暫收款項	5206,404,140.41	
其他雜項資產			應計存項	16962,586,188.03	
			其他雜項負債		
虧損：		1441,458,638.94	盈餘：		5,906,998.90
前期虧損	25,440,313.40		前期盈餘滾存	5,906,998.90	
本期虧損	1416,018,325.54		本期盈餘		
合計	49162,786,847.42	49162,786,847.42	合計	49162,786,847.42	49162,786,847.42

總經理　協理　科長　股長　覆核　製表

5

損益計算書

6

民國	年度
第	屆決算

重慶電力股份有限公司損益計算書

(計.36)

自1月1日起
到12月31日止

損失	金額	合計	利益	金額	合計
經常開支：		73593,576,794.90	電費收入：		71480,844,401.20
發電費用	45432,990,099.66		電燈收入	29473,246,468.66	
供電費用	6737,302,306.19		電力收入	41684,367,473.82	
營業費用	4832,541,329.86		電熱收入	306,062,158.72	
管理費用	16590,743,059.19		路燈收入		
特項開支：			補繳電費收入	17,168,300.00	
戰時損失			自用電度收入		
盈餘：					
本期盈餘			營業收入：		42,162,450.00
			業務手續收入	42,162,450.00	
			機械租金收入		
			其他業務收入		
			雜項收入：		654,551,618.16
			利息收入	362,190,963.53	
			房地租金收入	22,265,262.53	
			進貨折扣收入		
			售貨利益		
			補助費收入	264,214,560.10	
			匯兌利益		
			物材料盤盈		
			其他雜項收入	5,880,832.00	
			虧損：		1416,018,325.54
			本期虧損	1416,018,325.54	
合計	73593,576,794.90	73593,576,794.90	合計	73593,576,794.90	73593,576,794.90

總經理　協理　科長　股長　覆核　製表

7

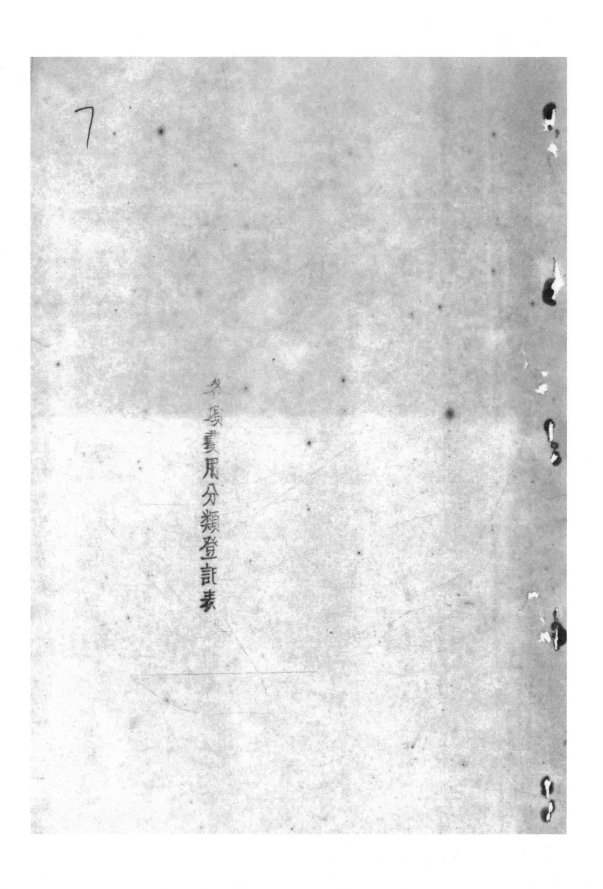

各項費用分類登記表

8

民国 36 年　月份

重庆电力股份有限公司各项费用分类统计表

自 1 月 1 日起至 12 月 31 日止

科目	发电费用		供电费用		营业费用		管理费用		总计		每月平均金额
	本月份金额	累计金额	本月份金额	累计金额	本月份金额	累计金额	本月份金额	累计金额	本月份金额	累计金额	
薪金		370464233.42		276640943.50		456924715.52		917741072.70		2321840965.14	
工资		2168409486.95		1127325959.97		83316885.27		331079674.88		3710131987.07	
生活津贴		6085251663.42		3398300257.88		2008515857.44		3629618314.38		15121687093.12	
福利费用								649548149.50		649548149.50	
燃料消耗		22424369585.26								22424369585.26	
润滑油消耗											
物料消耗		521891282.22		207591288.73		11693400.00		268610074.86		1009786045.81	
工具消耗											
化验药物											
修缮费		5642000.00		28562100.00						34204100.00	
房地租				1600000.00						1600000.00	
车旅运费		71133462.00		183502810.00		143590328.00		103601397.00		501828697.00	
广告费								28476420.00		28476420.00	
财务律务费								60540000.00		60540000.00	
文具印刷费		49433595.06		67924182.14		226159178.15		260926951.98		604503907.35	
邮电费								123161498.05		123161498.05	
自用电度											
医药费		7601872.00		2194748.00		356100.00		22035550.69		32188270.69	
茶水薪炭		76501827.00		2287163.89				124636496.66		203425487.55	
服装								6399750.00		6399750.00	
杂支		53146874.00		56906647.00		3077000.00		254520151.80		367650672.80	
奖励酬劳		1079900937.51		741069309.58		564308456.68		707152540.48		3092429244.25	
保险费								2548458.91		2548458.91	
汇兑亏损											
材料盘损											
呆账								3437518171.60		3437518171.60	
税捐		55712354.00		2750000.00		588978466.30		464165138.31		1111605958.61	
债款利息								4686447571.96		4686447571.96	
折旧		131241780.00		529420495.50		544979942.50		421595561.00		1627237779.00	
书报		5868700.00		1084800.00				18393200.00		25348700.00	
其他费用		19355200.00		10078900.00		572000.00		72026914.43		102033014.43	
购电费		12307064966.80								12307064966.80	
合计		48432990099.66		6737302306.19		4832841329.86		16590743059.19		73593876794.90	

总经理　　协理　　总务科长　　会计科长　　股长　　复核　　制表

资源委员会天府煤矿股份有限公司关于派员商洽偿还历年所欠煤款事宜致重庆电力股份有限公司的函（一九四八年四月二十六日）

0219-2-273

資源委員會天府煤礦公司用箋

天總(37)發字第1375號

電報掛號 三五六一（重慶）

查

貴公司歷欠本公司煤款錢近百億迭經派

員洽收迄未能與

貴公司主管人員晤面雖本公司邇來開

支浩繁現金周轉至感不敷甚鉅迫不獲

已另向金城銀行借到國幣叁拾億元建業

銀行借到國幣貳拾億元均自本月廿七日

起至月底止所有息金照市價計算擬請

四川重慶民國路五十三號

電話四一二五〇號

108

資源委員會天府煤鑛公司用箋

電報掛號 三五六一（重慶）

貴公司惠予担保全部息金請由
貴公司負担藉裕本公司資金之週轉相
應函請
查照賜辦為荷
此致
重慶電力公司

天府煤鑛股份有限公司 啓
中華民國卅六年四月廿六日

照復，不能認利息

四川重慶民國路五十三號

電話四一二五〇號

重庆电力股份有限公司关于请将每月现钞额增为八十亿元致中央银行重庆分行的函（一九四八年六月七日） 0219-2-230

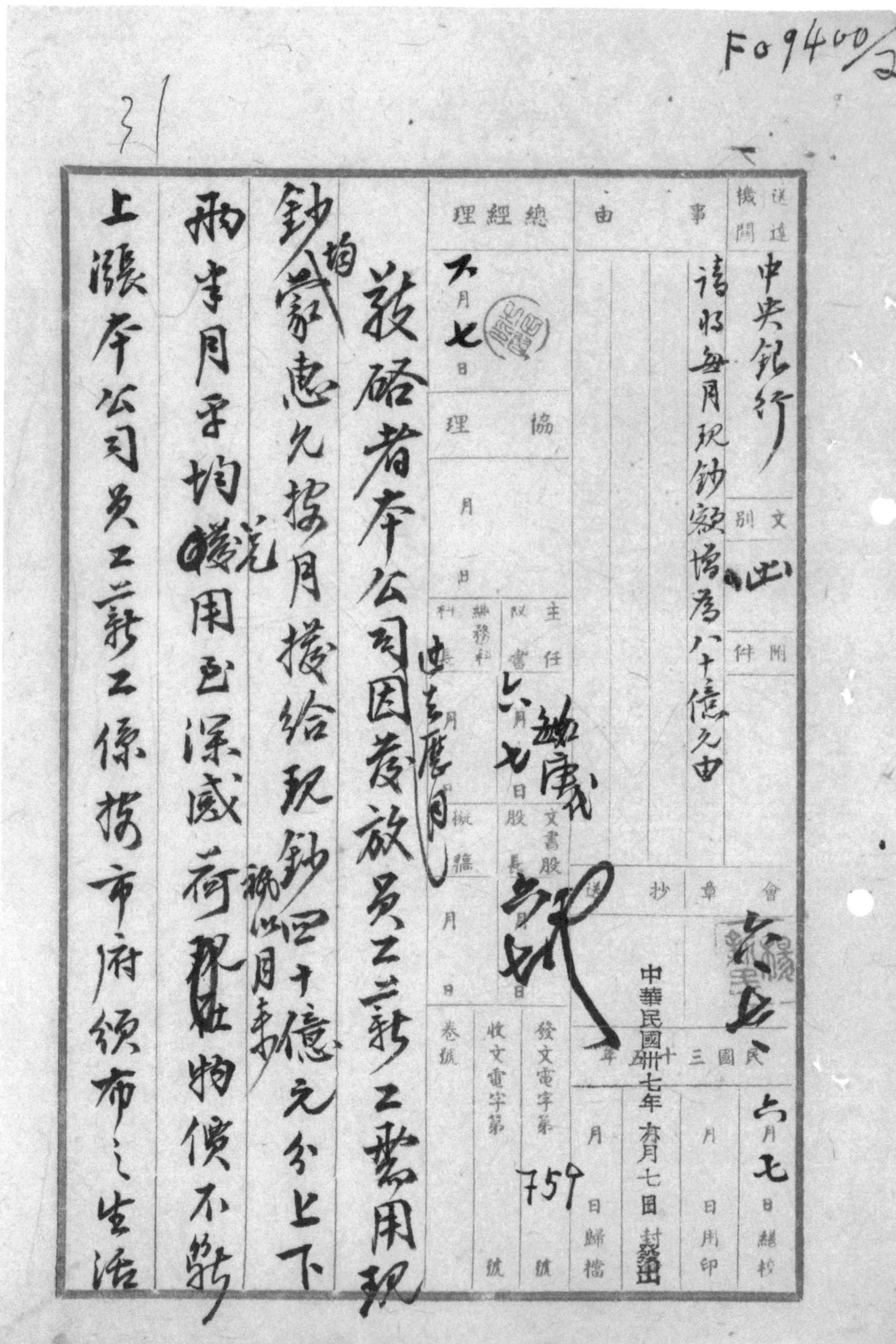

F09400/2

31

送達機關：中央銀行

文別：出

附件：

事由：請將每月現鈔額增為八十億元由

總經理：六月七日

協理：月 日

主任：六月七日

文書股股長：六月七日

中華民國卅七年六月七日封發

發文電字第759號

校：六月七日

逕啓者：本公司因發放員工薪工需用現鈔，均蒙惠允按月撥給現鈔四十億元，分上下兩半月平均撥用，至深感荷。現在物價不斷上漲，本公司員工薪工係按市府頒布之生活

32

指數蒖發每月均有增加前承惠允之現鈔數額早感不敷發放為特再函奉商擬請每月增加現鈔額為捌拾億元仍分上下兩半月撥充用事關員工生活務祈俯允賜辦為荷此致

重慶中央銀行

公司啟

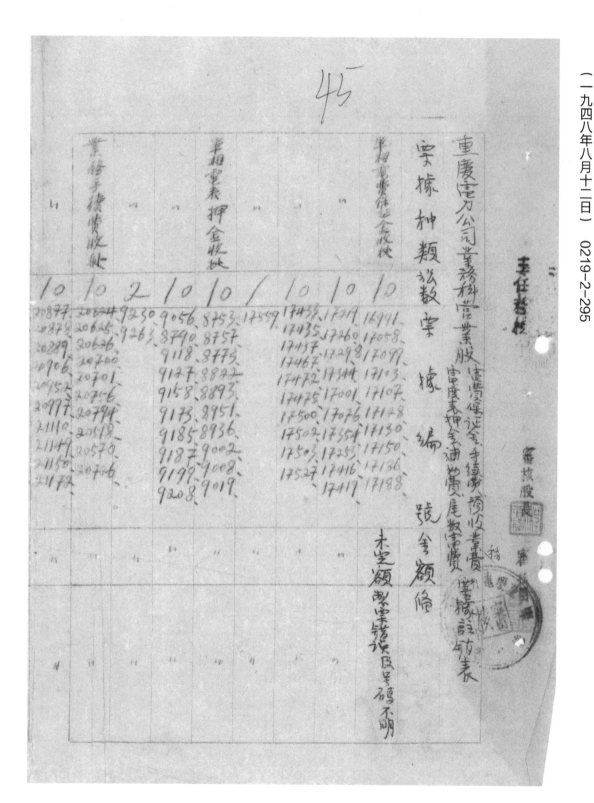

重庆电力股份有限公司业务科营业股电费保证金、手续费、预收业费、电度表押金补助费等票据注销表（一九四八年八月十二日）　0219-2-295

45

重慶電力公司業務科營業股電費保證金、手續費、預收業費、電度表押金補助費尾數電費票據註銷表

票據種類	張數	票據編號	金額	備攷
單相電費保證金收據	10	16941、17058、17099、17103、17107、17128、17130、17150、17136、17188、	未定額	數票錯誤及號碼不明
〃	10	17219、17260、17298、17344、17001、17076、17354、17255、17416、17417、	〃	〃
〃	10	17433、17435、17437、17467、17472、17475、17500、17502、17503、17527、	〃	〃
〃	1	17559、	〃	〃
單相電表押金收據	10	8753、8757、8775、8822、8893、8951、8936、9002、9008、9019、	〃	〃
〃	10	9056、8790、9118、9127、9158、9175、9185、9187、9199、9208、	〃	〃
〃	2	9250、9263、	〃	〃
業務手續費收據	10	20624、20625、20636、20700、20701、20756、20794、20518、20570、20706、	〃	〃
〃	10	20877、20878、20889、20906、20952、20997、21110、21149、21150、21172、	〃	〃

主任 [illegible]

審核股長

審核

〃	補助費收據	〃	撥大尾坡電費收據	預收業務費臨時收據	總計
1	10	7	6	2	99
21214、	16448、16768、17008、16909、17302、17304、17317、17322、17327、17369、	17374、17380、17389、17411、17412、17504、17532、	10177、10196、10208、10209、10269、10276、	879、886、	
〃	〃	〃	〃	〃	
	〃	〃	〃	〃	

中華民國三十七年八月十二日

管票員

股長

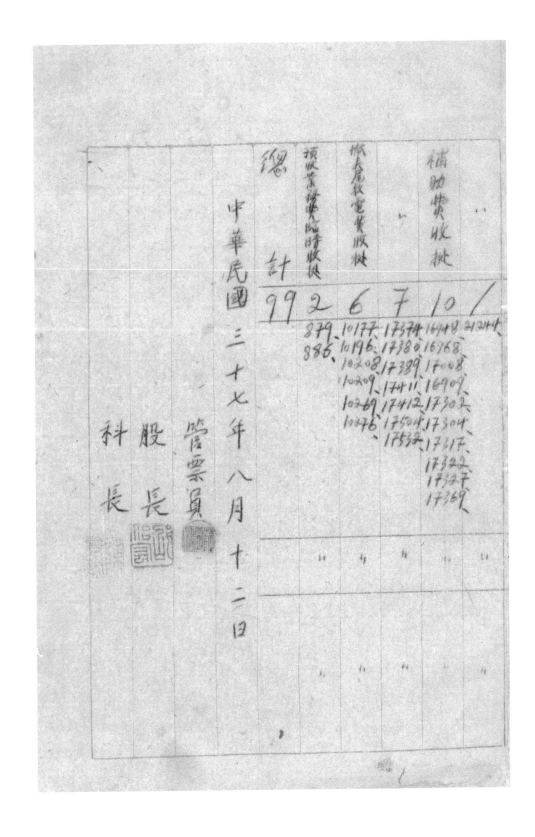

科長

工商（部）
（知通）
事由
京電 97 字第 83672 號
中華民國卅七年十二月三日發出

工商部关于公布电价调整计算公式给重庆区电气工业同业公会的通知（附公式）（一九四八年十二月三日） 0219-2-301

通知　重慶區電氣工業同業公會

案奉

行政院本年十月三十一日（卅七）財字第四八五二一號代電為各地電價飭遵照改善經濟管制補充辦法甲項第六款「公用及交通事業應核計成本由主管官署核定調整價格」之規定妥切辦理具報等因查本部前以各地電廠電價久被凍結業務異常困難業經飭據各廠呈報當地煤米價格及薪工增加倍數分別酌予核定十一月份電價以資維持在案茲為便利核計成本使各廠仍能循合理軌道調整電價起見經將原有之電價計算公式斟酌目前實際情形加以修正並經召集各有關機關及電氣工業同業公會等會商研討妥為訂定自本年十二月份起施行惟各電廠應用前項公式時應遵照下列各點辦理（一）基數A、以前經濟部及本部原核定之數字為準（二）基數B、以本部三十七年八月四日京電（37）字第32271號通知修正者加一倍計算（三）

百分数n及n′以60及40计算（四）前三项有调整必要者可专案呈请本部修正（五）未经核定基数者应从速造具表件呈请核定基数其电价暂照本部三十七年十一月十日京电（37）字第八一七一六号代电办理除呈请行政院备案并分行资源委员会及各省市政府查照饬遵外兹再检发电价调整计算公式仰即知照并限于文到三日内转行各电厂遵照为要特此通知

附发电价调整计算公式乙份

中华民国三十七年十二月 日

電價調整計算公式

224 甲. 公式:

每度成本 $= xa + (\frac{n}{100}y + \frac{n'}{100}z)b$

解、

a —— 每度燃料消耗基數　　公斤/度

b —— 每度業務費用基數　　元/度

x —— 新定到廠燃料价格　　元/度

y —— 新定當地工人生活費指數

z —— 新定外滙率

n —— 業務費用與生活指數有關部份所佔百分數

n' —— 〃〃〃〃〃外滙有關部份所佔百分數

A —— 每度燃料費用　　元/度

B —— 每度業務費用　　元/度

每度成本 $= A + B$

$A = xa$

$B = (\frac{n}{100}y + \frac{n'}{100}z)b$

即每度成本 $= xa + (\frac{n}{100}y + \frac{n'}{100}z)b$

225

乙、說明

1. 公式內所謂「每度」係指售電每度數。
2. 業務費用，為電廠各種合法之總費用，除去燃料費用。
3. a b 兩基數及 n n' 兩百分數由工商部核定或修正之。
4. 燃料價格 X，工人生活指數 Y，依各主管機關公佈之數字為準。
5. 外匯率 Z，以計算電价前一日之銀行售出外匯移轉證價數，三十七年八月十五日外匯市价（每美金八百萬元約等於金圓四元）之倍數為準。
6. 非管制之燃料价格，以當地議價為準。
7. 當地如無工人生活費指數公佈時，暫代以最接近城市之工人生活指數計算。
8. 當地如不能取得外匯轉移證價格時，暫代以工人生活費指數計算。
9. 如煤油合用或購電一部份轉供者，則公式內

$$A = x_1a_1 + x_2a_2 + x_3a_3$$

x_1 = 新定到廠煤價　　元／公斤
a_1 = 每度煤耗基數　　公斤／度
x_2 = 新定到廠油價　　元／公斤
a_2 = 每度油耗基數　　公斤／度
x_3 = 新定每度購電價　　元／度
a_3 = 每度購電基數

上列煤、油、購電三項如僅有二項者，則其他一項刪去之。

10. 依公式算出之數額，為電燈、電力、電熱每度之售電成本，如灯、力、熱兼售者，得將燈價酌量提高，但不得超過20%，家庭用電熱照電燈价計算，工業用者照電力價計算。
11. 電廠為適合當地情形，得將燈价分級計算，但以三級為限，且各級電价不得超過上級電價10%，如為節约或推廣用電起見，得酌予變通。
12. 包燈每月每瓦電費＝每度表燈電價乘以每瓦每日包燈供電小時數。
13. 全部購電轉售者，其電價依照購價及售價之比例酌定，其比例數由工商部核定或修正之。

226

14. 水力發電每度成本即將本公式內燃料費用A刪去之。

15. 電廠隨電成本增減5%時，按本公式計算電價，呈由地方主管機關（或主辦機關）核具意見，轉報工商部核定，但電廠得照公式先行收費，俟核定後多退少補。

227

電廠調整電價表　　年　月　日起

a（售電每度燃料消耗基數）＝　　b（售電每度業務費用基數）＝

x（新定每公斤到廠燃料價格）＝　　y（新定當地工人生活費指數）＝

J.（新定外匯率）＝

變	動	數		電價
A（售電每度燃料費用）			元	
B（售電每度業務費用）			元	
供電種類	電力		元/度	
	電燈	表燈	元/度	
		包燈	元/瓦	
		路燈	元/瓦(盞)	
		臨時燈	元/度(盞)	
		螢光燈	元/度(盞)	
		霓虹燈	元/度(盞)	
	電熱		元/度	

說明：一、電廠調整電價應即填具相當份數分呈地方主管機関（或主办機関）及工商部

二、電力電價即等於A+B

三、電廠所用燃料如不僅一種時應按電價計祘公式說明第（9）條辦理

四、電廠應按照上表格式自行印製填用如必要時得將各欄略予放寬

交通银行重庆分行关于检送储煤贷款契约致重庆电力股份有限公司的函（附契约）（一九四八年十二月八日） 0219-2-307

197

重慶電力股份有限公司到文簽

收文電字第 37 收文電字第 5167 號

某來處	交通銀行渝行
交字第一五八一號	
中華民國	卅七年十二月九日到
事由	為送儲煤款卅五萬元契約見復由
附件	契約抄本一份
總經理	
協理	
關係各科室處組廠（簽意見）	會計科 十二 九；閱 洽存查 十二 十
決定辦法	

198

重慶交通銀行

中華民國卅七年十二月八日

逕啓者查

貴公司向敝行及中國銀行合借儲煤貸款金圓卅五萬元契約業經訂妥

至依約應派駐之稽核及押品監管員仍派原駐 貴公司廖世浩及王澤

分別兼充除分函外用特檢同契約抄本一份函請

查存見復爲荷此致

重慶電力公司

交通銀行重慶分行啓

附契約抄本一份

契約抄本係於三月十六日交行來函卅二號係約本息已將款繳清

請將該契約註銷 [illegible] 廿五

[illegible]

交字第一五八一號 全 頁

重慶打銅街二十六號

抄本

199

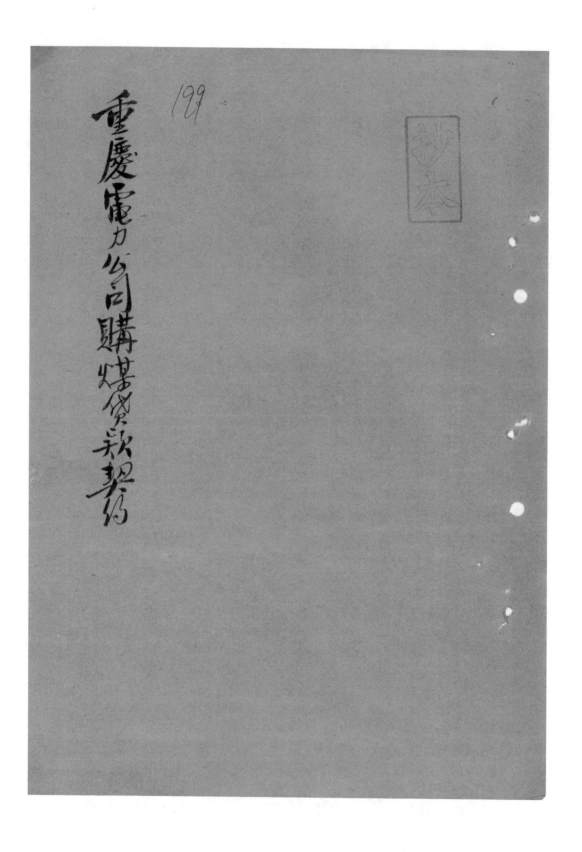

重慶電力公司購煤貸款契約

200

立質押透支契約人重慶電力股份有限公司（以下簡稱立契約人包括繼承人受讓人及法定代理人）茲因購儲燃煤需款商經　貴兩行同意以自有庫存器材作抵向　貴兩行各押借金圓壹拾柒萬伍仟元共計借到金圓叁拾伍萬元正由　貴兩行推由交通銀行為代表行辦理本借款收付一切事宜所有左列條款均願遵守此據

一、借款額度以金圓叁拾伍萬元為限由　貴兩行各撥借金圓拾柒萬伍仟元自立具本契約之日起由立契約人按照實際購煤需要陸續開具支票經　貴兩行派駐稽核核明用途簽署後向　貴代表行交通銀行支用

二、借款期限訂為叁個月自叁拾柒年拾壹月叁拾日起至叁拾捌年貳月貳拾捌日止屆期清償決不拖延

三、借款利率按月息叁拾分計算每月結付壹次　貴兩行並得視市息升降隨時調整利率立契約人決無異議

四、借款用途專供立契約人購煤之用不得挪作別用所有立契約人購煤合同暨發票單據均應送交　貴兩行派駐稽核查核以憑核付借款

五、立契約人以自己所有之器材按估價柒折向　貴兩行質借款項如質物價格低落於估價或有低落之趨勢時立契約人應負責立即增加或掉換相當質物或繳入現款至少以補足低落之價格為準

六、立契約人以坐落本市大溪溝第一發電廠內全部倉庫無償貸與　貴兩行使用專堆存　貴兩行質物並於倉庫門首懸掛「重慶中國交通銀行質物倉庫」字樣之招牌以明質權

七、貴兩行如認為質物必須遷移堆存時一經通知立契約人自當負担費用立即照辦萬一有因遷移而發生損失立契約人亦自願負責與　貴兩行無涉

八、質物應由立契約人按照時價用　貴兩行名義向　貴兩行同意之保險公司投保火險其保費概歸立契約人負担所有保險單及保費收據

207

應交　貴代表行收執倘遇不測聽憑　貴兩行直接向保險公司領受賠款抵償借款及其他墊付款項如保險賠償不足甚至不得賠償立契約人仍當負責立即另繳相當質物或現款決不藉口意外損失主張卸責如在未經領受賠款以前　貴兩行認為須另行提供相當質物時立契約人亦願照辦

九、立契約人如怠於還移保險或辦理其他手續或繳付各項費用時　貴兩行均得代辦代付其代辦代付之費用應由立契約人立即償還但　貴兩行並無代辦代付之義務如不代辦代付亦不因而負担任何責任與損失

十、貴兩行以代表行原派駐立契約人稽核及監管員分別兼辦本借款稽核及監管本借款質物事宜但質物仍應由立契約人負担一切善良管理責任如有走漏損壞品質不符或因天災人禍以及其他不可抗力事故以致消滅全部或一部份時　貴兩行概不負責仍由立契約人負責

立即增加或另繳相當質物或以現款補償

十、立契約人掉換增加或取出質物時其種類及數量須經 貴兩行同意並應隨即填具質物報告表由立契約人負責人員蓋章並經 貴兩行派駐稽核及監管員簽證後送交 貴兩行查核

十一、立契約人如有違背或不履行本契約所訂各條時或 貴兩行認為有違背或不履行之虞時所有 貴兩行貸款及墊付之款得要求立契約人立即清償 貴兩行並得毋庸通知立契約人及承還保證人逕將質物變賣或處分立契約人及承還保證人對於變賣方法賣價高低以及變賣遲早或如何處分決無異議但 貴兩行並無變賣或處分之義務如未經變賣或處分而時價低落所有損失與 貴兩行無涉其因變賣或處分所付之一切費用均由立契約人負担

十二、質物變賣或處分所得之款項即以抵償借款本息及各項費用如不足清償仍由立契約人負責立即補足如有餘款 貴兩行並得移償或扣

202

抵立契約人所欠 貴兩行其他款項

十四、立契約人如到期不將本息如數清償時由承還保證人負責立即代為如數清償承還保證人決不以質物未經變賣或處分或對立契約人所有財產未能強制執行或藉口其他任何理由延緩履行保證責任並自願拋棄民法債篇第二章第二十四節關於保證人之抗辯及權利

十五、在本借款未清償前保證人不得自行退保但 貴兩行通知更換保證人時立契約人應即照辦

中國銀行重慶分行

交通銀行重慶分行

立質押透支契約人重慶電力股份有限公司

總經理

承還保證人

和源實業股份有限公司

副理 車

會計股主任

中華民國叁拾柒年拾壹月　日

资源委员会天府煤矿公司营运处关于检送天府煤矿公司煤价表致重庆电力股份有限公司的函

（一九四九年二月四日）　0219-2-274

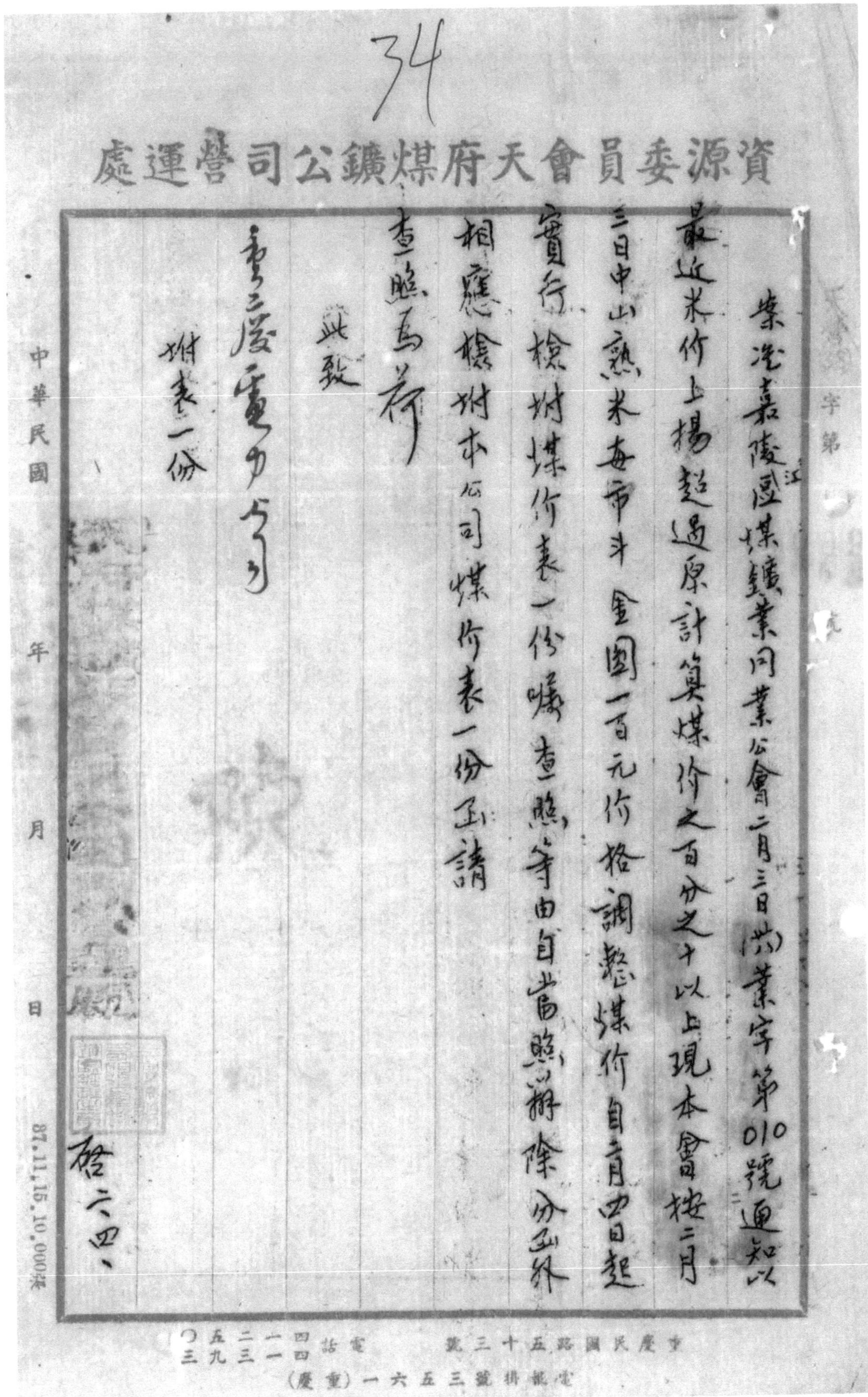
34

資源委員會天府煤鑛公司營運處

字第　號

案准嘉陵江區煤鑛業同業公會二月三日(卅八)業字第010號通知以最近米價上揚超過原計算煤價之百分之十以上現本會按二月三日中山熟米每市斗金圓一百元價格調整煤價自二月四日起實行檢附煤價表一份囑查照等由自當照辦除分函外相應檢附本公司煤價表一份函請

查照爲荷

此致

重慶電力公司

附表一份

中華民國　年　月　日

啓六四、

87.11.15.10,000張

重慶民國路五十三號　電話　四一二五〇　四一三九三

電報掛號三五六一（重慶）

嘉陵江區煤礦業同業公會製定
天府煤礦公司煤焦價格表
三十八年二月四日起實行

煤別	出口地每噸價格	重慶兩河每噸價格	備註
沱煤	1,100.00	1,490.00	單位：金圓元
塊煤	1,630.00	2,020.00	本會各種煤焦價格與天府同
嵐炭	2,070.00	2,460.00	
洗焦	3,930.00	4,320.00	

重庆电力股份有限公司股东户名暨股款、股权登记表（一九四九年三月） 0219-2-118

1610000-

184

重慶電力股份有限公司股東户名暨股款股權登記表

三十八年三月 製

股東户名	代表人姓名	股額	股數	股權	備註
四川省政府	任師尚	七五〇,〇〇〇.〇〇	七五〇〇	三七五五	三十七年七月廿八日財二資字第一三〇五九號 150,000- 15,000股 7,505權
仝右	何北衡	七五〇,〇〇〇.〇〇	七五〇〇	三七五三	150,000- 15,000股 7,505權
中央銀行	楊曉波	一五七五〇〇〇.〇〇	一五七五〇	七八八〇	315,000- 31,500股 15,755權
仝右	陳輝祖	一五七五〇〇〇.〇〇	一五七五〇	七八八〇	315,000- 31,500股 15,755權
中建記	尹國墉	八五〇,〇〇〇.〇〇	八五〇〇	四二五五	170,000- 17,000股 8,505權
中渝記	徐廣遲	一一五〇,〇〇〇.〇〇	一一五〇〇	五七五五	230,000- 23,000股 11,505權
中坊記	劉叢五	一一〇〇,〇〇〇.〇〇	一一〇〇〇	五五〇五	220,000- 22,000股 11,005權
中城記	趙雨圃	三〇〇,〇〇〇.〇〇	三〇〇〇	一五〇五	60,000- 6,000股 3,005權

上

中萬記	王叔清	二四0,000.00	四八0,000.00	二,四00	一二0五	48000.-	4,800股 2,405权
中工記	沈鎮南	五一0,000.00	一0二0,000.00	五,一00	二五五五	102,000.-	10,200股 5,105权
交通銀行投資户 甲記	錢新之	三00,000.00	六00,000.00	三,000	一五0五	60,000.-	6,000股 3,005权
乙記	趙棣華	二五0,000.00	五00,000.00	二,五00	一二五五	50,000.-	5,000股 2,505权
丙記	湯筱齋	二五0,000.00	五00,000.00	二,五00	一二五五	50,000.-	5,000股 2,505权
丁記	浦心雅	二00,000.00	四00,000.00	二,000	一00五	40,000.-	4,000股 2,005权
戊記	張叔毅	二00,000.00	四00,000.00	二,000	一00五	40,000.-	4,000股 2,005权
己記	薛遺生	一五0,000.00	三00,000.00	一,五00	七五五	30,000.-	3,000股 1,505权
庚記	王紹李	一五0,000.00	三00,000.00	一,五00	七五五	30,000.-	3,000股 1,505权
辛記	沈笑春	一五0,000.00	三00,000.00	一,五00	七五五	30,000.-	3,000股 1,505权

1180,000.-

185

壬記	朱古柏	一五0,000（30,000）	00	一五00	七五五	30,000.- 3,000股 1,505右
中國農民銀行	徐壽屏	九0,000（一八0,000）	00	九000	四0五	180,000.- 18,000〃 9,005右
四記	王錫初 韓平誠	二五0,000（50,000）	00	二五00	一三五五	十一月六日令字第[illegible]號 出讓與宋[illegible] 84,5000.- 5,000股 2,505右
川記	仝右	二五0,000（50,000）	00	二五00	一三五五	收音478號 84,5000.- 5,000股 2,505右
省記	韓平誠	二五0,000（50,000）	00	二五00	一三五五	50,000.- 5,000股 2,505右
銀記	仝右	二五0,000（50,000）	00	二五00	一三五五	50,000.- 5,000股 2,505右
行記	仝右	二五0,000（50,000）	00	二五00	一三五五	50,000.- 5,000股 2,505右
川記	劉航琛	四0,000（80,000）	00	四000	一00五	80,000.- 8,000股 4,005右
庶記	仝右	四0,000（80,000）	00	四000	一00五	80,000.- 8,000股 4,005右
平記	仝右	四0,000（80,000）	00	四000	一00五	80,000.- 8,000股 4,005右

民記	仝右	四00,000.00	四,000	一〇〇五	80,000.-	8,000股 4,005号
商記	仝右	四00,000.00	四,000	一〇〇五	80,000.-	8,000股 4,005号
業記	仝右	四00,000.00	四,000	一〇〇五	80,000.-	8,000股 4,005号
銀記	仝右	四00,000.00	四,000	一〇〇五	80,000.-	8,000股 4,005号
行記	范崇實	四00,000.00	四,000	一〇〇五	80,000.-	8,000股 4,005号
重一記	劉航琛	一00,000.00	一,000	五〇五	20,000.-	2,000股 1,005号
廉記	仝右	一00,000.00	一,000	五〇五	20,000.-	2,000股 1,005号
總記	仝右	一00,000.00	一,000	五〇五	20,000.-	2,000股 1,005号
運記	仝右	一二0,000.00	一,二00	六〇五	24,000.-	2,400股 1,205号
啟記	仝右	一二0,000.00	一,二00	六〇五	24,000.-	2,400股 1,205号

862000

116

45

昌記	仝右 黄崇耀	一二〇,〇〇〇.〇〇	一二〇〇	六〇五	20,000.- 2,400股 1,205权
隆記	仝右	一八〇,〇〇〇.〇〇	一八〇〇	九〇五	36,000.- 3,600股 1,805权
重記	仝右	六〇,〇〇〇.〇〇	六〇〇	三〇五	12,000.- 1,200股 605权
賡記	仝右	二五,〇〇〇.〇〇	二五〇	一三〇	5000.- 500股 255权
程記	仝右	一〇〇,〇〇〇.〇〇	一〇〇〇	五〇五	20,000.- 2,000股 1,005权
殖記	仝右	二五,〇〇〇.〇〇	二五〇	一三〇	5,000.- 500股 255权
川康銀行	仝右	八〇,〇〇〇.〇〇	八〇〇	四〇五	16,000.- 1,600股 805权
川盐銀行	伊劍虹 馮紹周	四〇〇,〇〇〇.〇〇	四〇〇〇	二〇〇五	卅七年八月二十六日本行註销 改由 [illegible] 80,000.- 8,000股 4,005权
仝右	石竹軒	七三〇,〇〇〇.〇〇	七三〇〇	三六五五	146,000.- 14,600股 7,305权
盐記	伊劍虹 馮紹周	五〇,〇〇〇.〇〇	五〇〇	二五五	10,000.- 1,000股 505权

和記	石竹軒	一八〇〇〇〇.〇〇（三六〇〇〇〇.〇〇）	一八〇〇〇	九〇〇五	360,000.- 36,000股 18,005权
德記	石竹軒	一〇八〇〇〇.〇〇（二一六〇〇〇.〇〇）	一〇八〇〇	五四〇五	216,000.- 21,600股 10,805权
德記	伊馬錫綸潤周	一三八〇〇〇.〇〇（二七六〇〇〇.〇〇）	一三八〇〇	六九〇五	276,000.- 27,600股 13,805权
四川美豐銀行	康心如	一一〇〇〇〇.〇〇（二二〇〇〇〇.〇〇）	一一〇〇〇	五五〇五	220,000.- 22,000股 11,005权
仝右	周新民	一五〇〇〇.〇〇（三〇〇〇〇.〇〇）	一五〇〇	七五五	30,000.- 3,000股 1,505权
仝右	康嗣群	一五〇〇〇.〇〇（三〇〇〇〇.〇〇）	一五〇〇	七五五	30,000.- 3,000股 1,505权
仝右	龔農瞻	五〇〇〇〇.〇〇（一〇〇〇〇〇.〇〇）	五〇〇〇	二五〇五	100,000.- 10,000股 5,005权
禮記	楊粲三	三〇〇〇〇.〇〇（六〇〇〇〇.〇〇）	三〇〇〇	一五〇五	60,000.- 6,000股 3,005权
樂記	楊孝謙	二〇〇〇〇.〇〇（四〇〇〇〇.〇〇）	二〇〇〇	一〇〇五	40,000.- 4,000股 2,005权
射記	黃墨涵	二〇〇〇〇.〇〇（四〇〇〇〇.〇〇）	二〇〇〇	一〇〇五	40,000.- 4,000股 2,005权

16,7000-

187

御記	李維城	二00,000	00	二000	一00五	40,000-	4,000股	2,005石
書記	梅孝威	二00,000	00	二000	一00五	40,000-	4,000股	2,005石
敬記	何竹波	二00,000	00	二000	一00五	40,000-	4,000股	2,005石
孝記	潘昌猷	一00,000	00	一000	五0五	20,000-	2,000股	1,005石
弟記	仝右	一00,000	00	一000	五0五	20,000-	2,000股	1,005石
信記	仝右	一00,000	00	一000	五0五	20,000-	2,000股	1,005石
禮記	仝右	一00,000	00	一000	五0五	20,000-	2,000 "	1,005石
義記	仝右	一00,000	00	一000	五0五	20,000-	2,000股	1,005石
智記	仝右	一00,000	00	一000	五0五	20,000-	2,000股	1,005石
勇記	仝右	二五,000	00	五00	一三0	5,000-	500股	255石

敘記	仝右	五0,000 00（10,000.00）	五00	二五五	10,000.-	1,000股 505右
祺記	仝右	五0,000 00（10,000 00）	五00	二五五	10,000.-	1,000股 505右
翼記	仝右	五0,000 00（10,000 00）	五00	二五五	10,000.-	1,000股 505右
之記	仝右	五0,000 00（10,000 00）	五00	二五五	10,000.-	1,000股 505右
仁記	仝右	五0,000 00（10,000 00）	五00	二五五	10,000.-	1,000股 505右
德記	仝右	五0,000 00（10,000 00）	五00	二五五	10,000.-	1,000股 505右
隆記	仝右	五0,000 00（10,000 00）	五00	二五五	10,000.-	1,000股 505右
慶記	仝右	五0,000 00（10,000 00）	五00	二五五	10,000.-	1,000股 505右
豐記	仝右	五0,000 00（10,000 00）	五00	二五五	10,000.-	1,000股 505右
亨記	仝右	五0,000 00（10,000 00）	五00	二五五	10,000.-	1,000股 505右

198　　　　　　　　　　　　　　　　　　　　　　　　　　　　　　39

華西公司	胡仲實	[illegible]	五〇〇	二五一	10,000.-	1,000股 505权
中國興業公司	傅汝霖	[illegible]	一五〇〇	七五一	30,000.-	3,000股 1,505权
	胡子昂	[illegible]	一〇〇〇	五〇一	20,000.-	2,000股 1,005权
南泰記	張伯苓	[illegible]	三〇〇〇	一五〇一	60,000.-	3,000股 1,505权
南渝記（程隆記）	仝右	[illegible]	二〇〇〇（六〇〇）	一〇〇一（三〇一）	40,000.-	4,000股 2,005权
琴記	程本臧	[illegible]	五〇〇	二五一	10,000.-	1,000股 505权
润記	仝右	[illegible]	五〇〇	二五一	10,000.-	1,000股 505权
文記	鄒文欽	[illegible]	五〇〇	二五一	成都獅子巷36號遠廬	
欽記	仝右	[illegible]	五〇〇	二五一	民生路老胡開文鄒 大中轉	1,000股 505权
哲記	劉哲燕	[illegible]	七五〇	三七六	成都多子巷	15,000股 7,505权

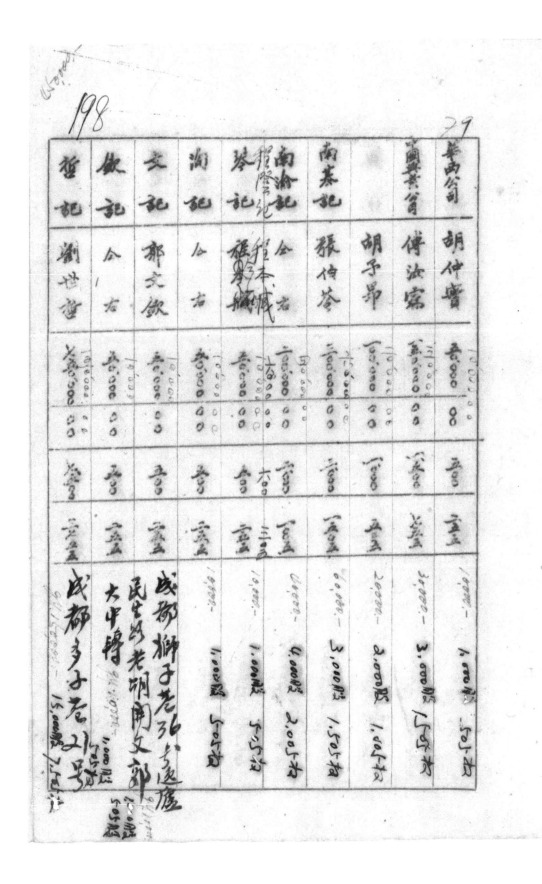

稽

哲記	周晴嵐	[illegible]	[illegible]	[illegible]	10,000.-	1,000股 505有
忠記	朱艾孚慧	[illegible]	[illegible]	[illegible]	200.-	120股 65有
恕記	仝右	[illegible]	[illegible]	[illegible]	1,200.-	120股 65有
[illegible]記	石柄[illegible]	[illegible]	[illegible]	[illegible]	2,000.-	200股 105有
維[illegible]記	孫[illegible]	[illegible]	[illegible]	[illegible]	6000.-	600股 305有
詠記	徐[illegible]	[illegible]	[illegible]	[illegible]	10,000.-	1,000股 505有
村記	仝右	[illegible]	[illegible]	[illegible]	10,000.-	1,000股 505有
趣記	仝右	[illegible]	[illegible]	[illegible]	10,000.-	1,000股 505有
致記	仝右	[illegible]	[illegible]	[illegible]	10,000.-	1,000股 505有
鍊記	仝右	[illegible]	[illegible]	[illegible]	10,000.-	1,000股 505有

楊伯昌 全圓 5,000. 500股

1145980.- 305枝 110

188

源記	劉壽九	[illegible]	〇〇	[illegible]	[illegible]	78000 94,780.- 78股 44枝
英記	耿含英	[illegible]	〇〇	[illegible]	[illegible]	300.- 30股 20枝
吉記	楊孝威	[illegible]	〇〇	[illegible]	[illegible]	2000.- 200股 105枝
咸記	金右	[illegible]	〇〇	[illegible]	[illegible]	500.- 50股 30枝
鑫記	龔良鑫	[illegible]	〇〇	[illegible]	[illegible]	6000.- 60[illegible] 20枝
保善堂	古樹森	[illegible]	〇〇	[illegible]	[illegible]	1000.- 100股 55枝
劉綬森		[illegible]	〇〇	[illegible]	[illegible]	20000.- 89,20000.- 2000股 1005枝
潘仲三	蘇二五,000	[illegible]	〇〇	[illegible]	[illegible]	50000 5000股 [illegible]
石雲九		[illegible]	〇〇	[illegible]	[illegible]	小河沿順城街 [illegible] 十七號 6000股 305枝
傅友圃		[illegible]	〇〇	[illegible]	[illegible]	6000.- 600股 305枝

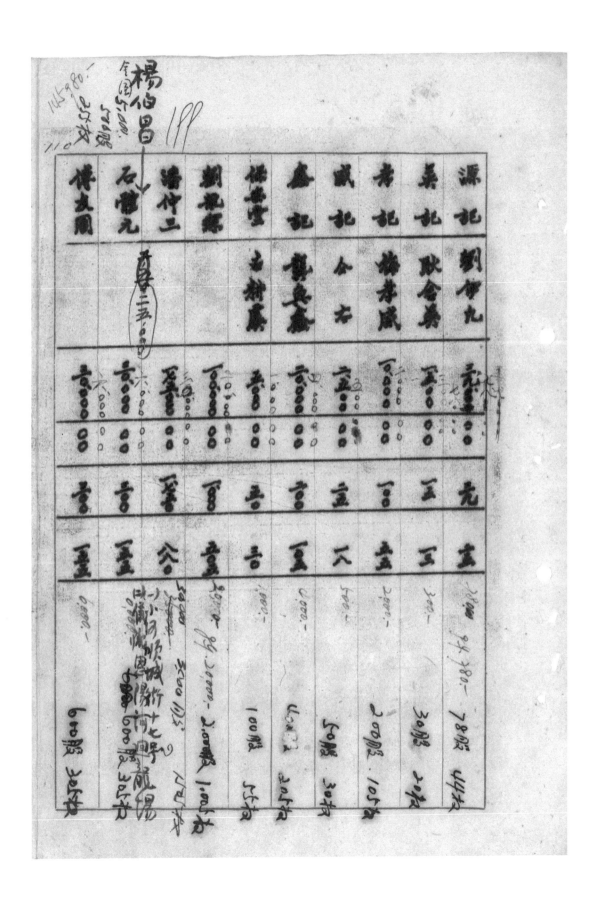

陳脩先		五〇〇〇〇.〇〇	五〇〇	[illegible]	5000.- 500股 255号
康心之		二〇〇〇〇.〇〇	二〇〇	[illegible]	20000.- 200股 105号
周見三		四〇〇〇〇.〇〇	四〇〇	[illegible]	4000.- 400股 205号
周見炯	周見三	一〇〇〇〇.〇〇	一〇〇	[illegible]	2000.- 100股 55号
周見地	仝右	一〇〇〇〇.〇〇	一〇〇	[illegible]	2000.- 200股 105号
周見璘	仝右	一〇〇〇〇.〇〇	一〇〇	[illegible]	2000.- 200股 105号
吴仲和		三〇〇〇〇.〇〇	三〇〇	[illegible]	6000.- 600股 305号
吴叔墳	吴仲和	三〇〇〇〇.〇〇	三〇〇	[illegible]	6000.- 600股 305号
范鹤清		三〇〇〇〇.〇〇	三〇〇	[illegible]	10000.- 1.000股 505号
劉闓非		三六〇〇〇.〇〇	三六〇	[illegible]	永生錢莊 2000.- 720股 365号

119600.

200

130 121

寶芷邨		五〇〇〇〇〇	五〇〇	一三〇	5000.- 500股 2斤方
康玉麟		五〇〇〇〇〇	五〇〇	一三〇	5000.- 500股 2斤方
康石麟	康玉麟	五〇〇〇〇〇	五〇〇	一三〇	5000.- 500股 2斤方
龍炬南	仝右	二六〇〇〇〇	二六〇	六五	2600.- 260股 1斤方
宗壽祀	仝右	五〇〇〇〇〇	五〇〇	一三〇	5000.- 500股 2斤方
林光雲	仝右	三〇〇〇〇〇	三〇〇	八〇	3000.- 300股 1斤方
逯滌清		[illegible]	[illegible]	一三〇	瀘縣治平路瑞源 商號內 99.5000.- 500股 2斤方
劉静之		[illegible]	[illegible]	一三〇	5000.- 99.5000.- 500股 2斤方
李劍鳴		五〇〇〇〇〇	[illegible]	[illegible]	三台縣東街19號 林森路145號鴻記茶莊 99.10000.- 1000股 5斤方
周嘯巖		五〇〇〇〇〇	[illegible]	[illegible]	成都多子巷21號轉 99.10000.- 1000股 5斤方

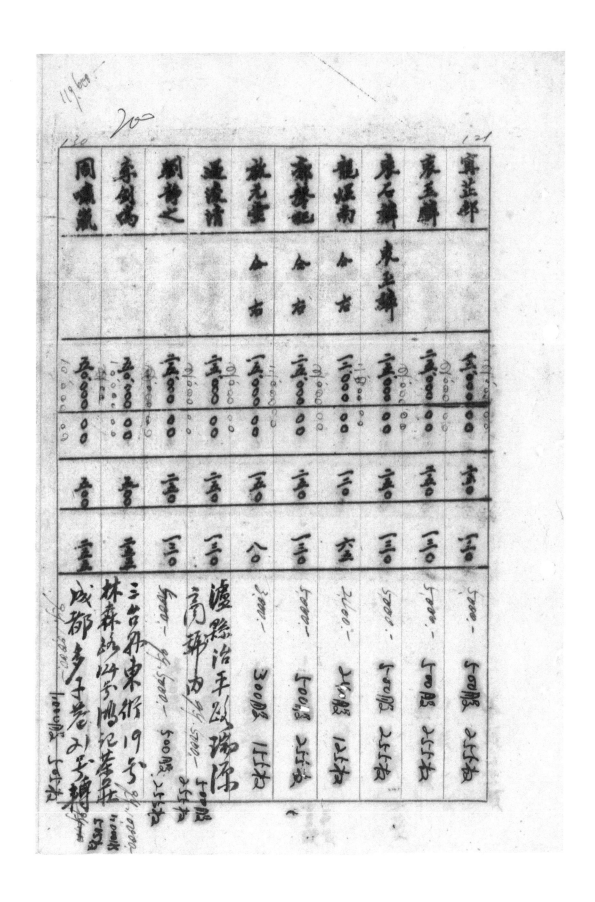

15,620

户名	代表人	股款	万元	万股	备注
胡子移		三〇,〇〇〇〇〇	三〇	一五	和通银行 600股 30枚
何律普恩	何竹城	五〇,〇〇〇〇〇	五〇	三〇	100股 50枚
劉澤柏		三五,〇〇〇〇〇	三五	一八	1949 十二月十二日
劉善柏		五,〇〇〇〇〇	五	五	100股 10枚
程德學		二四,〇〇〇〇〇	二四	一七	48股 29枚
何旅輝		三〇,〇〇〇〇〇	三〇	一五	中四路84號
何家武		二〇,〇〇〇〇〇	二〇	一五	十股 26枚
簡伯良		三五,〇〇〇〇〇	三五	三	銅鼓台六號
潘登高		一二,〇〇〇〇〇	一二	二	成都少城竹葉巷 24股 17枚
合計		一三九户	三千万元	三十万股	

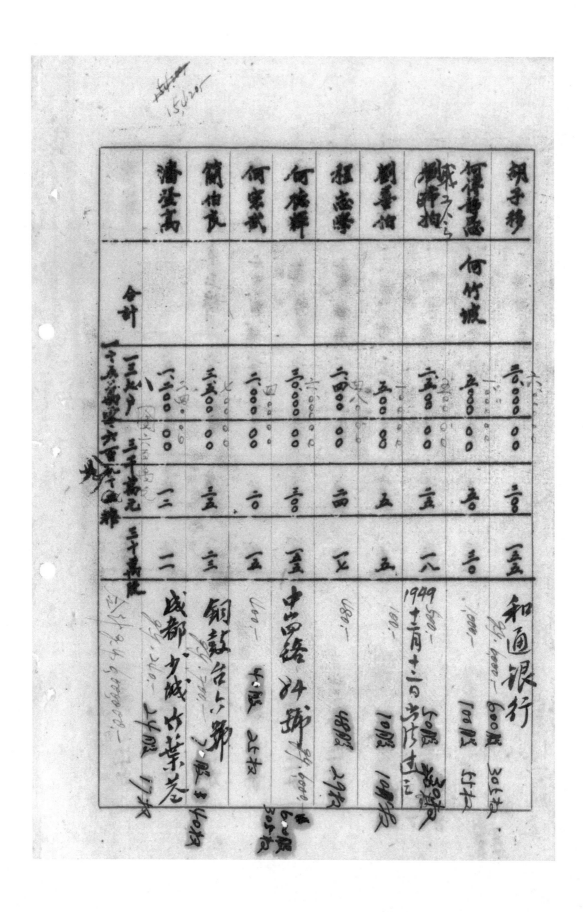

一千三百六十万九千六百元整

重庆电力股份有限公司一九四五年度业务状况及决算情形（时间不详） 0219-2-118

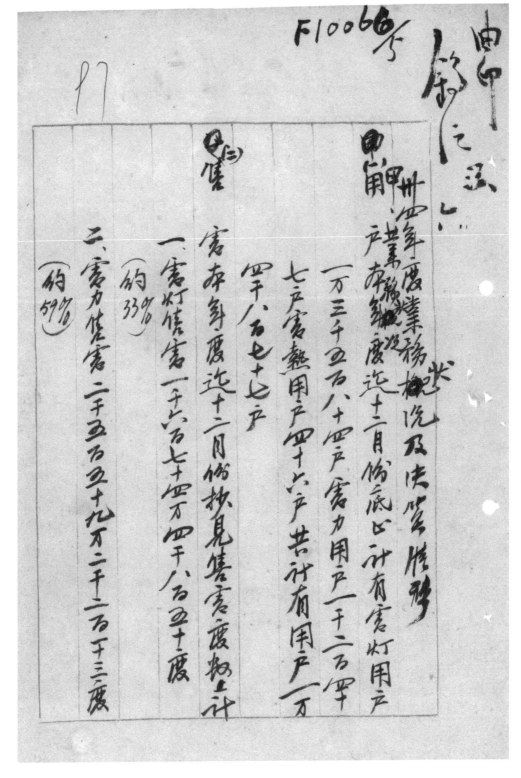

F10066/5

17

甲 卅四年度业务概况及决算情形

（一）营业 本年度迄十二月份底止计有电灯用户一万三千五百八十四户 电力用户一千二百零七户 电热用户四十六户 共计有用户一万四千八百七十七户

（二）售电 本年度迄十二月份抄见售电度数共计

一、电灯售电一千六百七十四万四千八百五十度（约33%）

二、电力售电二千五百五十九万二千二百十三度（约51%）

三、電熱售電一百二十八万九千七百七十六度
（約略）
灯力熱共計售電四千三百六十二万六千八百四十度
以結帳関係本年度不及办理完竣移轉三十五年度共計電灯售電一百一十二万八千二百六十七度　電力售電四百一十一万六千九百一十三度　電熱售電二万七千四百六十二度　共計灯力熱五百二十七万二千六百四十二度　實際卅四年度共售出電度四千八百八十九万九千四百八十二度

18

丙(三) 應收電費　本年度實際應收電費金額連同煤價調整費依照核定售電度數計共三十七億八千二百零八萬六千五百一十三元六角三分除以結帳關係辦理不及移轉三十五年度計二億八千一百八十三萬九千三百八十六元六角三分外（內計電燈一億四千二百一十七萬九千零五十一元三角七分電力一億三千五百一十三萬三千三百五十二元一角九分電熱四百五十二萬六千九百八十三元零七分）本年度應收電費為三十

五亿零零二十四万七千一百二十七元计

一、电灯电费收入一十三亿四千五百七十二万三千零四十八元九角八分（约38%）

二、电力电费收入二十亿零八千二百三十九万五千八百三十五元零二分（约59.6%）

三、电热电费收入七千二百一十二万八千二百四十三元（约0.6%）

四、本年度撤表、尾度电费收入计共一千五百零五万三千七百六十七元七角七分

五、本年度应收电费内代收增加机炉保护

设备费二百四十五万七千一百四十七元二角七分
遷卸机炉费八十一万九千零四十九元零五分
两共三百二十七万六千一百九十六元三角一分

六、本年度办理该收应费退费金款计共四十三万三千一百八十九元五角六分

七、本年度办理实复该制等新旧应收应费收据注销应费收据金额共计一万二千零二十五万五千七百九十九元一角五分改制应收应费收据金额四千八百零五万四千二百七十四元八角五分两相品迭实冲销七千二百二

十万零一千五百二十四元三角

（四）电费经收情形 本年度收费股经办情形如左

一、据收上年度应收未收电费余额九千四百四十三万三千五百六十七元正，及本年度新制各种应收电费收据金额三十五亿四千八百二十三万九千六百五十九元三角六分正

二、收进各种应收电费计缴款国二十六亿九千四百六十八万四千零零六元三角四分正

三、本年度应收电费金额及上年度积来应收电费金额总计除收缴款及注销部外

100

实存应收未收电费金额八亿二千七百七十二万三千四百廿元零八角七分移卅五年度继续办理

又本年度查获窃电户数为一千五百二十八户窃电度为四十九万五千八百度已结案户数七百二十四户未了案户数八百零四户共收罚款四亿十六万八千四百五十七元一角六分

101

乙、财产状况

(一)关于资产部份 (1)固定资产为一亿一千五百九十三万三千二百五十八元八角一分 (2)流动资产为八亿六千四百四十五万九千六百零十七元零一分 (3)杂项资产为三亿零九百七十二万一千六百三十八元八角九分 总计为一十二亿九千零一十一万四千五百四十四元七角三分

(二)关于负债部份 (1)资本及公积为四三千四百三十万零零五百一十六元零五分 (2)短期负债为六亿零八百一十一万元零九百零四元二角三分

(3)新收欠债为六亿七千一百九十万零五千七百八十九元一角五分 (4)前期盈余滚存为一百二十三万七千六百五十七元七角 总计为一十三亿一千五百五十五万四千八百五十八元一角三分

(三)亏损 (1)前期亏损为一千六百六十四万八千四百八十二元六角九分 (2)本期亏损为八百七十万一千八百三十元七角一分 前期亏损部份上届股东会决议请求政府予以补贴。

重庆电力股份有限公司一九四六年度年报表（时间不详） 0219-2-51

中華民國三十五年度

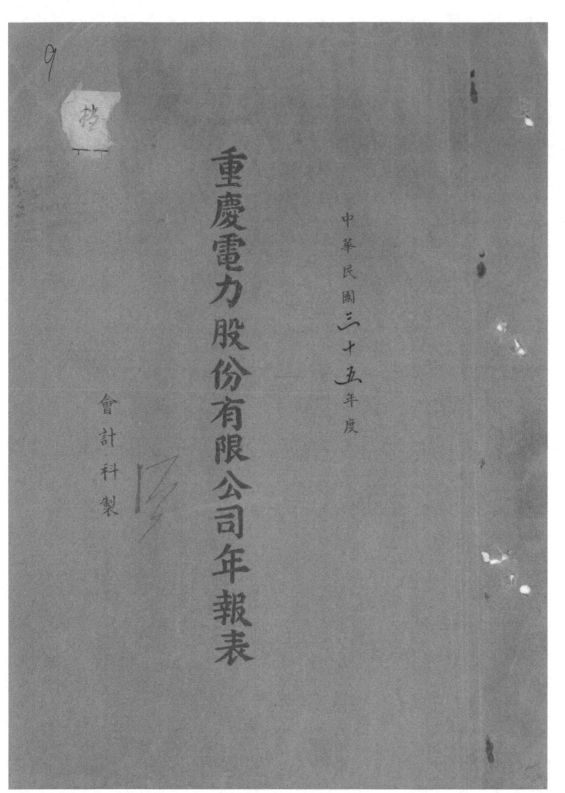

重慶電力股份有限公司年報表

會計科製

10

重慶電力股份有限公司　月份各項報告表目錄

11

資產負債表

12

民國 35 年度
第 屆決算

重慶電力股份有限公司資產負債表

(計·25)

12月 31日

資產	金額	合計	負債	金額	合計
固定資產：		235,363,780.40	資本及公積：		34,300,516.0
發電資產	54,206,361.63		資本總額	30,000,000.00	
輸電配電資產	103,880,535.18		法定公積	1,502,572.71	
用電資產	20,255,972.20		特別公積	211,326.23	
業務資產	57,020,911.39		償債公積		
其他固定資產			特別準備	2,586,617.11	
流動資產：		2325,169,402.31	長期負債		73,387,300.0
現金			長期借入款	73,387,300.00	
銀行存款	6,737,355.25		公司債		
應收票據					
應收賬款	1559,582,873.56		短期負債：		897,167,631.6
借出款			短期借入款		
存出款			應付票據	328,000,000.00	
有價證券	80,235,203.15		銀行透支	84,419,005.93	
材料	678,613,970.33		存入保證金	414,997,225.30	
未繳股款			應付賬款	1,185,999.20	
其他流動資產			應付股利	595,483.68	
			應付鴻利	23,960.69	
雜項資產：		1250,279,618.05	應付職工酬勞	985.41	
戰時待攤費			職工儲金	64,780,073.72	
存出保證金	1,477,558.99		應付合同款項	3,164,897.69	
暫付款項	277,238,364.74		其他短期負債		
應計欠項	2,139,168.57				
預付款項	686,012,939.75		雜項負債：		2834,971,851.9
提存基金	264,807,918.81		新舊準備	697,072,817.38	
催收款項			呆賬準備	497,833,083.54	
投資企業	7,207,500.00		材料溢價準備		
合同訂購材料	10,425,728.43		其他各項準備		
合同訂購新機	970,438.76		暫收款項	120,468,717.83	
其他雜項資產			應計存項	1509,597,233.15	
			其他雜項負債		
虧損：		25,440,313.40	盈餘：		6,425,814.59
前期虧損	25,440,313.40		前期盈餘滾存	1,237,657.70	
本期虧損			本期盈餘	5,188,156.89	
合計	3836,253,114.16	3836,253,114.16	合計	3836,253,114.16	3836,253,114.16

總經理 協理 科長 股長 覆核 製表

13

損益計算書

14

民國 35 年度
第 屆決算

重慶電力股份有限公司損益計算書

(計.36)

自1月1日起 至12月31日止

損失	金額	合計	利益	金額	合計
經常開支：		10515,411,262.13	電費收入：		10373,363,029.34
發電費用	6494,958,367.28		電燈收入	4669,084,914.47	
供電費用	1059,736,119.88		電力收入	5634,232,645.07	
營業費用	782,262,048.75		電熱收入	68,062,052.41	
管理費用	2178,454,726.22		路燈收入		
特項開支：			補繳電費收入	1,814,879.79	
戰時損失			自用電度收入	168,537.60	
盈餘：		5,188,156.89			
本期盈餘	5,188,156.89		營業收入：		2,183,855.80
			業務手續收入	2,183,855.80	
			機械租金收入		
			其他業務收入		
			雜項收入：		145,052,533.88
			利息收入	2,143,526.66	
			房地租金收入	2,570,780.34	
			進貨折扣收入		
			售貨利益	177,800.00	
			補助費收入	138,988,601.71	
			匯兌利益		
			物材料盤盈		
			其他雜項收入	1,171,825.17	
			虧損：		
			本期虧損		
合計	10520,599,419.02	10520,599,419.02	合計	10520,599,419.02	10520,599,419.02

總經理　協理　科長　股長　覆核　製表

15

各項費用分類登記表

16

重慶電力股份有限公司各項費用分類統計表

民國 35 年　　月份

自 1 月 1 日起至 12 月 31 日止

科目	發電費用		供電費用		營業費用		管理費用		總計		每月平均金額
	本月份金額	累計金額	本月份金額	累計金額	本月份金額	累計金額	本月份金額	累計金額	本月份金額	累計金額	
薪金		51327961.61		22210436.21		66981124.85		104723219.66		245242742.33	
工資		229904548.56		106787372.51		25687656.03		35808469.67		398188046.77	
生活津貼		806241719.39		342678367.67		311703621.97		449203933.57		1909827642.60	
福利費用		205884160.49		89136166.42		76677383.96		248311888.10		620009598.97	
燃料消耗		2646834810.97								2646834810.97	
潤滑油消耗											
物料消耗		154334629.36		93313164.34		461300.00		51544430.37		299653524.07	
工具消耗											
化驗藥物											
修繕費		2658000.00		29416430.00						32074430.00	
房地租		10000.00		58000.00				6600.00		74600.00	
車旅運費		12007398.00		32855434.50		38890229.50		24729898.00		108482960.00	
廣告費								6438820.00		6438820.00	
財務律務費								6253009.00		6253009.00	
文具印刷費		7916853.80		5249326.96		27090065.24		32753937.03		73010183.03	
郵電費								2893679.53		2893679.53	
自用電度											
醫藥費		1042082.00		25600.00		448140.00		8790282.80		10312104.80	
茶水薪炭		24859598.70		4772255.46				28718636.81		58350490.97	
服裝								7112403.23		7112403.23	
雜支		11014128.00		17615181.00		63000.00		64716323.85		93408632.85	
獎勵酬卹		95526956.03		38212553.31		39644473.64		47278316.81		220662299.79	
保險費								3443070.67		3443070.67	
匯兌虧損											
材料盤損											
呆賬								497484273.76		497484273.76	
稅捐		688632.00		32000.00		142141298.06		26836012.96		169697943.02	
債款利息								207416275.67		207416275.67	
折舊		65546418.00		259170331.50		52023855.50		303542980.15		680283585.15	
書報		31600.00		30000.00				1610200.00		1671800.00	
其他費用		17374857.00		18173500.00		449900.00		18838064.58		54836321.58	
購電費		2161748013.37								2161748013.37	
合計		6494958367.28		1059736119.88		782262048.75		2178454726.22		10515411262.13	

總經理　　協理　　總務科長　　會計科長　　股長　　覆核　　製表

重庆电力股份有限公司损失总结算（时间不详）　0219–2–116

122

重慶電力公司損失總結算

本公司之損失可分為(一)賬上虧損(二)戰時損失(三)折舊不足等三類

(一)賬上虧損

電氣事業人之電價向受政府管制抗戰後政府為免刺激物價極力平抑電價常低至不敷成本故自廿四年正式成立公司以來至廿七年以前每年均略有盈餘廿八年以後有四年均虧折附歷年盈虧表截至卅四年淨虧二、六六七、〇八六元

(二)戰時損失

本公司之戰時損失可分為轟炸損失及運輸損失自廿八年至卅一年之間敵機大事空襲重慶本公司之發電廠為目的之一雖中彈多次幸未中要害故發電部份損失尚微惟供電用電設備遍佈市區每次空襲無不損失慘重均呈報政府有案本公司於廿八年向英國訂購四、五〇〇瓩發電設備一套運抵海防而海

防淪陷被日寇劫奪全部損失又公司尚有一〇〇〇瓩發電設備一套被軍政部徵用茲造具本公司之戰時損失資產簡表照現在國外國內價值計損失美金一、二一九、九三一元及國幣六五四、二七四三二〇元以三、三五〇折合美金一元共計損失國幣四十七億餘元

（三）折舊不足

發電廠各種設備之平均壽命約二十年本公司於廿三年開始發電大部資產雖祇經過十三年之使用四五〇〇瓩發電設備係廿六年裝置祇使用十年但發電設備因八年來之晝夜不息之過重工作從無整修之機會已損壞不堪壽命將盡供用設備經幾年之轟炸亦破壞甚多大部份須棄舊換新換言之本公司須

127

全部重起炉灶立即建設新廠方能達成任務原有資產均須棄置即不致完全成為廢銅爛鐵殘餘價值亦極有限本來一公司應有重置原有資產之折舊準備新計劃超過原有資產者應以增股或發行公司債以籌之問題至為簡單無如政府為平抑物價不准改變折舊方法仍照戰前所付國幣提存準備致截至卅四年年底止所提折舊準備僅一六、七八九、二三二元二角三分以三三五〇折合一美元僅約美金五千元是以本公司之虧損以折舊不足一項為最大本公司之全部資產（附簡表）分別以目前國外國內價格估計共值美金三、四五九、八八七元八角及國幣四、七二九三四七、〇六〇元總計為國幣一六三億餘元全部資產之平均殘餘價值假定為總值之百分之二十約計三三億元折舊不足之損失應為一三〇億元。

重慶電力股份有限公司歷年盈虧表

時期	盈餘	虧損	備攷
民國廿四年	33,898.40		資本總額$2,500,000.-
民國廿五年	386,596.42		
民國廿六年	396,019.47		
民國廿七年	505,784.40		
民國廿八年		68,259.99	資本總額$5,000,000.-
民國廿九年		1,184,240.44	
民國三十年	1,440,102.23		
民國卅一年	5,902,337.08		資本總額$30,000,000.-
民國卅二年	6,360,999.11		
民國卅三年		16,648,482.69	
民國卅四年		8,791,830.71	
合計	$15,025,737.11	$26,692,813.83	

重庆电力股份有限公司战时损失资产简表（时间不详）　0219-2-116

125

重庆电力公司战时损失资产简表

名称	單位	數量	單價(美幣)	單價(國幣)	共價(美幣)	共價國幣	重(噸)量	由渝運費	總價國幣
發電設備	KW	5500	170.00		935000.00	3,132,250,000.00	500	300,000,000.00	3,432,250,000.00
單相電表15A-40A	只	42572	1.30		57876.00	193,884,600.00	4	2,400,000.00	196,284,600.00
單相電表10A以上	〃	171	25.00		4275.00	14,321,250.00	0.3	180,000.00	14,501,250.00
三相電表	〃	1256	50.00		62800.00	210,380,000.00	3.4	2,040,000.00	212,420,000.00
風雨綫	噸	32	1,500.00		48000.00	160,800,000.00	32	19,200,000.00	180,000,000.00
裸銅綫	〃	28	1000.00		28000.00	93,800,000.00	28	16,800,000.00	110,600,000.00
鉛皮綫	呎	96475	.06		5788.50	19,391,475.00	3.5	2,100,000.00	21,491,475.00
膠皮綫	〃	323564	.04		12942.50	43,357,375.00	6	3,600,000.00	46,957,375.00
14KV瓷瓶	只	2822	5.00		14,110.00	47,268,500.00	12	7,200,000.00	54,468,500.00
5KV瓷瓶	〃	393	3.50		1375.50	4,607,925.00	0.7	420,000.00	5,027,925.00
避雷器	只	48	300.00		14400.00	48,240,000.00	0.6	360,000.00	48,600,000.00
鋼絲	呎	51180	.30		15354.00	51,435,900.00	1.7	1,020,000.00	52,455,900.00
分電站設備					20000.00	67,000,000.00	10	6,000,000.00	73,000,000.00
低壓瓷瓶	只	3289		1600.00		5,262,400.00			5,262,400.00
透平油	加侖	65		11,000.00		715,000.00			715,000.00
[illegible]棚油	〃	8956		13000.00		116,428,000.00			116,428,000.00
直脚瓷瓶	只	4377		2400.00		10,504,800.00			10,504,800.00
彎脚瓷瓶	〃	2457		2400.00		5,896,800.00			5,896,800.00
羊角保險	〃	3774		1200.00		4,528,800.00			4,528,800.00
角鉄	根	1464		29240.00		42,807,360.00			42,807,360.00
扁鉄	〃	2781		1760.00		4,894,560.00			4,894,560.00
横担		[illegible]		1650.00		808,500.00			808,500.00
木桿		1226		58,000.00		71,108,000.00			71,108,000.00
[illegible]場口分電站						30,000,000.00			30,000,000.00
合計					~~1,219,921.50~~ 944,921.50	~~4,379,691,245.00~~ 3,458,441,245.00	602.2	361,320,000.00	~~4,741,011,245.00~~ 3,819,761,245.00

126

重慶電力公司資產簡表

資產名称	單位	數量	單價(美金)	單價(國幣)	共價(美金)	共價(國幣)	重(噸)量	申渝運費	總值(國幣)
發電設備	KW	11000	170.00		1,870,000.00	6,264,500,000.00	800	480,000,000.00	6,744,500,000.00
变壓器	KVK	48170	16.00		770,720.00	2,581,912,000.00	4370	2,622,000,000.00	5,203,912,000.00
裸銅綫	噸	213	1000.00		213,000.00	713,550,000.00	213	127,800,000.00	841,350,000.00
風雨綫	〃	106	1,500.00		159,000.00	532,650,000.00	106	63,600,000.00	596,250,000.00
木桿	根	7691		58,000.00		446,078,000.00			446,078,000.00
14KV針式瓷瓶	只	5568	2.00		11,136.00	37,305,600.00	10	6,000,000.00	43,305,600.00
14KV吊式瓷瓶	〃	740	5.00		3,700.00	12,395,000.00	3	1,800,000.00	14,195,000.00
5KV針式瓷瓶	〃	8436	.80		6,748.80	22,608,480.00	9½	5,700,000.00	28,308,480.00
5KV吊式瓷瓶	〃	1054	3.50		3,689.00	12,358,150.00	2	1,200,000.00	13,558,150.00
低压針式瓷瓶	〃	21100		1600.00		33,760,000.00			33,760,000.00
避雷器	〃	96	300.00		28,800.00	96,480,000.00	1	600,000.00	97,080,000.00
鐵塔	座	6		5,600,000.00		33,600,000.00	24		33,600,000.00
單相表(1½A-10A)	只	13425	13.00		174,525.00	584,658,750.00	11	6,600,000.00	591,258,750.00
單相表10A以上	〃	875	25.00		21,875.00	73,281,250.00	1½	900,000.00	74,181,250.00
三相表	〃	757	50.00		37,850.00	126,797,500.00	2	1,200,000.00	127,997,500.00
表用变流器	〃	834	36.00		30,024.00	100,580,400.00	3½	2,100,000.00	102,680,400.00
鉛皮綫	圈	592	30.00		17,760.00	59,496,000.00	10½	6,300,000.00	65,796,000.00
膠皮綫	〃	5313	20.00		106,260.00	355,971,000.00	49	29,400,000.00	385,371,000.00
直脚磁瓶	只	26875		2400.00		64,500,000.00	18		64,500,000.00
湾脚磁瓶	〃	19889		2400.00		47,733,600.00	15		47,733,600.00
手用保險	〃	17162		1200.00		20,594,400.00	5		20,594,400.00
表用变压器	〃	12	400.00		4,800.00	16,080,000.00	2	120,000.00	16,200,000.00
铁盒保險	〃	36		14,000.00		504,000.00			504,000.00
表箱	〃	15575		1,500.00		23,362,500.00			23,362,500.00
扁鐵	吨	2781		1,760.00		3,894,560.00	2		3,894,560.00
廠房						700,000,000.00			700,000,000.00
總計					3,459,887.80	12,964,641,190.00		3,355,520,000.00	16,319,971,190[illegible]

重庆电力股份有限公司资产简表（时间不详） 0219-2-116

重庆电力股份有限公司损失资产总表（时间不详） 0219-2-116

128

重慶電力公司損失總表

損失類別	美金	國幣	共計(國幣)
賬上虧損		11,667,086.00	$ 11,667,086.00
戰時損失	1,219,920.00	654,274,220.00	$ 4,741,011,245.00
折舊不足	2,767,910.00	3,783,477,648.00	$ 13,055,976,942.00
總計	3,987,830.00	4,449,418,954.00	$ 17,808,655,283.00

總計虧國幣178億元係以目前國內國外器材價格申渝運費及美匯牌價3,350元計算如國內國外材料價格申渝運費及外匯牌價有變動時損失數字應隨之調整。

重庆电力股份有限公司一九三六年至一九四五年折旧表（时间不详） 0219-2-116

128

重慶電力股份有限公司歷年折舊表

時期	分計		累計	
民國廿五年	129.492	52	129.492	52
民國廿六年	125.162	44	254.654	96
民國廿七年	264.573	15	519.228	09
民國廿八年	336.770	31	855.988	42
民國廿九年	362.548	84	1.227.124	33
民國三十年	478.504	36	1.696.851	62
民國卅一年	2.534.132	75	4.230.984	37
民國卅二年	2.973.248	37	7.204.232	74
民國卅三年	3.449.831	12	10.654.063	86
民國卅四年	6.135.168	37	16.789.232	23
合計	$16.789.232	23	$16.789.232	23

重庆电力股份有限公司一九三六年至一九四五年发付股红息数额表（时间不详） 0219-2-116

重慶電力股份有限公司歷年發付股紅息數額表

年度	發付 股息	發付 紅息	共計	備攷
民國廿五年度	八厘	七厘	一分五厘	
民國廿六年度	八厘	四厘	一分二厘	
民國廿七年度	八厘	六厘	一分四厘	
民國廿八年度	〇	〇	〇	本年度虧損無股紅息
民國廿九年度	八厘	〇	八厘	本年度虧損由卅年度盈餘項下撥付
民國卅年度	八厘	〇	八厘	
民國卅一年度	八厘	〇	八厘	
民國卅二年度	八厘	二厘	一分	
民國卅三年度	八厘	〇	八厘	本年度虧損由股東大會決議仍發股息八厘
民國卅四年度	八厘	〇	八厘	〃 〃 〃

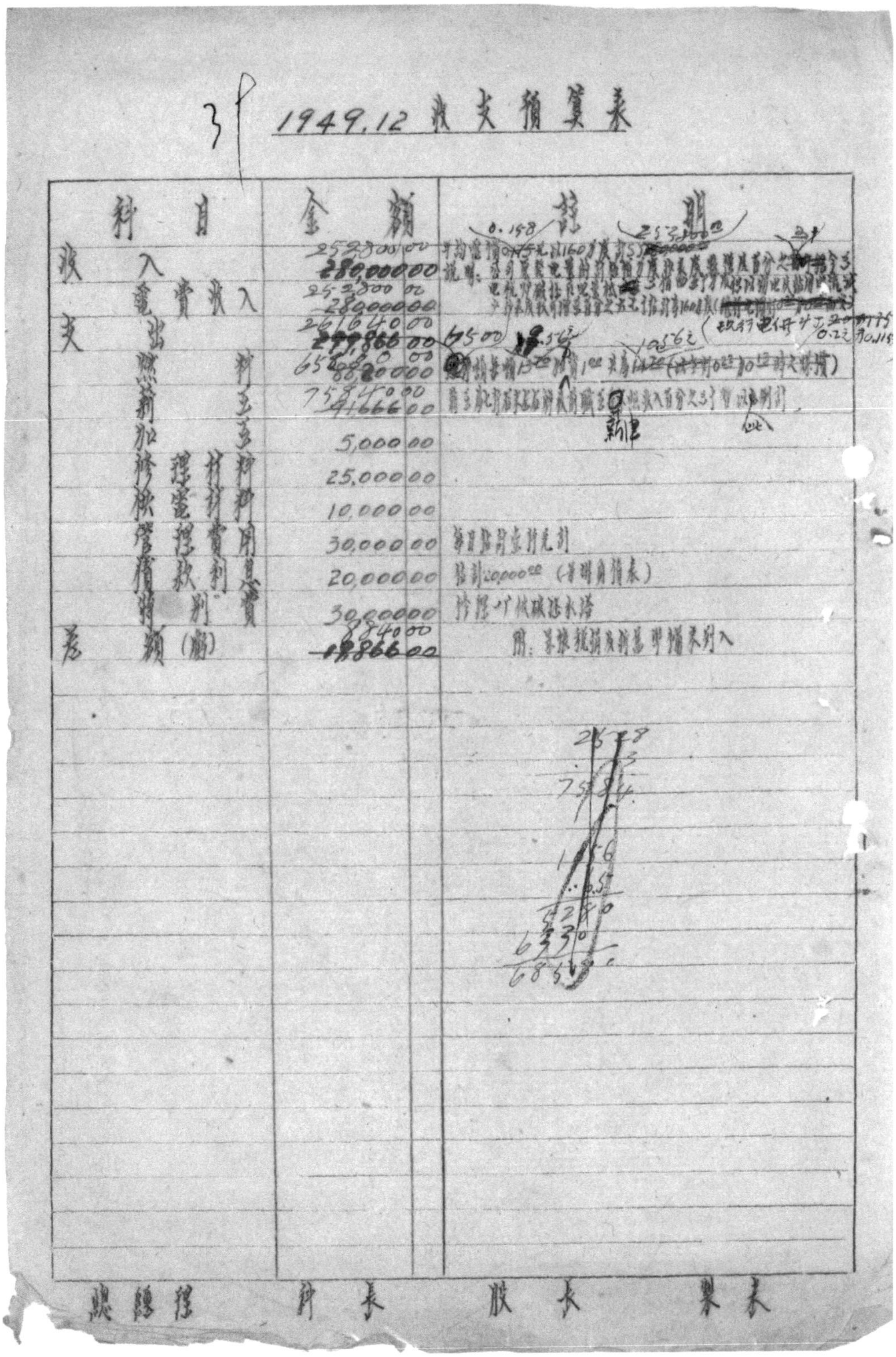

重庆电力股份有限公司一九四九年十二月收支预算表（时间不详） 0219-2-191

重庆电力股份有限公司会计科收支情况及弥补办法（时间不详） 0219-2-270

會計部门

(一)收支情況

公司電價因受官制，收入難成固定，而需用之燃煤五金器材不問其價格如何，然發電所需均屬不能減少，故使收支失去平衡，每月不敷之數約計九億餘元之中間，除追收應欠外，完全舉債以應物價波動不已，今所欠者有增無已，截至本年六月，負債達三十三億四千餘萬元之多（參看附表）。全向國家銀行同地方銀行息借而來，各種困難情況至目前尤屬無法

改善

(二)弥补办法

公司负债之钜已如上段所述，举债维持终属饮鸩止渴，原非得已。故求更生，实非增加收入、减轻负债不可。开拓收入来源，应从增加电价入手。目前电价之廉已如（电价问题）一节所述，应将不公允之官制评（注）解放核计所需之燃煤、五金、电器三种材料、工资、帐拆息等之实际开支，求本身以合理调整，使收支平衡，不能挽救崩溃。其次应请四联总处

16

放大借款金額俾在緊急當中有活動支付不受行莊高利借貸減少營害事業及圖解救之方除已電請四聯總處外當稟此為呼籲呈請

重庆电力股份有限公司电一煤厂资产估计表（时间不详） 0219-2-273

6

重慶電力股份有限公司

電一煤廠資產估計表

1、鑛區一萬二仟餘公畝（儲量最少在五十萬噸以上）

2、建有滑拖路一段長計約一公里建造費估計約值六億元

3、滑拖路路基約六畝每畝估價三仟萬元應值一億八仟萬元

4、鑛場辦公房七座計平房十八間估價約值八億元

7

重慶電力股份有限公司

5、職員宿舍一座计二十间估價约值五億元

6、工人宿舍三座计三十四间估價约值四億弍千萬元

7、萬家墕辦公房一座计十二间估價约值二億四千萬元

8、萬家墕車站工人宿舍二座计房十二间估價约值山億弍千萬元

9、白庙子辦公房一座计房十八间估價

8

重慶電力股份有限公司

約值八億元
10，廠地約八畝每畝估價三千萬元計值
價弍億四千萬元
11，坑道內安置有鉄板路一段約七百
四十公尺長估價約值七億弍千萬元
以上共計約值肆拾億零弍千萬元主要之坑道建
設費用無法估價故未列入其餘工具
家俱亦未計價

9

重慶電力股份有限公司電一煤廠現有資產估計表

資產名称	數量	約值金額
鑛區	一萬二仟餘公畝（儲量最少在七十萬噸以上）	
建有滑拖路一段	長約壹公里建造費估計	六億元
滑拖路上基	約六畝每畝估價三千萬元	一億八千萬元
鑛場辦公房一座	計本房十八間估價	八億元
職員宿舍一座	計二十四間估價	五億元
工人宿舍三座	計三十四間估價	四億二千萬元
萬家墕办公房一座	計十二間估價	二億四千萬元
萬家墕車站工人宿舍一座	計房十二間估價	一億二千萬元
白庙子办公房一座	計房十八間估價	八億元
廠地	約八畝每畝估價三千萬元	二億四千萬元
坑道内安置有鉄板路一段	約一百四十公尺長估價	一億二千萬元

以上共計約值肆拾億另式仟萬元主要之坑道之建設費用無法估價故未列入其餘工具家俱亦未計價。

重庆电力股份有限公司编制职工工资表注意事项（时间不详）　0219-2-196

重慶電力股份有限公司

營業要目　電燈　電力　電熱　各項工業用電

(一)、編造月半工資表時除工數加工數外另加百分之五十工資及戰時生活津貼半月
(二)、編造月終工資表時除正工數加工數外另加百分之五十工資及戰時生活津貼全月。
(三)、應扣工資應于編造工資册時每名扣除不必列總數。
(四)、工資不滿半月者應于備考欄內註明。
(五)、進退工友應于表上備考欄內註明並應先期通知會計科

尊處如有賜領事項請　惠臨敝公司接洽無不竭誠歡迎

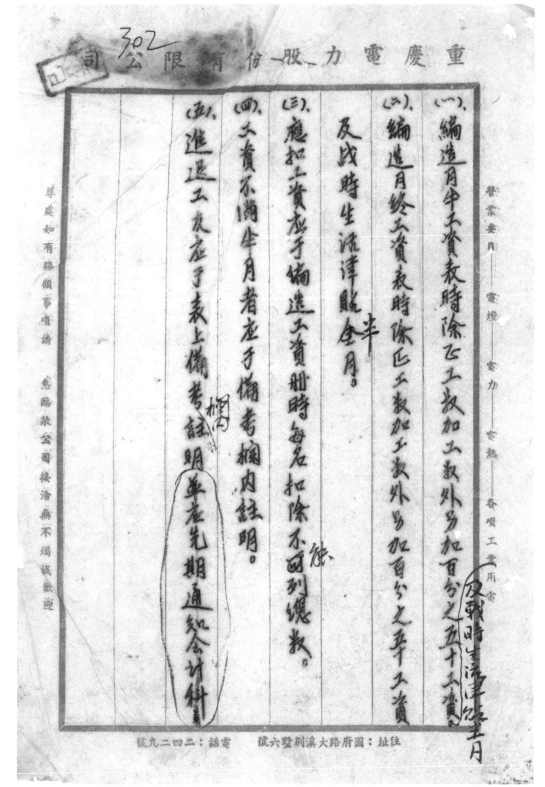

住址：國府路大溪別墅六號　電話：二四二九二號

56

重慶電力公司第一計劃經費預算表

摘要	數量	美金	國幣	附註
10000瓩透平發電機連附屬設備	3	1,080,000		瑞士白朗拔代利廠報價
10000瓩透平機之河邊起水及循環水泵	3	240,000		〃
電氣控制設備及廠用變壓器		99,000		〃
發電部份設備由瑞士至上海運費		411,000		〃
10000瓩蒸汽鍋爐	4	2,600,000	19,500,000,000	根據西屋報價估計
起煤起重設備		300,000		估計
鍋爐部份由美國至上海運費保險		580,000		以出廠價之20%估計
關稅		530,000		以上海交貨總價之10%計算
全部器材自上海至重慶運費			1,200,000,000	以2000噸每噸六十萬估計
新廠建築費			2,000,000,000	照目前工價料價估計
安裝費			1,500,000,000	〃
總計		US$5,840,000	$24,200,000,000	

重庆电力股份有限公司第一计划经费预算表（时间不详） 0219-2-187

重庆电力股份有限公司第二计划经费预算表（时间不详） 0219-2-187

5

重慶電力公司第二計劃經費預算表 卅五年十月造

摘要	數量	美金	國幣	附註
4500瓩透平發電機	4	760,000.	9,380,000,000.	上海交貨
4500瓩蒸汽鍋炉	5	1,100,000.		〃
增加電氣控制設備		40,000.		〃
起煤送水冷水設備		400,000.		〃
現有機炉整修配件		250,000.		〃
關稅		255,000.		10%
全部器材自上海運重慶運費			840,000,000.	以14000噸每噸六十萬估計
建築費			1,500,000,000.	照目前工價料價估計
安裝用器材及工資			1,000,000,000.	〃
舊機炉拆裝費用			600,000,000.	〃
總計		US$2,800,000.	13,320,000,000.	

重庆电力股份有限公司其他营业外支出明细表（时间不详） 0219-2-286

293

重慶電力公司

其他營業外支出明細表

編製單位：　　　　年　月　日　　　　第　頁

科目及摘要	金額	說明
增產捐獻高射炮款	750,000,000.00	
陳舊材料損失	836,080.00	
回產退押	1,981,900.00	
資訓人員津貼	5,610,232.00	
雜項其他	~~319,776,763.30~~ 319,826,763.30	
工展會費用	68,916,260.00	
罰金	83,820.00	
小計	~~1,161,155,704.30~~ 1,161,205,704.30	
財務費用	~~327,038,800.00~~	已付來
[illegible]支出	307,038,800.00	
盈虧整理—借記		
1949年累計盈虧	12,013,800.00	
1950年〃〃	81,218,319.00	
小計	93,232,119.00	
	1,254,743,072.30	

經理　　會計科長　　帳務股長　　審核　　製表

重庆电力股份有限公司业务科收费股账务说明（时间不详） 0219-2-295

65

重慶電力股份有限公司

業務科收費股帳務說明

（一）主管帳簿名稱：1、電費分類登記簿 2、電費分戶帳

（二）會計科目及使用方法：本股分類簿在會計上之科目 1、「應收帳款」凡票據股之新製本股收繳及註銷概屬該科目 2、「備收款項」即本股另法收費據轉備收股辦理

（三）根據入帳之原始單據名稱：分類簿根據票據股支出傳票及收費員繳款送單

（四）記帳方法：分類帳記帳方法每日照會計科目使用法製成之收支傳

66

重慶電力股份有限公司

票之據股之新製票據額記借方其將收繳、註銷、及撥轉催收額均記貸方

(五)與總帳之關係之分類登記簿爲總分類帳。應收帳款、分類帳户之補助記錄

(六)與有關各部帳目之關係之分類帳每日收支總款與票據出納催收股記錄核對

(七)附記之第(一)項之第又為便利本股內部查核票據之收發與總部有關

十月廿日

重庆电力股份有限公司薪给表（时间不详） 0219-2-45

薪給表

差額	薪給	職別 / 薪額	總經理	協理	總工程師	科長	主任工程師	工程師	主任	副工程師	工務員	科員	助理工務員	學習工務員	工務練習生	練習生
共三級每級差五十元	一	800.00														
	二	750.00														
	三	700.00														
共四級每級差四十元	四	660.00														
	五	620.00														
	六	580.00														
	七	540.00														
共四級每級差三十元	八	510.00														
	九	480.00														
	十	450.00														
	一一	420.00														
共八級每級差二十元	一二	400.00														
	一三	380.00														
	一四	360.00														
	一五	340.00														
	一六	320.00														
	一七	300.00														
	一八	280.00														
	一九	260.00														
共八級每級差十五元	二十	245.00														
	二一	230.00														
	二二	215.00														
	二三	200.00														
	二四	185.00														
	二五	170.00														
	二六	155.00														
	二七	140.00														
共七級每級差十元	二八	130.00														
	二九	120.00														
	三十	110.00														
	三一	100.00														
	三二	90.00														
	三三	80.00														
	三四	70.00														
共七級每級差五元	三五	65.00														
	三六	60.00														
	三七	55.00														
	三八	50.00														
	三九	45.00														
	四十	40.00														
	四一	35.00														
共三級每級差四元	四二	30.00														
	四三	26.00														
	四四	22.00														
共一級差二元	四五	20.00														
			由三四〇元起支到八〇〇元止計十五級	由三二〇元起支到七五〇元止計十五級	由四〇〇元起支到八〇〇元止計十二級	由一五五元支到五八〇元止計二十一級	由二〇〇元起支到五四〇元止計十七級	由一二〇元起支到四八〇元止計二十一級	由七〇元起支到二四五元止計十五級	由一〇〇元起支到三二〇元止計十六級	由六〇元起支到二〇〇元止計十四級	由三五元起支到一五五元止計十六級	由五〇元起支到一四〇元止計十二級	起支額[illegible]元學習期滿即升工務員薪級開支	由三〇元起支到八〇元止計十級	由二〇元起支到三五元止計五級

備註

一、查各級職員起支薪額雖經明白規定但因新進者之學術技術以及資格地位之不同得酌量決定起支薪級計由[illegible]總經理協理斟酌起支中等以上職員須經董事會斟酌決定之

二、各級職員於每年年終須全體總考核成績一次成績優良服務勤慎者得晉升一級如成績不佳并不勤慎者得停止晉級或降低一級至平時對于服務有特殊勞績者得由主管人隨時簽請晉級或特別獎勵之

三、練習生初次進入公司試用期間限為三個月在此三個月內照第四十五級起支薪額期滿須考核成績決定取錄成績優良者得分別晉級以資激勵

重庆电力股份有限公司经济状况（时间不详） 0219-2-116

4

重慶電力股份有限公司

一、收支不平衡（附表）

二、每月週轉不靈

三、每月煤款墊付之款無法支付支付以致又無法彌補

四、機關半數三分之一優待之損失及政府補貼三分之一之迄未兌現

五、竊電損失集團·竊電·電之遍無法取締

5

重慶電力股份有限公司

六、收費困難應收電費與實收電費差額甚鉅百分之十

七、器材缺乏應加放之保險及應擴大之線路加裝之變電所需添購電表現有材料配件之添配

八、新機材料款之償付及建造費用之籌集

6

重慶電力股份有限公司

外滙漲高，致器材多半來自外國，年來添置各項國內物價亦逐日上漲，而電價基本部份年餘未加調整，因燈價漲落而有之燈價調整，每隔兩月始方能收取，除燈價外補償其他部分外，未稍彌補，茲補其缺

重慶電力公司損失說明

本公司之損失可分為(一)賬上虧損(二)戰時損失(三)折舊不足等三類。

(一)賬上虧損

電氣事業人之電價向受政府管制抗戰後政府為免刺激物價極力平抑電價常低至不敷成本故自廿四年正式成立公司以來至廿七年以前每年均略有盈餘廿八年以後有四年均虧折附歷年盈虧表截至卅四年净虧一一.六六七.〇八六元。

(二)戰時損失

本公司之戰時損失可分為轟炸損失及運輸損失自廿八年至卅一年之間敵機大事空襲重慶本公司之發電廠為目標之一幸中彈多次均未命中故發電部份損失尚微惟供電用電設備遍佈市區每次空襲無不損失慘重均呈報政府有案本公司於廿八年向英國訂購四五〇〇瓩發電設備一套運抵海防而海防淪陷被日寇劫奪全部損失又公司尚有一〇〇〇瓩發電設備一套被軍政部征用並造具本公司之戰時損失資產簡表照現在國外國內價值計損失美金九四四九二一.五〇元及國幣六五四二七九二二〇〇〇元以三三五〇折合美金一元共計損失

(一)

三八億餘元。

（三）折舊不足

發電廠各種設備之壽命約二十年本公司於廿三年開始發電大部份資產已經過十三年之使用四、五〇〇。現發電設備係廿六年裝置亦已十年發電設備因八年來之晝夜不息之過重工作已損壞不堪壽命將盡供用設備經幾年之轟炸亦破壞甚多大部份須棄舊換新換言之平均已過百分之七十以上之壽命並有重置原有設備之百分之七十以上之折舊準備本公司之全部資產（附簡表）分別以目前國外國內價格估計共值美金二六、九〇九、八八七元及國幣四、七二九、三四七、〇六〇元總計為國幣一四四億餘元百分之七十以上之折舊準備應為百億元無如政府為平抑電價不准改變折舊方法仍照戰前所付國幣提存準備致截至廿四年底止所提折舊準備僅一六、七八九、二三二六元二角三分幾等於零是以本公司之虧損以折舊不足約百億元為最大。

（一）

10

重慶電力股份有限公司歷年盈虧表

時期	盈餘	虧損	備攷
民國廿四年	33,898.40		資本總額二百五十萬
民國廿五年	386,596.42		
民國廿六年	396,019.47		
民國廿七年	505,784.40		
民國廿八年		68,259.99	資本總額五百萬元
民國廿九年		1,184,240.44	
民國三十年	1,440,102.23		
民國卅一年	5,902,327.08		資本總額三千萬元
民國卅二年	6,360,999.11		
民國卅三年		16,648,482.69	
民國卅四年		8,791,830.71	
合計	＄15,025,727.11	＄26,292,813.83	

(二)

重慶電力股份有限公司歷年折舊表

時期	分計	累計
民國廿五年	129.492.52	129.492.52
民國廿六年	125.162.44	254.654.96
民國廿七年	264.573.15	519.228.09
民國廿八年	336.770.31	855.988.42
民國廿九年	362.748.84	1.227.124.33
民國三十年	478.504.36	1.696.851.62
民國卅一年	2.534.132.75	4.230.984.37
民國卅二年	2.973.248.37	7.204.232.74
民國卅三年	3.449.381.12	10.654.063.86
民國卅四年	6.135.168.37	16.789.232.23
合計	$16.789.232.23	$16.789.232.23

（二）

(1

重慶電力股份有限公司戰時損失資產簡表

名稱	單位	數量	單價(美幣)	單價(國幣)	共價美幣	共價國幣	重量(噸)	申渝運費	總價國幣
發電設備	KV	5500	120.00		660,000.00	2,211,000,000.00	500	300,000,000.00	2,511,000,000.00
單相電表1.5—10A	只	4252	15.00		57,876.00	193,884,600.00	4	2,400,000.00	196,284,600.00
單相電表10A以上	〃	171	25.00		4,275.00	14,321,250.00	0.3	180,000.00	14,501,250.00
三相電表	〃	1256	50.00		62,800.00	210,380,000.00	3.4	2,040,000.00	212,420,000.00
風雨綫	噸	32	1,500.00		48,000.00	160,800,000.00	32	19,200,000.00	180,000,000.00
裸銅綫	〃	28	1,000.00		28,000.00	93,800,000.00	28	16,800,000.00	110,600,000.00
鉛皮綫	呎	96475	.06		5,788.50	19,391,475.00	3.5	2,100,000.00	21,491,475.00
膠皮綫	〃	323564	.04		12,942.50	43,357,375.00	6	3,600,000.00	46,957,375.00
14KV磁瓶	只	2822	5.00		14,110.00	47,268,500.00	12	7,200,000.00	54,468,500.00
5KV磁瓶	〃	593	3.50		1,375.50	4,607,925.00	0.7	420,000.00	5,027,925.00
避電器	〃	48	300.00		14,400.00	48,240,000.00	0.6	360,000.00	48,600,000.00
鋼綫	呎	51180	.30		15,354.00	51,435,900.00	1.7	1,020,000.00	52,455,900.00
分電站設備					20,000.00	67,000,000.00	1.0	6,000,000.00	73,000,000.00
低壓磁瓶	只	3289		1,600.00		5,262,400.00			5,262,400.00
透平油	加侖	65		11,000.00		715,000.00			715,000.00
方棚油	〃	8956		13,000.00		116,428,000.00			116,428,000.00
直脚磁瓶	只	4377		2,400.00		10,504,800.00			10,504,800.00
彎脚磁瓶	〃	2457		2,400.00		5,896,800.00		292,954,220.00	5,896,800.00
羊角保險	〃	3774		1,200.00		4,528,800.00			4,528,800.00
角鉄	根	1464		29,240.00		42,807,360.00			42,807,360.00
扁鉄	〃	2781		1,760.00		4,894,560.00			4,894,560.00
横担	〃	49		16,500.00		808,500.00			808,500.00
木桿	〃	1226		58,000.00		71,108,000.00			71,108,000.00
較場口分電站						30,000,000.00			30,000,000.00
合計					944,921.50	3,458,441,245.00		361,520,000.00	3,819,761,245.00

12

重慶電力股份有限公司資產簡表

資產名称	單位	數量	單價美金	單价國幣	共價(美金)	共價(國幣)	車量(輛)	申渝運費	總值(國幣)
發電設備	KW	11000	120.00		1,320,000.00	4,422,000,000.00	800	480,000,000.00	4,902,000,000.00
變壓器	KVA	48170	16.00		770,720.00	2,581,912,000.00	4370	2,622,000,000.00	5,203,912,000.00
裸銅綫	噸	213	1000.00		213,000.00	713,550,000.00	213	127,800,000.00	841,350,000.00
風雨綫	〃	106	1500.00		159,000.00	532,650,000.00	106	63,600,000.00	596,250,000.00
14KV針式磁瓶	〃	5568	2.00		11,136.00	37,305,600.00	10	6,000,000.00	43,305,600.00
14KV吊式磁瓶	〃	740	5.00		3,700.00	12,395,000.00	3	1,800,000.00	14,195,000.00
5KV針式磁瓶	〃	8436	80		6,748.80	22,608,480.00	9½	5,700,000.00	28,308,480.00
5KV吊式磁瓶	〃	1054	350		3,689.00	12,358,150.00	2	1,200,000.00	13,558,150.00
避雷器	〃	96	300.00		28,800.00	96,480,000.00	1	600,000.00	97,080,000.00
單相表(1½A-10A)	〃	13425	13.00		174,525.00	584,658,750.00	11	6,900,000.00	591,558,750.00
單相表10A以上	〃	875	25.00		21,875.00	73,281,250.00	1½	900,000.00	74,181,250.00
三相表	〃	757	50.00		37,850.00	126,797,500.00	2	1,200,000.00	127,997,500.00
表用變流器	〃	834	36.00		30,024.00	100,580,400.00	3½	2,100,000.00	102,680,400.00
鉛皮綫	圈	592	30.00		17,760.00	59,496,000.00	10½	6,300,000.00	65,796,000.00
膠皮綫	〃	5313	20.00		106,260.00	355,971,000.00	49	29,400,000.00	385,371,000.00
表用變壓器	只	12	400.00		4,800.00	16,080,000.00	2	120,000.00	16,200,000.00
木桿	根	7691		58,000.00		446,078,000.00			446,078,000.00
低压針式磁瓶	只	21110		1,600.00		33,760,000.00			33,760,000.00
鐵塔	座	6		5,600,000.00		33,600,000.00	24		33,600,000.00
直脚磁瓶	只	26875		2,400.00		64,500,000.00	18	3,374,027,000.00	64,500,000.00
彎脚磁瓶	〃	19889		2,400.00		47,733,600.00	15		47,733,600.00
手用保险	〃	17162		1,200.00		20,594,400.00	5		20,594,400.00
鐵盒保險	〃	36		1,400.00		504,000.00			504,000.00
表箱	〃	15575		1,500.00		23,362,500.00			23,362,500.00
扁鐵塊		2781		1,700.00		3,894,560.00	2		3,894,560.00
廠房						700,000,000.00			700,000,000.00
總計					2,909,897.80	11,122,151,190.00		3,355,320,000.00	14,477,471,190.00

17

重慶電力股份有限公司損失總表

損失類別	美金		國幣		共計（國幣）	
賬上虧損			11.667.086	00	11.667.086	00
戰時損失	944.921	50	654.274.220	00	3.819.761.245	00
折舊不足	2.036.920		3.310.447.840	00	10.134.229.843	00
總計	2.981.841.	50	3.976.389.156	00	13.965.658.174	00

總計虧損國幣139億餘元係以目前國內國外器材價格申渝運費及美滙牌價3.350元計算，如國內國外材料價格申渝運費及外滙牌價有變動時損失數字應隨之調整。

重慶電力公司歷年發付股紅息數額表

年度	發付		共計	備攷
	股息	紅息		
民國廿五年度	八厘	七厘	一分五厘	
民國廿六年度	八厘	四厘	一分二厘	
民國廿七年度	八厘	六厘	一分四厘	
民國廿八年度	0	0	0	本年度虧損無紅息、
民國廿九年度	八厘	0	八厘	本年度虧損由卅年度盈餘項下撥付。
民國三十年度	八厘	0	八厘	
民國卅一年度	八厘	0	八厘	
民國卅二年度	八厘	二厘	一分	
民國卅三年度	八厘	0	八厘	本年度虧損由股東大會決議借支股息八厘
民國卅四年度	八厘	0	八厘	〃 〃 〃

14

公用事業價格比較表

名称	单位	二十六年價(元)格		三十五年價(元)格		倍数
市區公共汽車	票	0	09	400	00	4444
自來水	公噸	0	35	1,400	00	4000
輪渡	票	0	06	180	00	3000
電力	度	0	11	249	20	2265
電灯	〃	0	28	249	20	925

物價与電價比較表

名称	單位	二十六年價(元)格	三十五年價格	倍數
方棚油	加侖	0.50	12,000.00	24,000
扒的膠皮線	圞	3.00	20,000.00	6667
1-10安倍電表	個	10.00	60,000	6,000
烟煤	挑	0.80	4200.00	5250
電力	度	0.11	249.20	2265
中熟米	市斗	1.31	2,800.00	2129
電燈	度	0.28	259.20	925

热力试验室仪器设备费用表 概算

名称	数量	规格	用途	单价	
水银温度计	10根 10	32°–150°F 150–1000°F	测蒸汽温 水温	150,000 150,000	[illegible]
热偶式温度计	2	100°–1500°F	测烟温 风温	4,800,000	9,600,000
斜管式风力計	2		测风道及烟道压力	4,600,000	9,200,000
博登管式压力表	2		测蒸汽压力及水压力	5,000,000	10,000,000
二氧化碳表	2		测煤燃烧成分	5,200,000	10,400,000
异腔式流量表	1		测空气流量	9,000,000	9,[illegible],000
细颈管式流量表	1		测蒸汽及给水流量	8,500,000	8,500,000
磅秤	2架	秤量1吨	磅水用	2,000,000	4,000,000
水抵抗机械设备	2套		调整发电负荷用	3,500,000	7,000,000
其他					10,000,000
共計					$80,700,000

注意 (1) 以上设备係供局属两厂用
(2) 试验室房屋建築未计在内

热力实验室仪器设备费用表（时间不详） 219-2-261

30

化驗室設備及藥品預算表

品名	規格	單位	數量	單價	總價
分析天秤(附砝碼)	靈敏度1/10000 g.	具	1	14,000,000	14,000,000
普通天秤 〃	〃 百g.	〃	1	2,500,000	2,500,000
台秤 〃(2kg)	〃 克g.	〃	1	1,500,000	1,500,000
高溫電氣炉(附測溫裝置)	220V. 1400°C	〃	1	8,000,000	8,000,000
恒溫電烘箱(附溫度計)	220V. 0-260°C	〃	1	7,500,000	7,500,000
煤揮發物定量分析電炉(連變阻器)		〃	1	8,000,000	8,000,000
球式測熱器 Bomb calorimeter parr		〃	1	45,000,000	45,000,000
渾濁度計 Jackson candle meter		〃	1	2,000,000	2,000,000
電動離心器		〃	1	1,500,000	1,500,000
色度計 color comparator		〃	1	2,500,000	2,500,000
氫游子濃度計 pH electro meter		〃	1	1,500,000	1,500,000
烟道氣分析器 orsat		〃	1	1,500,000	1,500,000
燃點計(開口式)	附溫度計360°C	〃	1	1,000,000	1,000,000
粘度計 Redwood 附溫度計	30–110°F 100–180°F 170–250°F 接受瓶50cc	〃	1	3,000,000	3,000,000
白金坩堝	30 g.	只	2	9,000,000	18,000,000
鎳坩堝		〃	4	100,000	400,000
銅水鍋	dia. 18 cm.	〃	4	35,000	140,000
坩堝鉗子		〃	4	15,000	60,000
跑錶		〃	1	1,000,000	1,000,000
白鉄盤(長40cm、寬25cm高30cm)		〃	5	10000	50,000
普通電炉		〃	2	30000	60000
本生燈灯(附酒精裝置)		〃	2	150,000	300,000
篩子	5重 40-120孔	套	1	300,000	300,000
研缽(鉄)		〃	1	50000	50000
膠皮管夾		只	5	10,000	50,000
螺旋夾		〃	5	20000	100,000
石綿鉄絲網		〃	6	4,000	24,000
鉄高架(曲頸瓶架)		〃	4	45,000	180,000
10-foot copper coil		〃	1	50000	1500,000
試管刷，滴管刷		〃	2	3,000	6,000

七、其他

重庆市政府关于重庆电力工厂登记单（一九三七年七月） 0219-2-191

143

字第　　號

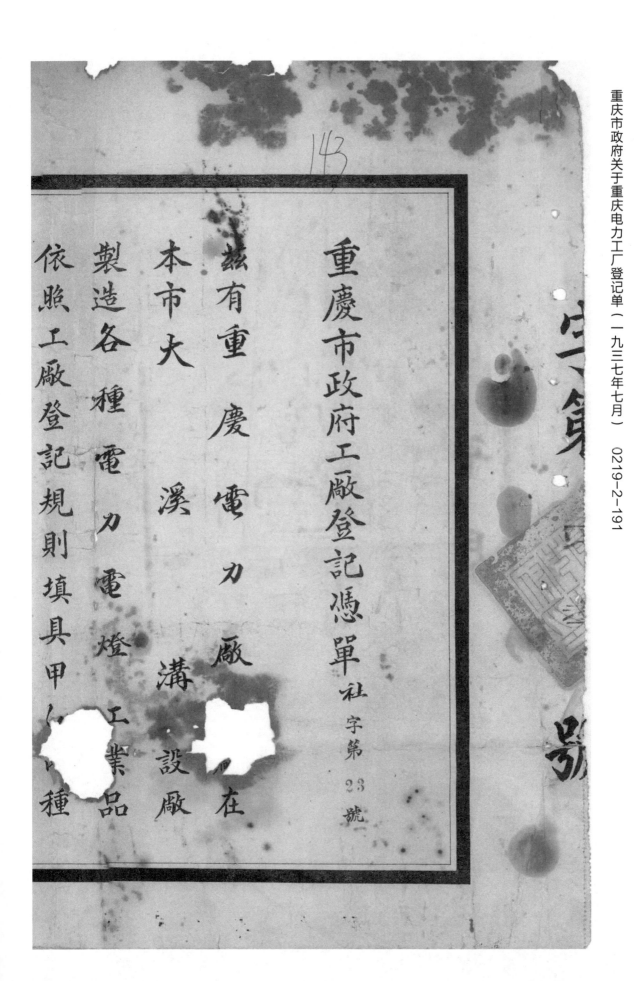

重慶市政府工廠登記憑單 社字第23號

茲有重慶電力廠[illegible]在

本市大溪溝設廠

製造各種電力電燈工業品

依照工廠登記規則填具甲[illegible]種

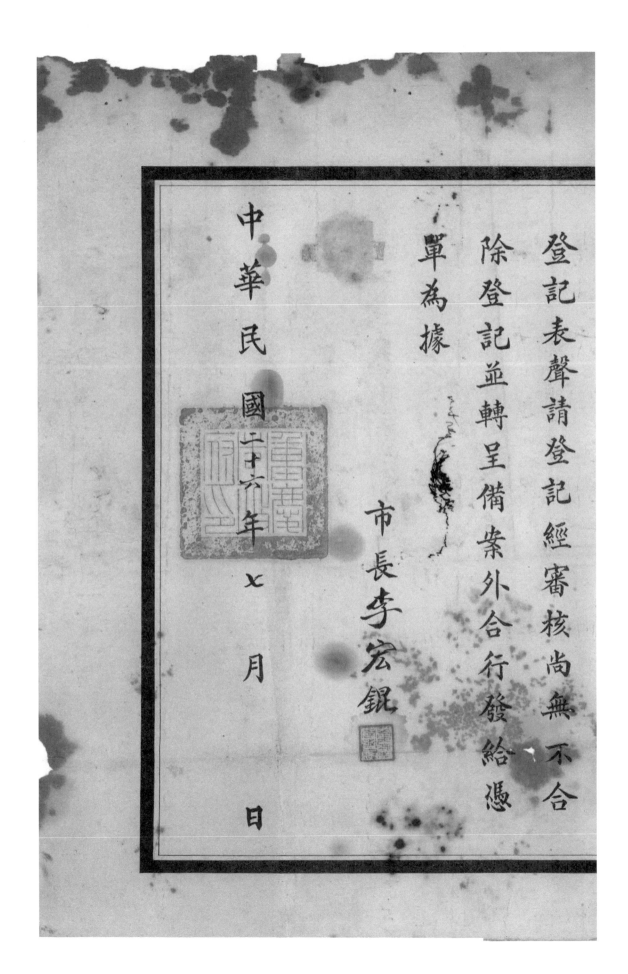

登記表聲請登記經審核尚無不合除登記並轉呈備案外合行發給憑單為據

市長李宏錕

中華民國二十六年七月　日

重庆市社会局关于重庆电力股份有限公司依法申请登记给该公司的通知（一九四二年五月二十二日） 0219-2-191

重慶市社會局通知

社九二三一九〇

民國三十一年五月二十二日

案奉

經濟部卅一年五月十四日商字第八〇七七訓令，以該公司成立多年未據呈准登記，雖有案可稽，仰飭於文到一月內依法聲請登記，如逾期延不遵行，即移送法院依公司法第二百三十一條處罰等因。奉此，合行通知，仰即遵照依法聲請登記為要。

右通知重慶電力股份有限公司

局長 包華國

簽辦

本職 五廿六

第 頁 共 頁

監印 宋志康

校對 李景綸

中華民國卅壹年五月廿六日收到

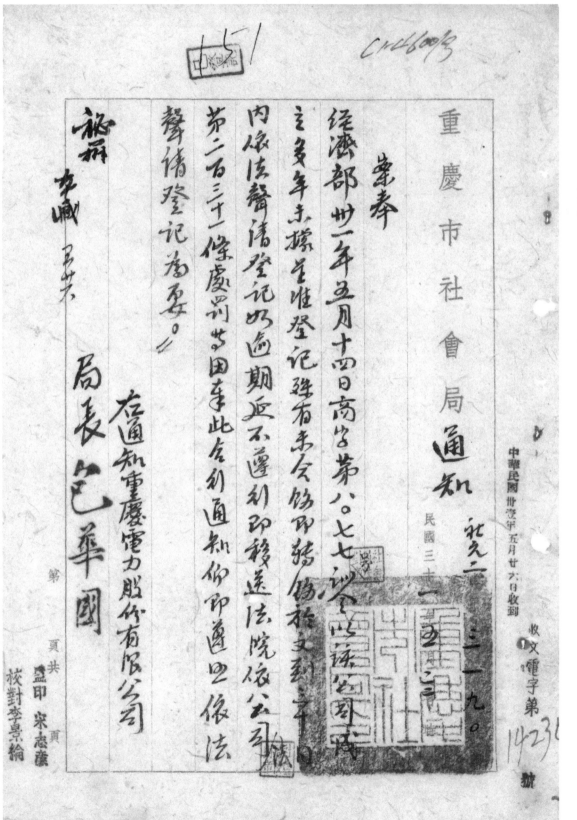

收文電字第14236號

七、其他

重庆市政府关于无法豁免营业税给重庆电力股份有限公司、重庆自来水公司的训令（一九四三年十二月二十八日） 0219-2-217

103

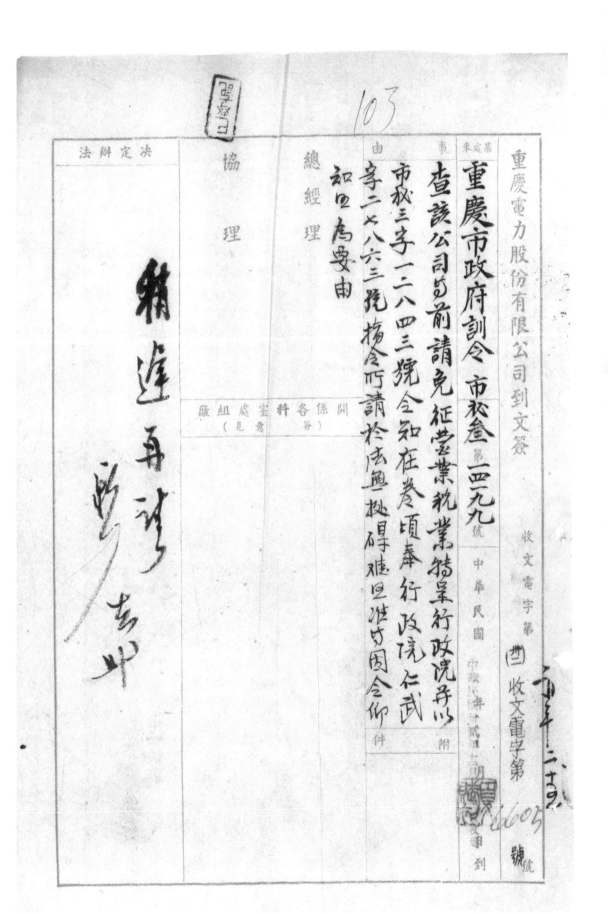

重慶電力股份有限公司到文簽

收文電字第　　號

來文機關：重慶市政府訓令　市秘叁第一四九九號

中華民國卅貳年十二月　日到

事由：查該公司前請免征營業稅業轉呈行政院并以市秘三字一二八四三號令知在卷頃奉行政院仁武字二七八六三號指令所請於法無據礙難照准等因令仰知照為要由

附件

總經理

協理

關係各科室處組廠簽（意見）

決定辦法

[illegible]

收文電字第 6605 號

104

重慶市政府訓令

市秘叁字第14199號

民國三十二年十二月廿八日　時發

令重慶電力自來水公司

查該公司等前請免征營業稅一案業經本府轉呈行政院請予緩征并以市秘三字第一二八四三號令知該公司等各在卷頃奉行政院仁伍字二七八六三號指令開所請於法無據礙難照准等因合行令仰該公司等知照為要！

此令。

市長　賀耀組

監印　伍[illegible]
校對　陳聰[illegible]

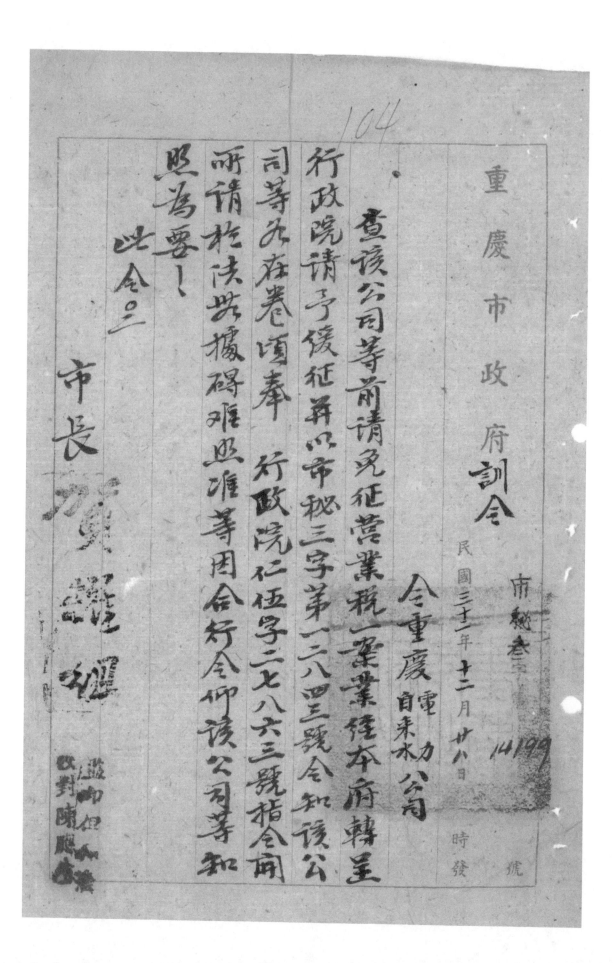

重庆电力股份有限公司请重庆市政府拨用江北县政府旧址地皮给重庆电力股份有限公司建筑江北办事处的代电（一九四五年二月十七日）

0219–2–181

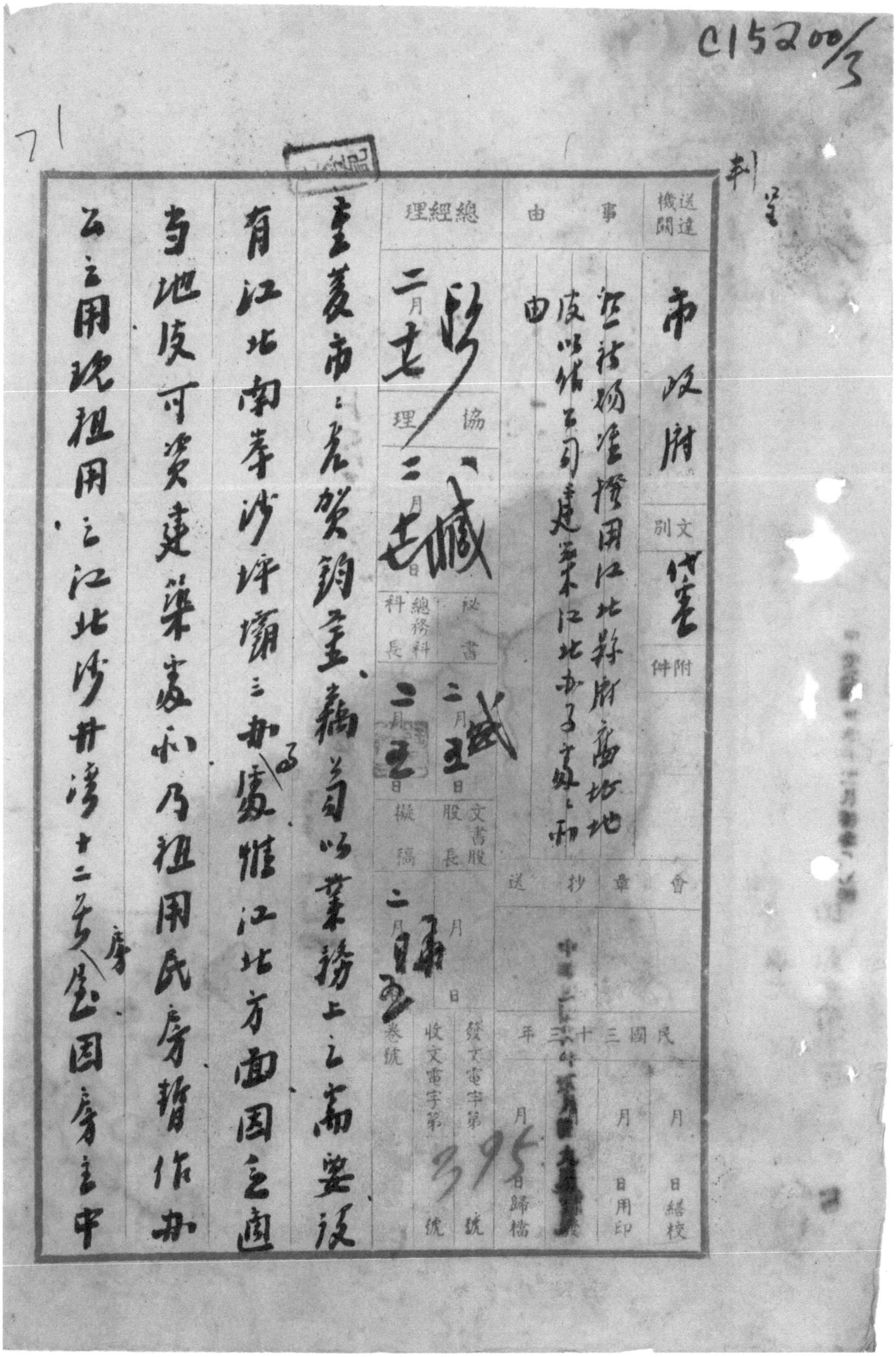
C15200/3

送達機關：市政府

事由：為請核准撥用江北縣府舊址地皮以供本公司建築江北辦事處之用由

文別：代電

附件

總經理　二月十七日

協理　二月十七日

秘書　二月十五日

總務科科長　二月十五日

文書股股長

擬稿　二月　日

會章　抄送

民國三十四年　月　日繕校　月　日用印　月　日歸檔

發文電字第　號

收文電字第395號

重慶市市長賀鈞鑒：竊本公司以業務上之需要，設有江北南岸沙坪壩三辦事處，惟江北方面因無適當地皮可資建築處所，乃租用民房暫作辦公之用。現租用之江北沙井灣十二號房屋，因房主申國植物油料廠卅三函洽收回自用該處房約定至本年六月止由該廠無條件收回既爲期不遠公司亟須覓另地址遷移祇以市[江北城]區房屋供不應求之際迄未覓得妥當[處]所茲查江北縣政府高地地皮空久未用擬合建築辦公處所之用而此項公產係屬鈞府所有茲以迫於急需開謹呈詳陳情懇祈俯念公用事業之務重要賜准撥借用江北縣政府高地地皮以便儘速興工建築

73

兩利江北業務進行無任迫切待命之至 星菱書

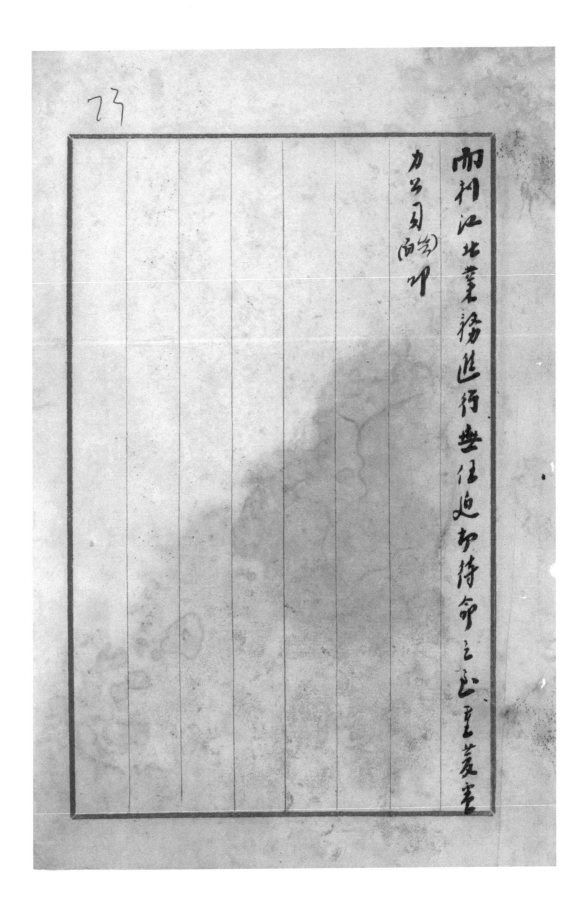

力公司（台）面叩

C15200/3

24

送達機關	市政府
文別	代電
附件	
事由	再請准予撥借江北縣府舊址地皮建築加壓站由
總經理	三月廿六日
協理	三月廿六日
秘書	三月廿六日
總務科科長	三月廿六日
文書股股長	三月廿六日
擬稿	三月廿六日
會章抄送	
發文電字第　號	710
收文電字第　號	
卷號	
民國三十　年　月　日	中華民國卅四年叁月廿六日
月日繕校	
月日用印	
月日封發	
月日歸檔	

重慶市市長賀鈞鑒：查本公司江北辦事處租房屋租期行將屆滿，而又無適當房屋或地皮可資租用，經於本年二月九日以電字第三九五號代電具陳詳情，懇准撥借江北縣

75

政府曾收此地皮以作建築後亦予寬假之不之用、而
利業務進行在案、第以寡租期限僅善兩月、
寡之一再灌受攢不能推延時間謹再奉懇
察照、飭撥借上項地皮、俾資建築興建、無
任迫切待命之至、重慶壹力之司寢叩

重庆市政府关于抄发考核重庆电力股份有限公司之改进意见给该公司的训令（附意见）（一九四五年三月十七日）

0219–2–191

01460号

131

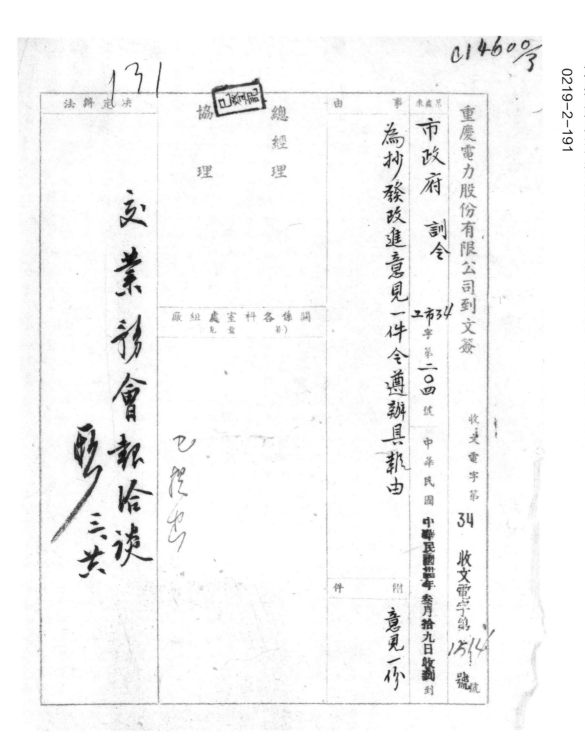

重慶電力股份有限公司到文簽

收文電字第34號

收文電字第1514號

來處	市政府 訓令
	工市34字第二〇四號
	中華民國卅四年叁月拾九日收到
事由	為抄發改進意見一件令遵辦具報由
附件	意見一份
總經理	
協理	
關係各科室處組廠（簽見）	已閱
決定辦法	交業務會報洽談 三、廿

132

重慶市政府訓令

摘	要	決	定	辦	法
			擬		辦
附件					

民國卅四年三月十七日發

卅市五字第二〇四號

令電力公司

案奉

行政院本年三月三日建審（六）字第六六二四號訓令開：

「據國家總動員會議案呈該會議會同重慶市政

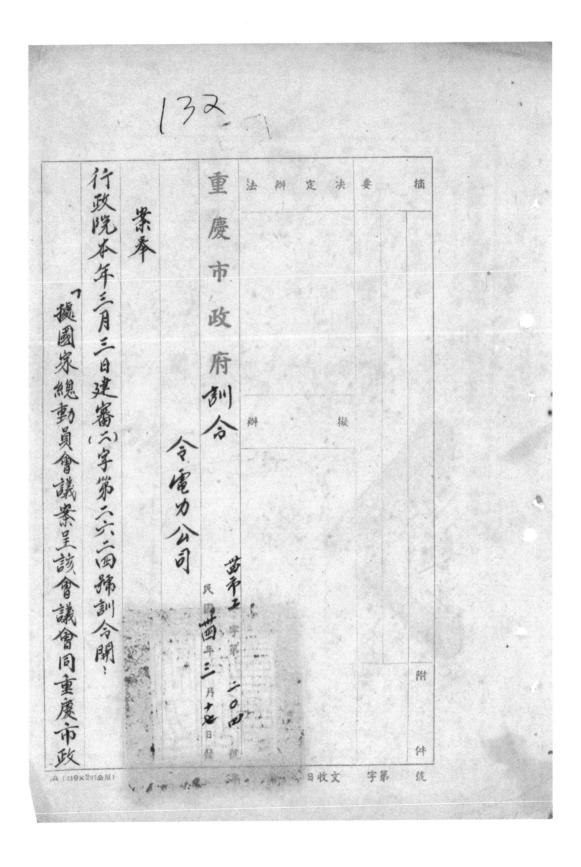

A（210×297公厘）　　　收文　日　字第　號

133

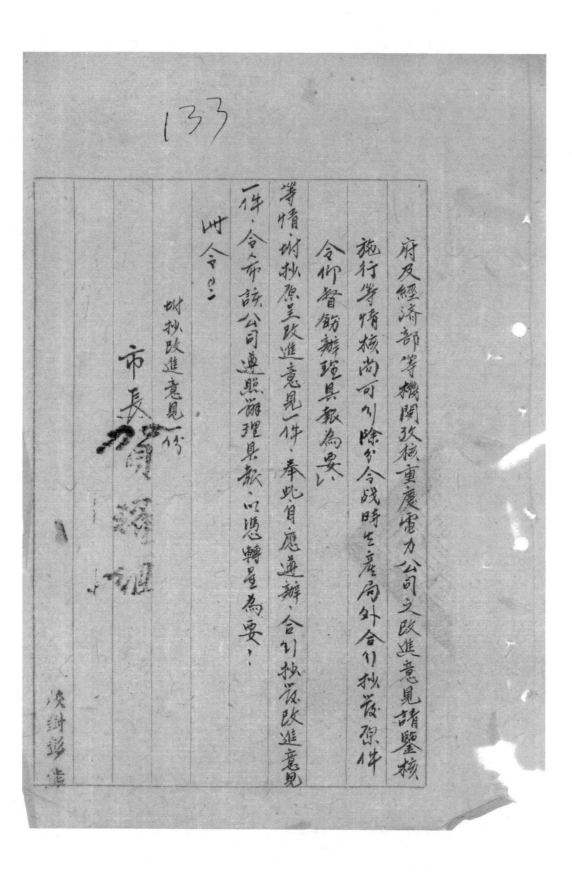

府及經濟部等機關攷核重慶電力公司之改進意見請鑒核
施行等情核尚可行除分令战時生產局外合行抄發原件
令仰督飭辦理具報為要。
等情。附抄原呈改進意見一件。奉此自應遵辦。合行抄發改進意見
一件，令仰該公司遵照辦理具報，以憑轉呈為要！
此令。

附抄改進意見一份

市長 賀耀祖

校對彭進

134

對於重慶電力公司之改進意見

一、關於職工編制者：

查該公司除總公司設五科、二十餘股外，復分置三廠三辦事處，此廠大之組織固有其事實之需要，未可厚非，但欲切實節約，以解倒懸，未嘗不可從事歸併裁汰，藉資緊縮，例如科設科長副科長，股復設股長副股長，其副科長雖有酌留必要，副股長之設，則未免跡近浮濫。以言職工人數，總額已達一千三百六十餘人，為數不可謂不大，其中各廠技術員固多，各有其用，惟總公司方面如總務一科，設有六十餘人，業務一科竟又達一百零八人之多，而傳達多至六人，廚役多至十三人，辦公室茶役又幾達四十人，似均可酌情裁減，誠如該公司

丁4（192×272公厘）

1934-1

劉總經理所云，該公司果擬裁減二、三百人，尚非不可不能之事，祇以格於各方人情，不得不設法安置，勉為負担，惟現時該公司本身既已虧累不堪，為維持該公司生存計，除另行設法開源外，似不能不斷然採取緊縮政策，力予裁汰，茲姑以裁減五分之一計，職工約可減少二百六十七人，其可節省之薪津獎卹以及辦公事務各費，每月當不下二百餘萬元，全年當亦不下三千萬元矣。

六、關於職工待遇者：

查該公司總經理協理本年四月份以前，實得之薪津每月已達三萬餘元，五月份調整後，其應得之數竟超出四萬餘元，高級職員如秘書稽核科長廠處主任等其應得數最高者達三萬餘

國貨中心印刷局承印

丁4（193×272公厘）

135

元，低者亦二萬餘元，中級職員如股長工程師等高者可得二萬餘元，低者亦一萬三仟餘元，即低級職員如科員工務員等高者一萬三仟餘元最低亦九千左右，至若工役技工高者月固可一萬元，即廠中小工最低亦可月得六七千元，如此待遇，較之公務員固屬天壤，即視一般業務機構與其他工廠亦似有过之無不及，以故該公司此項開支四月以前，每月均約總在一千餘萬元，五月份調整後竟達二千五六百萬元，較之所付燃媒之數綽已超过，如此無形增加成本，殊屬極不合理，茲該公司既感虧累不貲，其對此項薪津支出，自應力予緊縮，惟查該公司薪津，調整辦法以及各項有關規章多係由董事會核定頒行，擬宜即由該董事會將

丁4（192×272公厘）

1354

有關原辦法明令廢止，另行新制藉資撙節，若謂五月份調整之數已奉核准補發，未便失信職工，靳而不予，則似不妨即以此為止，今年不再調整，半年以後如有必需，再行酌情擬訂調整數字，呈准政府核定施行，如是对於公司固可達到節流之旨，对於用戶亦可減輕負担之道，值茲公司請求補貼呼籲加價之際，此案亟應自行改進之要務，至員工之福利，則不妨酌情儘量予以改善也。

三、關於成本計算者：

查該公司雖屬公用事業，惟就會計立場言，經營電力原可歸於製造事業一類，其產品單位成本之計算，極關重要，

136

檢閱該公司年來對於電度成本之計算辦法，似尚欠精確，今後亟應酌加改善，以期週密。又查該公司會計科祇分簿記出納兩股，而成本會計無人主辦，今後應另增設一股，或指定專人主持，以專責成之處，似值考慮。

四、關於增加出水與改善輸電路線者：

查該公司第一及第三兩廠循環用水之冷却設備，係用涼水塔，第二廠則用冷水池冷凝器之出水經涼水塔及涼水池冷却後，復導入冷凝器中，使用涼水塔及涼水池之容量都有限制，冷水經循環使用溫度增高，冷凝作用隨之減低，汽輪機之容量亦因之受限制。第一廠自與重慶自來水公司合作後，汽輪機真空提高，發

丁4（192×272公厘）

1367

電容量亦見增加。第二三兩廠倘能將補充用水大量增加，一面將冷水池中熱水放出一部份，對於汽輪機容量必有補益，且增加之水又能減少水中溶解物質成份，免使溶解物質在凝冷管中受熱沉澱，對維持設備及增進傳熱效能亦有莫大幫助。至若受壓器容量太小或輸電銅線太細，致線路燈光暗淡之處，似均應逐予改善，若以一時限於經費，亦似應從第一廠供電區域內先行着手辦理之。又江北與南岸兩區尚無聯絡輸電線路，為求將來利用五十廠餘電及兩區彼此輸電便利起見，應即設法籌設過江線或聯絡線路調劑盈虛。

國營中心印製局承印

丁4（192×272公厘）

重庆市政府关于重庆电力股份有限公司请求拨用江北县政府旧址地皮建筑江北办事处的回电（一九四五年三月三十日）

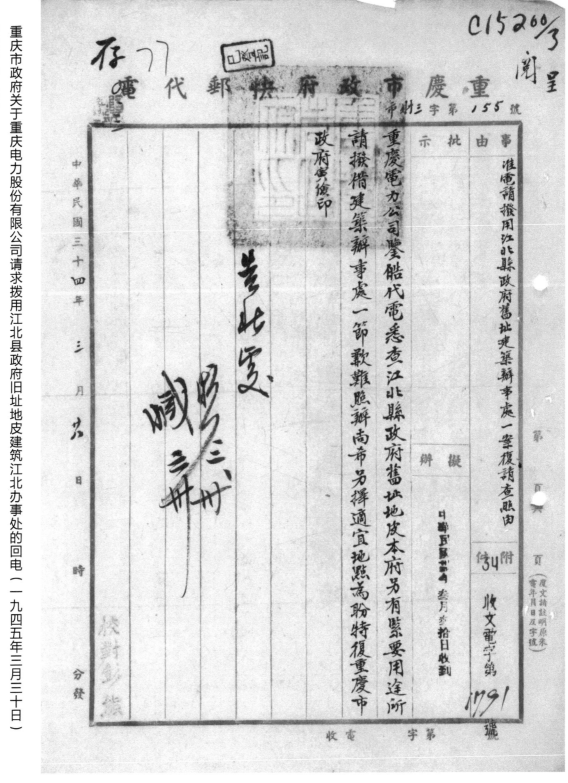

0219–2–181

C15200/3

存77

呈閲

重慶市政府快郵代電

市卅三字第155號

事由	准電請撥用江北縣政府舊址建築辦事處一案復請查照由
批示	
擬辦	
附件	34

收文電字第1791號

三月三十日收到

重慶電力公司鑒：皓代電悉。查江北縣政府舊址地皮本府另有緊要用途，所請撥借建築辦事處一節，歉難照辦，尚希另擇適宜地點為盼。特復。重慶市政府寅儉印

中華民國三十四年三月卅日　時　分發

校對

重庆市政府关于修正重庆电力股份有限公司营业章程给重庆电力股份有限公司的指令（一九四五年五月二十七日）

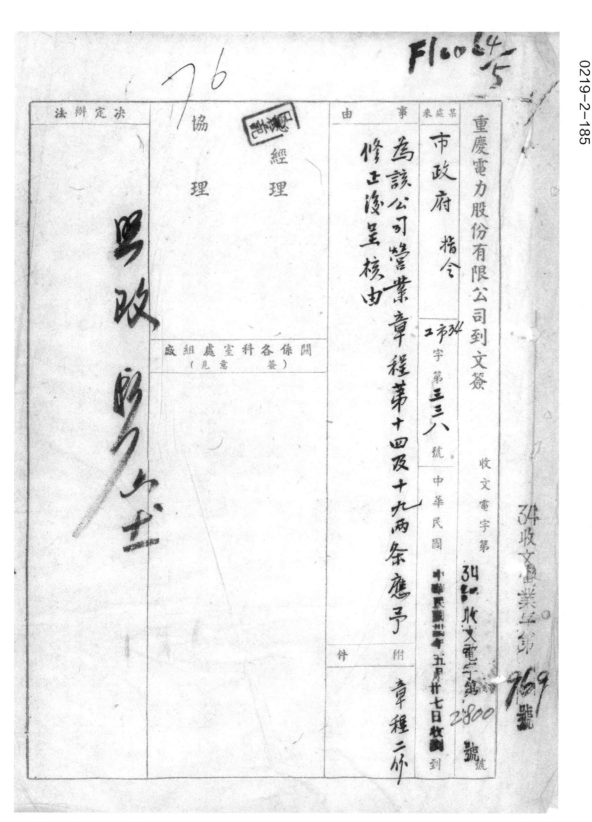

0219-2-185

76

F1-0064/5

重慶電力股份有限公司到文簽

收文電字第 34收文電字第2800號

34收文電業字第969號

來處某	市政府 指令
	工市34字第三三八號
	中華民國卅四年五月廿七日收到
事由	為該公司營業章程第十四及十九兩条應予修正後呈核由
附件	章程二份
協理	
經理	
關係各科室處組廠（簽 意見）	
決定辦法	呈政府

重慶市政府指令

發渝市工字第　　號

中華民國卅四年五月十五日發

338

中華民國　年　月　日收

事由

令電力公司

(卅四)電字第一〇七一號代電一件，為呈送本公司營業章程懇祈核示祇遵由

代電暨附件均悉。查該章程第十四及十九兩條，應予修正，其餘尚屬可行，仰照簽註修正另呈核備，原

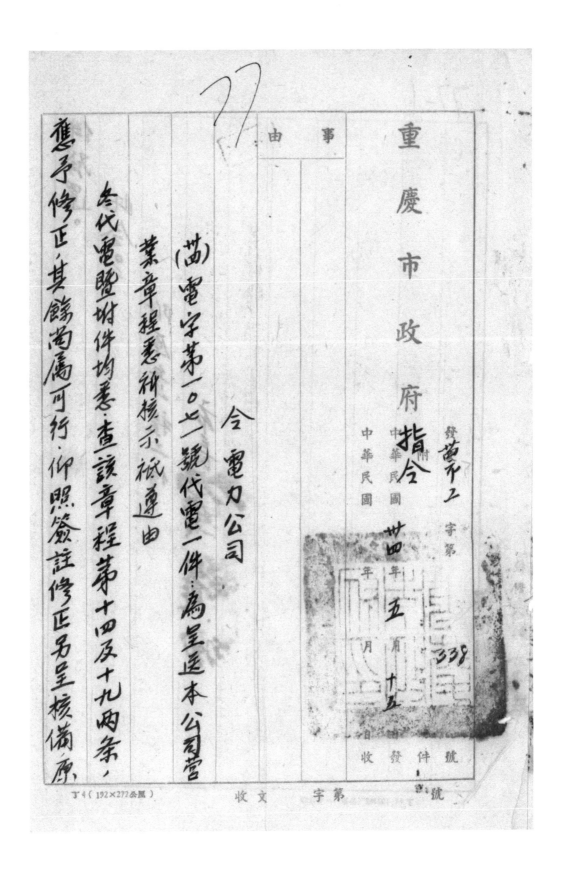

丁4（192×272公厘）　收文　字第　號

77-1

件發還。

此令。

附原章程二份

市長 賀耀組

監印

校對

丁4（192×272公厘）—會京印

艰苦挣扎中之重庆电力股份有限公司（一九四七年五月十三日）　0219-2-186

6

1.

艱苦掙扎中之重慶電力公司

在抗戰勝利後，到了今天的重慶電力公司，一般人都認為應該要舒一口氣了。關心她事業的人們，以為經過八年抗戰的磨折，她應有一個積極的精神來培養她過去的貧弱，使她更能夠發揮服務的健全能力；同時懷疑她的人們，則以為浪費到了今天，為什麼老是在停電？似乎她時在鬧恐慌？真是太不了解她了！在廣泛的同情，和懷疑交織着的社會不同情緒之下，今天的重慶電力公司，在抗戰時期，經過了八年的苦難掙扎，本來算不係什麼：一直到了今天，她的困難，仍在繼續不斷的增加，可以說是到了極點！這一連貫的困難，一半是人為的，一半是為環境的。為了剖訴她的滿懷苦衷，在艱困重重的情形下，應有公開坦直的申訴，邀得同情和協助的必要

（甲）工務方面的：—

（一）發電力量不夠供應—重慶電力公司，在民國廿三年開辦之初，為了適應當時重慶市整個工業用電，與照明用電的實際需要，裝備了三部一千瓩的發電機，後來在廿五年又擴充四千五百瓩發電機弍部，

US$1,700,000.
D Rates @ $2000 = 3400000000,
@ 3350 = 5,700,000,000.

二、

共為發電總量一萬二千瓩。在抗戰初期，奉經濟部令，拆讓了一部一千瓩的發電機與二十兵工廠，故實際發電總量為一萬一千瓩。後來因為供電區域增廣，不夠供應，乃轉借各廠如二十四廠，五十廠，與中央造紙廠的同樣電流，約計三千五百瓩，但是仍感不敷供應。照現在重慶市的需要，除了上述現有供電能量外，尚差四千五百瓩，以將目前電源仍是恐慌，仍舊不夠！

(二) 機器遍體鱗傷，損壞堪虞——重慶電力公司現有一萬一千瓩的發電機力，計為一千瓩的二部，四千五百瓩的二部。但牠們的母廠是國茂偉廠，和鍋爐母廠拔柏葛廠的壽命定章規定，可以用到二十年。自從民國廿三年到現在，已經整整用了十三個年頭，但使用機器的原則，凡機力都應有替件準備，就是說有一萬一千瓩的發電機和鍋爐，就應有同量一萬一千瓩的替件準備。但是事實不然，抗戰時期，一切輕重工業都集中陪都，同時市區遼闊，綫路增加，用電量經常超過發電量，在大轟炸時期奉政府命令將集中在一個廠的機器，疏散成三個廠以策安全。為了增強抗建原動力，所有機器，一直在

8

3、

（三）

使用，既沒有汽件準備來休息机力，同时晝夜不停地工作着，連喘息的餘地也沒有。所以到了現在，損耗到了不堪使用的程度，但是仍舊支持着照常發電，可是從這樣情形看來，已經成了老弱殘兵，隨时都有損壞的可能，真是危險極了！

劣質燃煤損耗機力——說到發電的主要原料是煤炭。鍋爐燃燒的標準平均熱度，應該以佳質煤燃燒，方能發揮牠的標準熱量。可是四川嘉陵江邊產的煤質，以煤層太薄，含雜夾石甚多，既不夠發揮標準熱力，同时夾石混燒，最能損壞

(四)

鍋鑪。同時發電機因負荷過重，經常超過能量，必須多燒煤塊，方能發動機器力量，故四部鍋鑪，本來月燒七千噸煤就夠了的，為了煤質過劣，尚負荷加重的原故，月須燒到一萬餘噸煤炭，方能發動電流。這樣一來，機力受損，並影響不良，已夠受了，更受損的是增加發電成本，且不能發揮抗戰的揮發能量，這在工程人員技術管理上，增加許多麻煩，最感苦痛的！

器材缺之影響輸電——其次說到供電區域，在抗戰時期，迫於事實的需要，極度的擴充。除了重慶城区線路到達山洞，江北区則沿野猫溪溯嘉陵江而上到達磐溪，南岸区由長江下游之大佛寺到達上游之铜元局以上，所敷線路，星羅棋布。照输電工程原則來說，在一定供電距離内，應配装適度的高壓線路，和低壓線路，同时更須在一定的供電地区配装適量的方棚，來调整電壓，但是線路敷設太長，為了器材缺乏，以致不能按照标準装設，同时應该換装的方棚和線料，亦因為没有器材调换，以致電壓無法適当地调整，線路上電流損耗甚大，方棚随时燃燒損壞，更因此而影響到

9-1

了整個的發電能量！

(五) 電表缺乏無法普應——關於用電方面，除了現有的電表盡數裝出供應用戶需要外，向國外訂購的大批電表，因為結匯的關係，一時不能進口，同時向港滬等地零星蒐購的電表，為數既不多，更因運輸關係不能隨運隨到，以應需要，因此用戶不能普遍供應用電，這在需要用電的工廠商店和市民們，是最容易引起懷疑和責難的，但是無米為炊，公用事業人員是有苦說不出啊！

(六) 業務方面的：——

10

（一）

偷竊電流與防止取締——重慶電力公司營業務方面最傷腦筋的，無過於處理竊電問題。近年來是一個社會道德問題。為了供電區域普遍，而竊電者則比比皆是！尤其討厭的是自己竊電不說，更進一步竊電來轉賣給人，自成一個不需資本，而受惠益的小電燈公司。因此在某些電區，竟將方棚燒毀了，沒有替件換裝，不特影響正當用戶無電可用。為了決心來取締竊電，成立了一個用電檢查組的機構，請由憲警會同協助來普遍檢查。可是取締儘管取締，竊電者仍舊竊電，如是隨勞随接，防不胜防。甚至强有力者，不服取缔，当场殴辱执行任务员工，强用电流。试想三个发电厂每月发电总量约五百余万度，但是月终经过用户电表的抄见总度数，仅为三百余万度，每月平均损失约在二百余万度电。除了线路正常损耗百分之十五不算外，约有浪耗电流百分之卅以上。我们每月用了一大笔管理费用和燃料费用发出来的电流，竟让牠白费了，毫无代价。这不仅是重庆电力公司自身的损失，也是整个社会的损失！所以除了请求政府保护协助取缔之外，只好向

6.

11

（二）

社会人士呼吁，请求主张公断了。
机关学校不付电费——其次一个问题，就是目前机关学校的收费问题。过去在委员长重庆行营驻渝时期，为了优待党政军警机关部队，以及学校用电，明令规定特价优待办法，以普通用电减收电费。此项电费，直到卅四年份每度收费捌元。到了卅五年，经市参议会审定为每度四千元。在本年度渝市参议会重加核议，认为此项优待用电办法，既使重庆电力公司收益受损，复加重市民电费负担，故决议一律取消，并请重庆市政府特令從卅六年一月份起，應照普通用電照實收費，以期合理，而免軒輊。這樣一來，表面上可以讓重慶電力公司收費減少損失，經濟情形可望好轉，可是抗戰勝利過去無優待收費時期，都時時在發生困難，現在照實計收電費，豈是不付了。故目前從一月份起到現在為止的待收電費累擬疊積數千，應收電費數字，達到數十億元之多，而每月的燃料管理等費用，月支出需廿億元之鉅，收費無着，只好以資產作抵，向國家銀行貸款維持。而今已到羅掘俱窮的地步，

12　（三）　五

如果再長此下去，勢將無法撐持，非被迫到關門不可！

購電轉供頗增損失——再回頭來談重慶電力公司購買電流轉供的問題：為了電流供應不敷實計需要，除了三個發電廠可以發出一萬一千瓩電流外，並向各工業的廿四廠，五十廠，及中央造紙廠轉供用綫電流三千五百瓩。此項購電，係每屆月經由高壓表上抄讀供電據度後，即由重慶電力公司照數發付電費。雖然照抄見據度數以八折付費，但是包括的業務費用，供給損失，尤其須預墊頭寸兩個月以後，方能製票收費。例如沙磁區供購廿四廠

121

錶電轉供送至學校機關影響，為了取消特價問題，無費可收。其餘各轉供區域之線路上，浪費電流甚多，平空又增加一筆大損失！這在重慶電力公司對於市民服務已盡了最大努力之而所得的代價，則是一連串的損失，使她的經濟情形，更趨危殆！

(四)購買電表無法籌貸——又因為目前供應用户的電表問題，重慶電力公司供給用户的電表，我們單相表僅一·五安培到五安培的，在上海進貨價目僅十餘元一具；三相表五安培至十安培

13

8.

的每具僅廿餘元。到了現在，除外匯降低之一再調整，單相表每具在港滬進貨約四十餘萬元之鉅，尚且不易購得。而經濟部核定之收取電表押金規定之單相表一至五安培每具僅收押金六千元，三相表每具五安培收押金叁萬元。此外，現在購進電表價格，除了一應接戶器材費用不計外，所收押金為數甚微。例如裝出一具單相表，即須平空墊付四十餘萬元，而月收得之電費能否到達四萬元以上，尚成問題。此項費用係向國家銀行抵借而來，須月付出一大筆息金並

17-1

此比例，实得不偿失。目前为了无表供应，拟向国外订购电表千只，结汇须款四亿余元，正无法筹货，焦灼万分！

最后谈到重庆电力公司与一般用户间的感情问题：今天为了她本身感觉着许多困难问题，真是到了极点！她一直是在埋头苦干着，一向没有向社会公开申诉过，以致在对公用事业人表示同情与怀疑的不同情绪之下，造成了许多大小误会。公用事业人认为大众服务，她的态度是坦白的，她的一切是公开的。容许有欠周到之处，

14 9.

過去因為電源缺乏，迫不得已分區輪值停電，因業的裝表供應以及因按補煤價調整費，徵收重置發電設備費等問題，都會使用戶不能徹底認識到不快，甚而至於責難備至的。重慶電力公司除了貫徹服務宗旨外，希望能從管理上，和技術上，隨時檢討，自我教育，努力改善。如最近重置發電設備等計劃，擬希望在各該重慶市的動力，能夠適當，回復到戰前的服務紀錄。可是仍有待於政府之維護，與社會之廣大同情，實際協助哪！

卅六年十月十二日

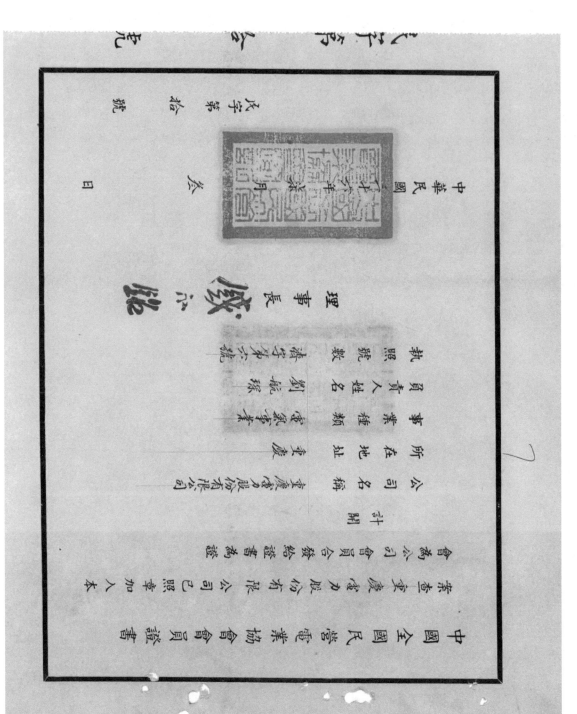

重庆电力股份有限公司的中国全国民营电业协会会员证书（一九四七年七月三日）　0219-2-191

中國全國民營電業協會會員證書

案查重慶電力股份有限公司已照章加入本會為公司會員合發給證書為證

計開

公司名稱　重慶電力股份有限公司

所在地址　重慶

事業種類　電氣事業

負責人姓名　劉航琛

執照號數　濟字第六號

理事長　盛亦銘

中華民國三十六年柒月叁日

民字第拾號

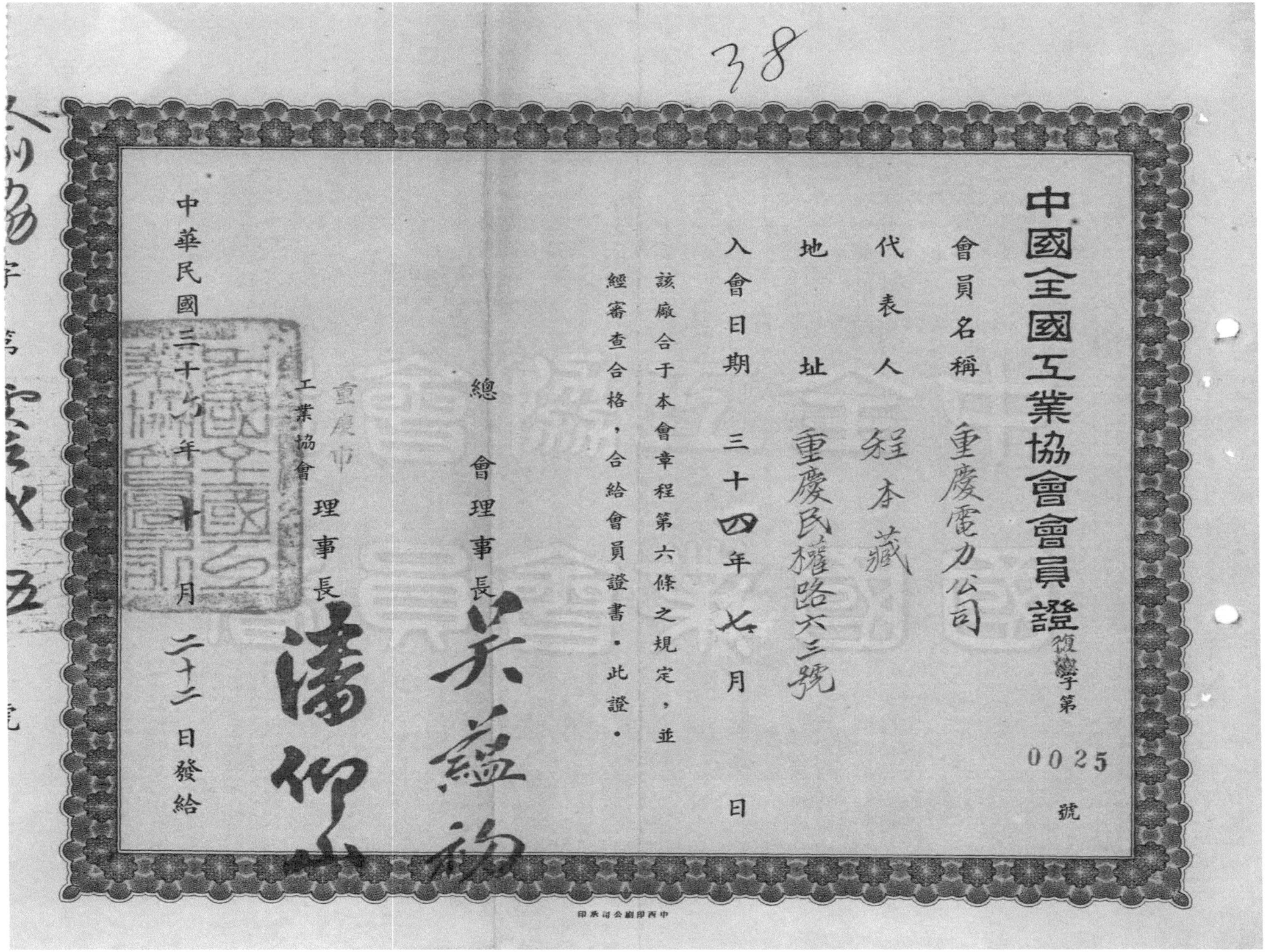

中國全國工業協會會員證 復[illegible]字第 0025 號

會員名稱 重慶電力公司

代表人 程本藏

地址 重慶民權路六三號

入會日期 三十四年七月 日

該廠合于本會章程第六條之規定，並經審查合格，合給會員證書。此證。

總會理事長 吳蘊初

重慶市工業協會理事長 潘仰山

中華民國三十六年十月二十二日發給

中西印刷公司承印

重庆电力股份有限公司的中国全国工业协会会员证（一九四七年十月二十二日） 0219-2-191

重庆电力股份有限公司关于遵令编具重庆电力股份有限公司概况致重庆市工务局的代电（附概况）（一九四八年一月十二日）

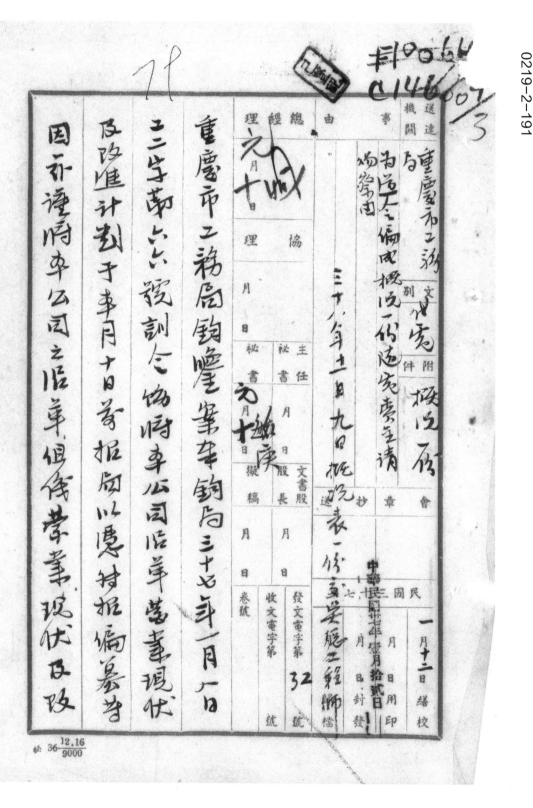

0219-2-191

送達機關：重慶市工務局
文別：代電
附件：概況表一份
事由：為遵令編成概況一份隨電賫呈請鑒察由

總經理：元月十日
協理：月　日
主任秘書：月　日
秘書：元月十日
文書股股長：月　日
擬稿：月　日

會章
抄送
三十七年元月九日概況表一份交吳總工程師檔

中華民國三十七年壹月拾貳日
月　日用印
月　日封發
一月十二日繕校

發文電字第32號
收文電字第　號
卷號

重慶市工務局鈞鑒：案奉鈞局三十七年一月六日工二字第六六號訓令，飭將本公司沿革、營業現狀及改進計劃于本月十日前报局，以憑核編纂等因，謹將本公司之沿革、組織、營業現狀及改

秘36 12.16 9000

80

兹计划等编成概况一份随文赍呈敬祈鉴核为

祷重庆宪力公园印（侵 附概况一份

重慶電力公司概況

一 沿革

重慶原有燭川電灯公司發電容量僅為四百瓩民國廿一年先由士紳潘文華劉航琛康心如等發起籌設新廠以三十萬元之代價收買燭川營業權并斟酌當時需要情形設計購置一千瓩電機三部於廿三年夏動工建築廠房裝安機器敷設綫路于廿三年七月告成八月開始發電廿四年二月一日正式成立重慶電力股份有限公司資本為二百萬元股東以本市部銀行佔大多數嗣因用戶增多擴充設備中、出並、農四行相繼加入股本廿五年增為二百五十萬元廿七年增為五百萬元三十年增為三千萬元三十六年呈部請增資為一百億元正亦在核當中

二 組織

公司董事會計有董事長一人常務董事四人董事十人另設監察七人執行部分設總經理協理總工程師各一人下設秘書稽核勘查總務業務業務會計（用笔協查組）五科及一二三廠並於南岸江北沙坪壩各設一辦事處自成立迄今董事長一職歷由潘文華氏擔任因潘氏事繁推由董事劉航琛、

代理現任常務董事為康心如、胡仲實、潘昌猷、傅廬達四氏，原任經理劉航琛君現在假中，由協理程本臧君兼代，總工程師為吳錫瀛君。

三、發電設備

民國二十三年開始發電時僅有一千瓩透平機三部，一部係美國奇異廠製造，二部係英國茂偉廠製造，鍋爐三座均係由英國拔柏葛公司供給。廿五年春最高負荷已超過二千瓩，乃再向英國茂偉及拔柏葛兩廠訂購四千五百瓩透平機及鍋爐兩套，於廿七年春裝竣發電。二十八年春令疏散機器以免空襲損害，乃設分廠於南岸

即今之第二廠移裝一千瓩機器兩部，而借出動力較差之千
瓩機器一部。廿九年復本公司疏散機器并設分廠於鵝公岩
即今之第三廠移裝四千五百瓩機爐一套，此是大後方廠
（江第一廠）僅留四千五百瓩機爐一套，三廠發電容量有一
萬一千瓩，亦江本公司目前之發電容量也。
公司在民國廿九年復向英國茂偉及拔柏葛
兩廠訂購四千五百瓩機爐一套，不幸鍋爐到越而
海防淪陷，機器暫存遂而滇緬路斷，此項增加發電
設備因之損失。

四、業務

83

二十三年开始发电时供电区域仅重庆城区及江北南岸之小部份自廿六年国府西迁工厂内移供电区域遂大扩充新市区方面达鹅公岩沙坪坝新开市南岸方面上附达李家沱下附达大佛寺江北方面上附达石门坎下附达青草坝胜利以后人口集向市区集中用电量激增迄今电灯用户达一万七千余户电力用户达七百余户现在每月平均抄见电度电力约二百七十万度电灯约一百二十万度~~此发电量尚有余~~

五、收支状况

本公司电价因受管制收入数额固定而需用之燃煤

五金器材不同生货，极其何况为营运所需者均属不能减少。收支失其平衡，每月不敷之数，以三十六年而论，由数亿至十数亿之中间，除追收旧欠外，完全举债以度，物价波动不已，今后尚有增无已。截至三十六年底负债已达　　元之多，全向外息借而来。此种困难情形，必俟管制尺度放宽，完能合理调整，始能解决。

六、改进计划

本公司本身营运量一万一千吨，向五十及廿四二厂中央造纸厂补运特供约三千五百吨，能供给市用

者约一万四千五百瓩，上半夜（系下午四时半至十时）负荷
最高时的需有二万千瓩方能全部供给，相差仍
五千瓩，是以不得不分区轮流停电，加以惟因分区七
目前轮流办法，自所停区域起，所停电力不过一千余瓩，
故负荷仍超过机炉容量甚钜，不得不降低电压勉
维供电。此本用户节约，惟本公司机炉使用十余年之
亟于战时未遑查修，不停使用，实已陈旧，不堪继
续为长久超负荷之供电，以保安全。推残本公司有鉴
于此，拟具目前增开电设备以配合本市建设计划，计
本市供电永久及短程两种计划，并说明于次

一、治本

甲、関於永久者　本市用电现约一万九千瓩，将来成渝铁路完成后工商业发展人口增加需用电量估计约三万瓩，本公司现有发电量为一万一千瓩，并於三十六年五月向外商订购一万瓩锅炉一套，又政府允自日本赔偿物资中拨给二万瓩锅炉发电设备，连前共有四万一千瓩，足供本市用电需要。

乙、関於短期者　本公司新订锅炉因外商忙於本身复原及赔偿，时间最须三十八年底安装，最快又须本年；政府允拨之二万瓩发电设备尚无确实消息。本市用电现约一万九千瓩，本公司自身发电量连同

85

辖电时供出共计一万〇千五百瓩相差约五千瓩如仍照目前现象不予改善不惟用户责难而生且有机炉亦将不堪负荷加速其摧残在目前状况下（需增加发电设备）惟将不必要之部区予以停供减少电量约计四千瓩俾令改供电以繁盛市区及重要工业区域为供电对象此可以供求相应并可不分区轮流停电并予机炉以喘息机会以维持生等待新机炉之到来此项计划已呈请 国民政府主席查核行辕核示中

2、治标。

每月抄见度数只占本公司自身发电同济电力供量百分之六十强，余百分之四十有三十几以上均为窃电取用之损数字（已达惊人），以致使本公司收入上损折（蒙受重大损失），且加重正当用户负担及损害生命安全与电厂之设备。本公司虽有用电检查组之设立，究以权力有限，不能与强力集团窃电抗衡，收效至微。此种窃风若不为有效之制止，必将更事扩大，危及根本，不堪设想。是以据请由 重庆行辕颁饬军主机关取缔窃电，俾以最高权力扫除障碍，以减少窃电之量，得供正当用户使用。谨签请明令照准。

鲜

重庆电力股份有限公司关于检寄公司概况致中央银行贴放委员会的函（附概况）（一九四九年三月二十二日） 0219-2-230

120

送達機關	中央銀行貼放委員會
事由	為檢寄本公司概況請查收由
文別	函
附件	概況一份
總經理	三月十六
協理	月 日
主任秘書	三、十六
秘書	三、十四
文書股股長	月 日
擬稿	月 日
會章	月 日繕校
抄	月 日用印
送	月 日封發
	民國三十八年 月 日歸檔
發文電字第 509 號	中華民國卅八年三月廿二日發出
收文電字第 號	
卷號	

三十八年三月七日貼字第九八九號

大函承

惠示隨函奉上本公司概況一份即請

查收為荷 此致

中央銀行貼放委員會

公司啟 卅八年三月十四日

秘 36 12.16/9000

121

重庆电力公司概况

名称　重庆电力股份有限公司

组织　总公司设（总经理协理室）总工程师室　秘书室　总务科

稽核室　厂务科　业务科　事务科

会计科　用电检查组

分设第一第二第三发电厂　南岸、江北、

沙坪坝三办事处

职员　三百三十三人

工人　八百零六人

设备　四千五百瓩透平发电机两部一千瓩透

平荷电机两部 高压输电馈电线路共敷设187.75公里

五月发电度 五百余万度 五月售电度 二百五十万度左右

电灯用户 一六七〇户

电力用户 八一六户

电费收入 三月份电力每度二百七十之二角 电灯每度 二百一十二之二角 二级二百三十七之三角 共可收[illegible]

之一

经费 肆数依照收入百分之卅五 二款之倍百分之 福利

支出 千[illegible] 三种百分之廿 息金 百分之二十五

其他 百分之二十五 [illegible]

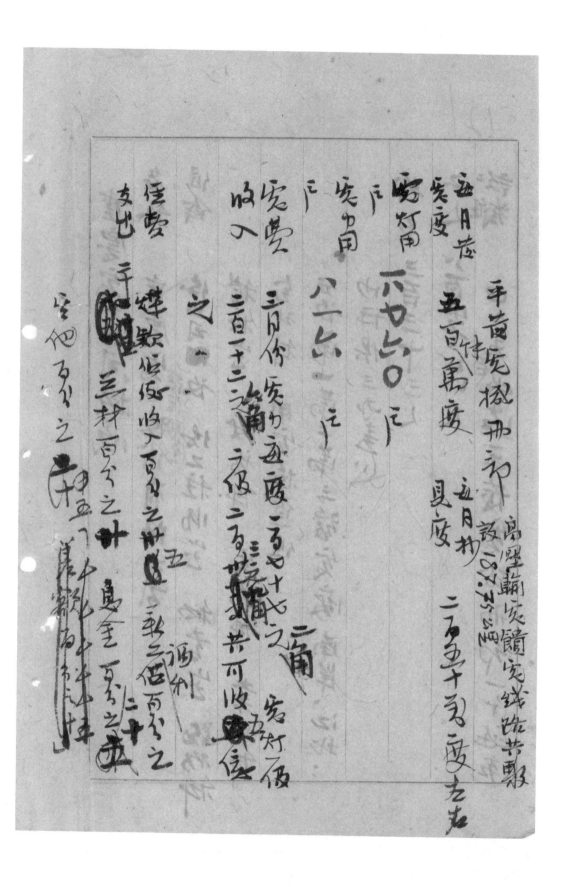

122

扩充计划 1、自向国外厂家订购一万瓩机炉一套只待第三批借款核准结汇即可交货

2、资委会配拨本公司五千瓩发电机炉一套已[illegible]时大件运渝已陆续装运以前后即可安装发电

3、与资委会长寿发电厂合订草约俟该厂上清洞水发电设备装妥后将剩余电送重庆本公司电网以待供给计可[illegible]发电八千瓩

重庆电力股份有限公司困难概述（时间不详）　0219-2-116

重慶電力公司困難概述

一、本公司經濟困窘之因素

抗戰時本公司奉命分設之廠增加，綫路日見激增，管理困難，電價亦受當局限制，並不准提存消磨折舊，以致無力添製配件、購置新機，歷時本數數年由政府以補貼方式維持。在本公司每月電費收入為法幣一千五百萬元時，補貼數目達一千萬元。嗣又隨物價上漲程度逐漸增加為六千萬元。戰後政府停止補貼，公司收入頓減，電價其後既低，又迄未依照原有基數合理調整，致公司經濟愈形困窘，而收取電費又必須候用戶用電後，經過抄表、開票程序，至少在一個半月後始能收費，所有開支中間悉仗舉債維持。

二、最近燃煤減少原因及支付煤款情形

本公司每月約需燃煤一萬噸，籌付煤款方式因經濟狀況，旋承寬於各煤公司同情諒解，過去所欠煤款常在一個月以上。今年六月份起，以物價一再劇烈上漲，各公司恐欠費過久影響煤礦生產，特請本公司電費收入儘先支付煤款，於月半月底比期撥付。最近電價凍結，公司仍多方設法依照往例支撥煤款，惟各煤礦以今不能隨物價調整，工人紛紛離職，產運銳減，迭至本公司說明，並要求本公司開闢煤源或預借鉅款，以便招致工人恢復產運工作。在公司本身為遵奉政府限價法令，其困難情況亦正與煤業相同，為維持供應計，除積極設法洽借款項，準備提前支付一部，分別呈報主管機關備查外，別無良策。刻本公司燃料即將告罄，隨時已有被迫停電之虞。

三、擬請救濟辦法

本公司困難已達極點，除籲請本市主管當局、民意言論機關、各界賜予維護並指導協助外，謹將擬請救濟辦法分述如次：

(甲)請政府援上海扶助公用事業之例，配給燃料，並仿京滬配給實物辦法配給食米，俾每月不致因燃料糧食上漲超出預算。

(乙)請市民本愛護公用事業立場，以公正無私之態度協助政府隨時檢舉竊電行為，並按時繳納電費。

(丙)請政府速為配撥業已核准之日本賠償電機二萬五千瓩，並以亦請援前撥借

35

五千瓩機二套，以便充實發電設備。

（八）請政府早日協助本公司三廠復原，俾便集中大溪溝廠管理，減少開支。

以上甲乙兩項僅為暫時維持辦法，蓋本公司機爐經十四年長期消磨，敝舊不堪，不僅隨時停電，減少收入，增加修理費用，若不幸發生重大故障，更有不能修復供電之危險，務祈代向中央呼籲，俾得早日充實設備，以利供應，無任感禱。

重庆电力公司困难概述

(一)原有设备

电力公司战前购置设备为一万二千瓩，计一千瓩机三部、四千五百瓩机二部，只敷三十万市民之用。嗣奉廿九年一月经济部工字第50689号通知及工矿调整处矿整字第6953号训令，将一千瓩机一部廉价让与渝鑫钢铁厂，只余一万一千瓩。刻本市人口，超过百万，不敷甚钜。

(二)分设三厂经过

公司机器均设大溪沟厂。廿七年奉委员长重庆行营洛信字第6897号训令，命将一千瓩机两部移装南岸弹子石。廿九年六月廿日奉委员长手令及廿九日经济部工字第62686号通知将炉锅机一部移往鹅公岩山洞内。同时因军政机关分佈各地，本厂分设以后，随时奉政府令放缐供电，缐路倍量扩展，远至郊区，大于战前三倍。为适应需要，员工人数亦激增加。战后三厂仍未合併，职工一时难减少。

（三）机炉厂旧情形

每套机器使用已达十四年之久，并经八年抗战，不断消磨，毫无喘息机会，致无充分时间彻底检查修理。战时受敌人疲劳轰炸，亦随毁随修，继续维持供应。以致机炉厂旧不堪，不时发生故障，必须随时停工修理。

本年八月曾由厂务科派员检查机炉损毁程度，日趋严重，特签呈意见三项：

(一)请速添购机炉，至少应按照现有设备之倍。(即再按二万瓩)并合併之厂，以便管理。

(二)请准停机两月，彻底检查修理原有机炉。

(三)在设备未能增加以前，临时停电，决难避免，请分呈主管官署及治安机关备查，陈明此据苦衷，减轻公司责任。

惟公司限于财力，添购机器，殆不可能。且外国亦恐于复员，亦难短期交货。停机两月，更不易获得主管当局许可，除呈备查以外，别无他法。(附厂务科签呈一件)

近八月十五日晨，大溪溝廠因無防雷設備，四千五百開電機於大雨時遭受雷電打擊，經三日工作，方將發電機心子拉出，檢查發現發電機紅相中一路第二線圈上半圈中部擊穿絕緣一洞，若欲修理，必須將發電機定子之十三線圈在槽上部之線圈全部拆卸，方能折換。但發電機運用過久，絕緣過熱已成脆性，拆卸時極易損壞，所存線圈已不敷用。不得已勉將已損壞之上半圈鋸斷，另以新線圈之一半用錫焊銅接頭，恢復供電，後尚無不正常。惟接頭處係用土法焊錫焊接，將來極有鬆脫可能，除急向國外訂購線圈備用外，如不幸訂貨未到，焊錫鬆脫，勢將無法再修，大溪溝

38

廠即有隨時停供之虞。

（四）供電情形

查重慶用電量，已達一萬九千餘瓩，其中電力用戶共五〇一戶，用電量達一萬五千六百餘瓩（附用戶用電量統計表），以各兵工廠及各大工廠所需電力供給，約為一萬五千七百瓩，由本公司僅供給五千一百五十瓩（附各兵工廠及大工廠需用電量統計），除公司本身發電量為一萬一千瓩，轉用各工廠餘電三千五百瓩外，不敷約五千瓩。欲圖正常供應，至少應有三萬瓩設備，以二萬瓩經常發電，以一萬瓩作調節準備之用。在目前設備情況之下，公司為使全市得到平均用電機會，特劃分為六個供電區，並排定輪流於晚間用電最多时间，并以分区轮流，每日停供一次。但遇特别临时发生故障，则临时停电修理，停电时期之久暂视损坏程度轻重而定。

（五）经营状况

抗战时受经济部管制，不准提存消磨折旧准备，以致配件缺乏，停电时多，收入减少。历年亏累，卅五年、卅六年全数股息均借二百四十万元。以此情形，若请增资，商股根本无从募集。董事会本年虽有决议，请资委会接收或增资再图以启易厂，均未蒙同意。

以北方情况言，公司每月自身发电售出之电度平均约二百五十万度，内电力约一百五十万度，电灯约一百万度，惟向用户收费，必须满月後，经过抄表、制票等程序，至速在用户

59

用電一個半月後，始能收得。中間純靠借債維持，故虧折甚大。本年一至七月負債數字即達法幣二千一百億元，八月份電價，並照工商部八月四日通知准予增加之基數百分之五十，又被市政府核減，該月開支不敷數字，又增加法幣二仟餘億元。總計（本年一至八月底止）負債數字仍伍千億元。九月份若照[illegible]（若依調整照[illegible]月份電價）因收費後，其負債數字當更為龐大。

(六)復原計劃

甲、增加設備：

請求政府補助機爐設備

(1)復員後公司即選派代表，請求政府補充設備。曾允將日本賠償物資內指定機爐接濟二万五千瓩。但僅屬原則上之分配，具體方式，未蒙見示。最近據本市行政於九月一日市执字第9號训令，暑转准资委会函業電字第11878號渝代電，该会已呈准行政院将日本賠償物資內五千瓩發電机設備一套，運装供給重慶用电，現已派員赴日監拆。公司為謀早日獲得，擬增發電力量計，將派於九月間派總工程师吴錫瀛飛南京向工商部请示。吴總工程师九月十日自京東返，稱该項電機，將由從接收英或荷蘭，另接一万千瓩机一套与中國。該此机仍接向川東電力公司，装在白廟子發電供应重慶等語。

九月十八日本市各報又載川底廠何廠長北衛返源谈話，

40

略謂「重慶裝設電機問題，當局已允撥日本賠償物資內一萬五千瓩發電機一部，供應該市電力之用。該機僅使用一萬餘小時，機件全新，政府已派人拆卸，兩月內可望拆運回國，立即運渝裝置發電」等語。但近今公司方面未奉政府指示，究屬何種性質，無從揣測。

(2) 自購機爐：公司以請求政府補助設備，未得結果，去年五月曾向瑞士B.B.C及英國拔柏葛公司自行洽購機爐一套，計一百萬美元。但外國忙於本國復員，須在一年後始能交貨。付款辦法，分為三期，第一期付百分之三十。六月後再付百分之二十，餘俟装船時付清。經過申請結匯手續，第一、二期貨款已蒙政府核准貸放。惟第二期貨款，內有七八五〇〇美元，須改結為英鎊，未經結定，甫經聯合會通過，解制即告改革，剩外商催付甚急，正向長紅及聯合會請求仍照原案結匯，俾得結集。第三期貨款五千萬美元及機器設計安置費用，更無著落。

（乙）三廠合併：查目前分設三廠，係抗戰期中首奉經濟部令辦理。亟應合併，俾可節省人工開支，便於管理。所有後第工程經費、計劃予石廠並需一百五十〇〇〇全圓，鵝公岩廠二厂可减少工友一一七人，三厂可减少工友二一〇人，[illegible]人，造就[illegible]以三个月估计，约为十六万五千金圆

合併以後[illegible]

[illegible]

约需二八〇、九〇〇金圆，以公司资力，实无法筹此钜款，应

请政府补助，以资抵偿。（附第二、三厂复员工程费用概数表

各一份）

七、各地电价比较

自十九日政府改革币制后，照令公用事业收费应照

八一九价核算，不准增加。公司八月份奉工商部通知应加基

数百分之五十，既被政府核减，收支不敷甚巨。查战前公

司电价，电力每度为一角一分，电灯每度为二角八分，当

时煤价每吨七元，现优待用电，高电亦然。新煤价每

吨估为八六〇金圆，煤商尚拟请求估为一〇二〇金圆，九月份

若照钱价之整理财政管制经济方案第三条及第十五条核定，战前价小，原[illegible]

银元一元兑换金圆券二元之比例，电力每度应调整为二角六分，电灯每度应调整为五角六分

造力又增加百分之九十，材料亦增加百分之八十，而经社会局核准电气器材，入口关税亦增百分之四十，五金材料，如需补充，亦非照黑市价格不可。而公司八月份电价折合金圆，尚不到一角。其困难情形，可以想见。故将由发文电字第182号代电呈请工商部及本市府，请准将电力价每度改为三角二分，电灯价每度改为四角五分，俾接近战前标准，以资救济。

至于各地电价比较材料，呈有各地电价统计表一份。表中二三级电灯价，大部份均较本公司为高。一级电灯价亦有多数超过本公司电价。且所谓一级，仅指十度

45

户，二级价格三十度户，实际此种用户为数极占大数。本公司依照电表安培大小分为一级二级两种。例如五安培者，五十度以内均为一级电价。无形中损失收入。电表愈大，损失大甚。至于电力价，亦均较本公司超过远甚。

附三十七年各地电厂有份电价统计（单位法币元）

厂名	电灯每度价 一级	电灯每度价 二级	电灯每度价 三级	电力（热）每度价
上海法商电灯公司	三一二、〇〇〇	五〇、〇〇〇	三五六、〇〇〇	二九三、六〇〇 三五六、〇〇〇
戚墅堰电厂	四五〇、〇〇〇			四五〇、〇〇〇
冀北电力公司	三三〇、〇〇〇	四〇〇、〇〇〇		二八〇、〇〇〇

富源永耀公司	九八五、〇〇〇		八〇〇、〇〇〇
杭州电气公司	五五二、〇〇〇		四七六、〇〇〇
自流井电力公司	二〇〇、〇〇〇		二〇〇、〇〇〇
南昌水电厂	七〇〇、〇〇〇		五六〇、〇〇〇
汉口既济水电公司	㊂三二、〇〇〇	二九六、〇〇〇〇〇七、〇〇〇	三七〇、〇〇〇
重庆电力公司	二六〇、〇〇〇	三一七、〇〇〇	二二〇、〇〇〇

（注）一、上海法商电灯电车公司电价系奉命照原订价八折收取
二、本公司电价尚有二角前准予增加之基数为
百分之二五十，每度平均应补收六万余元，为
李秋浩。

97

南岸分廠設立經過

本公司於二十七年二月奉前 行營命令遷移一部份發電機籌建分廠以防敵機空襲，跟即勘察廠址籌議拆卸建廠安裝事宜原擬遷至長江上游大渡口嗣以費用浩大停頓迄是年十一月十一日又奉前 行營及經濟部命令飭就南岸彈子石窍角沱附近設廠由總廠移裝一千瓩電機兩座限期二月完成并由經濟部轉商四行貸款二十萬元跟即收購地皮由基泰工程司設計繪圖召商承建由六合公司得標本年一月動工規定一百三十五天完工造價二十三萬元派定程總工程師本臧負全部建設責任總廠廠務主任吳錫瀛隨時前往監督工程總廠修配組主任張玠為南岸分廠主任總廠工務員劉希孟為分廠工務員均常駐南岸辦理一切工程事宜佈置既定積極進行於轟炸之中未敢懈怠六月十七日試車六月二十二日經濟部翁部長親往視察八月九日正式發電計購地工程修配各費達三十萬元

李子壩應急電廠借機及裝置經過

本公司於二十八年一月奉經濟部令設置應急電廠用備總分兩廠被炸后尚可供給路灯之用由資源委員會撥借三百四十瓩柴油發電機一部依據當時柴油市價每度電耗油〇.七磅計算加上利息人工等項費用每度成本約合五角五分

為求安全起見選擇李子壩建設新村為廠址開鑿山洞安裝此機於山洞內鑿洞工程包由新蜀營造廠承建去年五月二十九日竣工六月一日開始打鑿機器底脚七月十四日開始安裝機器〇底九月伍〇脚日全部完成九月二十六日試車完畢九月九日邀請經濟部派員監視試車結果甚滿意應急電廠工程至此告一段落總共用去建設費用(包括購置地皮費)六萬九千八百一十七元五角三分

重庆电力股份有限公司现状（时间不详） 0219-2-116

重慶電力公司現狀

重慶電力公司現有發電容量共計一萬一千瓩，分置三廠，一、三兩廠各有四千五百瓩發電設備一套，二廠有一千瓩二套。而市需電量在二萬瓩以上，經政府勸導各自有發電設備之工廠自行發電，並以餘電轉供市需，本市電荒勉可解決。惟自來水公司等雖有發電設備，未嘗發電自用，以致外間誤傳缺電停水，甚至有以停水責任加諸電力公司者，誠非持平之論。為解救當前電荒，應請政府仍本初衷，督促各廠自行發電，減輕本公司負荷本公司財務受物價上漲影響收支不能平衡按月以來均有虧損溯其原因一、煤價調整係由社會局決定每月均有調整機會二、用以修理機器配件由料之市價外匯幾乎天天不同三、薪工及其他物料均隨物價指數而變更獨本公司售電價須由市府核轉經濟部公文往返費時決無每月調整之可能至於煤價調整費規定每噸煤增加一千元每度電增加七元為數有限未能將燃煤以外之工薪之物料配件等上漲因素全部包括在內遂造成今日不平衡現象若不迅謀補救之道立可崩潰挽救不及也本公司经常开支因物价波动关系逐月不同，预计本月份煤款支出需五十亿，利息 亿，薪工二十亿，伙食费十七亿，油料电料及管理费用 亿，共计 亿，公司逐日告罄，挪借资金周转深感困难。前向商业行庄借款二十四亿伍仟万元，于每月相乘负累愈深，不啻饮鸩止渴。就目前收支而论，应获得国家银行低利贷款 亿作为周转资金，或请由国家银行增加承做透支款，其限度相当于一个月电费收入，按月变动。

近数月来燃煤价格变动甚剧，每月煤款垫付之数无法支付，所收煤价调整费须两个月后始能收入，而两月之至於改善電廠以爲材缺之應加敷設之線路及應換大之線路加裝變壓器設備電表現有機爐既付之設備均係外匯購置而所提折舊準備係以法幣計算全年收入不敷一定時之費應請政府設法辦法以符實際

最後本公司機件在抗戰期中遷移使用未得應有之休暇整理未達正常壽命即告殘破斷業政府准由國家銀行貸款計購一萬瓩新機一套兩年半交貨分期付款到期並付外匯因匯率上漲核准貸給之法幣顯然不敷如何籌措免致延期亟應早爲之計他如運輸安裝及建廠房之籌集猶其餘事也

重庆电力股份有限公司概况（时间不详）　0219-2-191

重慶電力公司概況

一、公司沿革

重慶原有燭川電燈公司，發電容量僅四百瓩。民國二十三年，由本公司發起人集劉航琛、康心如、潘文華等發起集資創設新廠，以三十萬元收買燭川營業權，設廠購置一千瓩發電設備三套，於二十三年夏動工建築廠房，安裝機器，敷設線路，於二十三年七月告成，八月開始發電。二十四年二月一日正式成立重慶電力股份有限公司，資本為二百萬元，股東以本市銀行佔大多數，官股有四川省政府。嗣因用戶增多，擴充設備，中中交農四行相繼加入股本，二十五年增為二百五十萬元，二十七年復增為五百萬元，三十年以後營業逐漸擴展，再增資為二千萬元，至今仍舊也。

二、組織概要

公司設董事會，董事長一人，常務董事六人，董事十人，監察七人。總理部份設總經理一人，協理二人，總工程師一人，稽核、工務、總務、業務、會計五科及用戶檢查組。南岸、江北、沙坪壩各設辦事處，辦事處長及主管人員即以總務科副科長分掌之。現在董事長為潘文華，總經理為傅友周。

三、廠務設備概要

公司開業時僅大港新廠發電廠，計有一千瓩透平機三部，其中一部為美國奇異廠出品，兩部為英國茂偉廠出品，其時尚能充分供應。民國二十五年春，以用戶負荷已達二千瓩，乃再向英國茂偉及拔柏葛兩廠訂購四千五百瓩透平機[illegible]鍋爐於二十六年春裝竣發電，二十八年春又添裝[illegible]以免發生損害，乃設分廠於[illegible]為郎公[illegible]文第[illegible]二廠[illegible]裝[illegible]又[illegible]兩部，連同[illegible]部二千[illegible]又二廠徵購一千瓩機器[illegible]部，共[illegible]積[illegible]分[illegible]廠[illegible]設分廠於[illegible]公[illegible]郎公[illegible]文第十三廠機[illegible]四千五百瓩機器一套[illegible]大港新廠（即公第一廠）僅[illegible]四千五百瓩機器一套，二廠發電[illegible]量共為[illegible]萬[illegible]千瓩

四、線路系統

查[illegible]城及公司線路敷設，以[illegible]外加[illegible]新[illegible]方[illegible]公[illegible]新[illegible]分[illegible]遊[illegible]佛[illegible]北方[illegible]遊[illegible]溪[illegible]線路二百餘公里，至[illegible]增[illegible]城[illegible]為三廠供給，三廠供[illegible]路中，路一廠供給城區及溪北

五、各部職員人數及薪津

詳附表

41-1

六、收支概要

本公司每月發電度數約二百萬度，現在電燈每度為六角六分，電力為八角六分，按價格平均以八角五分計，每月應收款約一百六十六萬元，實際收入至多一百七十萬元左右，支出煤款約八十萬元，薪工約七十萬元，器材約五十萬元，管理費約二十萬元，共計二百二十萬元，八月底止公司負債全計八百萬元，最近電價若加，公司困難仍未解除也。

七、目前業務及未來計劃

近來燃煤不易購得，如欲購時有余部份需要之煤，以維持目前業務，備受困難，及煤源至以後打算一面爭取電價及調整，能會同公司各部份聯合檢查機構加強取締竊電以裕收入，一面對於公司本身亂新機器及改善設施如以前所提資本會議及方案合作能如期辦到，對於經濟能接濟，將來則人盡其才，物盡其用，改善發電設備，為電廠收入，當亦容易增加，反而對電價來論，公司方便多由為求其目的實現。

八、希望事項

1、政府還欠各機關增加部分電費為公司催收到百分之八十，此百分之八十之電費務須從速撥付，公司賠累加大，請①請政府各機關按時付費②機關用電六八分之八，亦待請由政府補貼

2、公司係公用事業，應免除一切雜捐，以免增高電價，加重市民負擔

3、五十瓩級以上部分之工業用電，請參議會速函川渝電力公司聯合委員會並通省

府及公司、參會界自撥款興建

4.長渝輸電線係委員會所屬，是否由資源委員會辦理，迅速完成

5.九二火災公司損失甚大，能否於十萬元左右價當局核定電價，並未增新、請費用加入至公司並予以建設核准請①九二火災損失請政府補貼②、以後核算電價應將此項合理之折舊費用加入，以免公司擬有發備消磨之要法

修理設備開支，將來公司補充減少

6.現時各項物價與本公司從前數倍有餘，除外，殊為機料電價及數成不

為議以定電價，接洽後請代為核算公司之成本核算電價

7.懇求本省並與公司承擔，請①煤務供應並設電廠，並又

得有人用煤②、或由承擔加以上，否則公司拒絕收煤仍視為填補不供給、

煤③、公司對於經常煤炭應有貴權，又付④、核准煤價不經政府核定公佈

資格以前，又得有不得拒收有煤炭價格數、

重庆电力公司业务概况及整理经过

本年五月廿二日奉
重庆市政府市秘知字第六八六号训令抄发本市水电整理座谈会纪录饬即遵办同年七月九日奉
工务局工二字第3040号训令抄发水电改核组会议纪录饬将营业收入资产设备及有关水电整理方案改进情形分别拟具报告以备查核各等因兹分别报告如次

(一)设备情形

本公司發電設備原僅大溪廠房一座發電總量為
二〇〇〇瓩當時本市用電量僅為一六〇〇瓩設供需甚為調和抗戰
軍興政府西移前方若干工廠及學校機關均集中本市
需要驟增益以敵機初虐轟炸頻仍安全無極據慮本公司
為維護軍需工業以利抗戰計乃將四千五百瓩機爐一座遷至
鵝公岩將一千瓩機爐二座遷至南岸彈子石均就設廠房另
立機構嗣以市民奉　令疏往遷建區南至汪山黃山李家沱
北至歌樂山新開寺均須敷設綫路供應電流故又於江北南岸

9 134

以坪堪各设办事处就近处理业务其时以材料缺乏任务艰巨区域辽阔学校类仍办理业务困难异常以是增设人员益达五百余人犹感不敷应用胜利以后初以为业务或可稍趋简乃以时局未靖人口并未锐减工厂学校大多仍留此地以致用电总量仍未稍减公司设备亦未敢稍予变动也

(二)发电情形

本市电力需要量约为一八五〇〇瓩而本公司所已发电能力仅为一一,〇〇〇瓩供需相差甚钜本公司为达成供

(14)

10

電任務乃向廿四廠五十廠中央紙廠接電共三〇〇〇瓩時經市用以用電量過多電機不能負擔供用故一有故障即須停電非得已也

(三)。電力損失

甲。接電損失　公司向各廠接電其電力及公司經濟方面損失甚大其理由如下

各二廠電壓與市電不合為須先將其電壓昇高至13800伏送出再降低至5250伏再由5250伏降至380/220伏此三

七六

项变动即须损失電力百分之七·五加以线路损失共约百分之二十

公司与各厰缔電契约仍照厰方售電量总数计费每届月终结账后即须整付钜款本公司转向用户收费以手续稍繁往往须延至两月以后始能收入其间息金之损失即已不赀而优待机关学校三分之一之办法厰方所（尚未为）接受完全为公司负担其他如窃電呆帐等均由公司负责故缔電转供本公司须损失電价百

合之四十餘萬公斤為限全本市照明及動力計仍在忍痛繼續節電辦法中

乙、竊電損失及竊電種類

(1)無表用電　在接戶線或低壓線上私自鉤接漁利用竊電轉售他人者在夜間臨時鉤接白晝不易發現者亦在白晝盜竊亦不避者

(2)有表竊電　在電表以外另接大線直達室內燈線竊取電流或將電表大門封印毀壞拆鬆進出線接頭

171

13

仿表匹將減少電度或將接頭銅絲移松脱漏斷線路仿電表不轉大量竊用電流以及利用其他接線及電器之種種上之技術竊電此種數尚多

（三）以電力線接用電燈　以電燈線接在電力表線路上用電接取低壓電費

（四）強用電流　為強力之用户無限制在線路上接用電流並經發覺雖以軍警在場亦無法取締

綜上各項竊電損失其數字至可驚人本公司五月份發

電及路電度數為（64580039）抄見度數為（38915000）被竊電流為（25675039）度約合百分之四十以當月份電價每度七百九十五元七角計共損失國幣貳十億零四千二百九十九萬零七百八十二元三角此種盜竊行為不但妨礙公司營業抑且影響正當用戶之光明及安全新公司正全力取締中尚望政府及市民之合作協助也

（四）收費情形

電費遵照核定電價電力每度收五十元電灯每度收

15

(9)

六千元電熱每度收五千元於每月終了派員逐户抄電表核送公司核算收費（並照整理方案收費一元作三原則）製成票據後派員持票按户催收惟其間困難重々有如下列數端：

(甲)用户遍佈全市收費地区遼闊每月經常派員按户收費以人力言限最多只能達到兩次

(乙)一般用户已成習慣大都須收費員達到第二次始行付款若則到需大催收不能收清因此拖延收費時間

(丙)煤價調整費亦照每月到廠煤價核收故每月核收數

16　　(170)

電價之變動收費員向用戶收費時責難備至解說尤費唇舌

(D)8 一般用戶多不依照公司營業章程辦理過戶手續因此許多住戶與實際用戶名稱不符以致收費時糾紛迭起亦為收取電費時之困難

(E)8 行政院核定收取之重置發電設備費雖經市參議會審議之決照收但仍有藉口另接到區民代表通知不得照付亦為藉口拖欠電費之原因

17　(117)

(F) 因受工业协会抗议不付电费置装电设备费之影响，而本市各厂家多观望推延。

(G) 因窃电过多影响线路，致电灯不明，许多用户常以此为推付电费之口实。

在此种种困难，故电费收入距理想甚远。整理方案甲款第六项规定电费应在本月底收清，实为本公司所企求者。年来拖欠电费已成习惯，本公司无行政权力兼

二、向法院诉追亦为事实所不可能，此则望市民之了解及

各級自治人員之協助者也

（五）○收支狀況

本司電價因受管制收入幾成固定而需用之燃煤五金器材不問其價格若何以為發電所需者均屬不能減少致使收支失其平衡每月不敷之數約計九億餘元中間除追收舊欠外完全舉債以度物價波動不已借貸為生償息無已截至本年六月負債達三十二億四千餘萬元之多（參閱附表四）全向外息借而來此種困難

情形亦不设法改善公司亦只趋於崩溃之一途

（六）整理经过

（1）充实设备　本市人口既未减低将来成渝铁路完成商业自必更为繁荣现在发电能力既已不足筹电特供尤能办法欲使电力能充分供给需要自非充实设备不为功经呈准　行政院将收重置发电机设备费按月存入国家银行专款存储以备扩充

（2）取缔窃电　公司因窃电所受损失之重大已如上述

20

(14)

如能严密取缔，当可减轻公司之赤字。惟以往检查人员太少，各方连系亦未臻紧凑，故鲜成效。亦当照整理方案乙项第三节之规定，经全本公司用电检查组组织，增设熟谙业务之干练人员若干人，不断执行检查任务。惟公司人员虽经抗战时已见减少，而整理方案内规定尚须裁减人员，以节开支，若再向外增雇，殊与紧缩之旨有违。因就本公司各单位中择其适宜于外勤工作者，随时调派检查组工作，庶与整理方案均能兼顾，于整理方案乙项一三两节亦能符合也。

(15)

（3）樹蘭學校優待辦法之實施　　總理方案丁款一二兩項規定優待樹蘭學校用電關於一項詳細計算用電數量本公司已擬具辦法「照安培計算每安培每月用電在十度以内者照丁款二項規定照普通電價三分之一付費每安培超過十度以外者超過電度照實際電價付費」辦法公允本公司已屬最大犧牲業已報請公務局核奪辦理關於二項優待付費辦法本公司已自本年一月份實施中間除三分之一由各机關學校付現三分之一由本公司優待外其餘三分之一原案

22

(16)

擬定請中央補助本公司之具呈 市政府請於每月之給撥由公司列表負債請 市府先行照數撥付再由 市府轉請中央撥還歸墊藉省時間而資維繫送經呈懇遙集本處上項記帳電費迄五月停止已達三億餘元之多公司經濟困難萬狀 市府之早鑒於茲也

(4) 取締黑市電表 自公司缺表以來一般不肖之徒利用機會造成黑市電錶交易行為以致電量不合影响公司信誉至大前經設法取締改善辦法已經業已

(17)

23

逃繳起見正執目前辦理情形亦尚難其次

(五)考核合法用戶　過去電錶一經繳開之開放之說即由一人登記若干電錶子件及至公司登記郵局公司保押金收據以後即用黑市賣出買主自向公司辦理遷移過戶手續現在原用戶自備電表要公司接受挾裝以前已收費而未裝出之電表除費所保存直接用戶實因其房屋糾紛遷移而又經公司批准在新地點其裝機其共鋪或查明子實不符其目存注意遷

24

(18)

複通户更名用以防止竊電行為致不肖匪徒藉端之不合理現象而符業務尊人民執

(四)改善收歸用户自備電表辦法　過去公司收歸用户自備電表辦法未臻完善往往不肖之徒利用私賣造成黑市交易現在除已由公司向之承攬登載所謂收歸自備電表辦法外今後凡用户自備表於電表主叔房於用户不收押金并請用户親至公司辦理手續謝絕請託代辦至於已收歸而未裝出之錶不得再有遷移更

者，遇户情形，今后自可减免若干流弊，亦可消释用户种种误会。

（七）请求事项

（八）请求调整电价　本公司电价向由政府管制，收不敷支，历受亏累，现虽已请加价，然数量甚微，仍不足以平衡收付，依照六月份计算，公司仍须亏折九亿余元，七月份因各售煤公司亦告煤价较上月增加一倍，预计又须增加支出五十亿之巨，而员工以生活高涨，屡经请救济，前

(20)

26

收支表所列赤字九億餘元實際當不止此照此收費即公司
現狀已難維持遑論償還舊債更遑論改進設備本
公司為瀋市唯一動力之源關係民生與國防均至鉅似不
能聽其趨向崩潰之途復查瀋市生活指數根據官方
公布為一萬七千餘倍而本公司電價則為戰前之兩千九
百六十倍不語之賤殊非情理若以為公用事業不能與貨
品市價等量齊觀然反觀該府主辦之郵政電信民營之
公共汽車輪渡及電車船業莫不漲至萬倍以上本市以輪渡

百数倍尚达八千三百余倍，即与本公司并称之自来水其费率亦增至九千九百余倍，若此者皆所谓公用事业所共【贵此举】也，何厚薄之悬殊若此。基于以上理由，应请整理会鉴于公司努力之余，豁予调整，维持本公司之生存，即所以维护市民之福利也（附比较表）。

（二）请拨发补助学校补助费 本公司呈送整理方案丁款一二两项之规定，对于补助学校开元月份起实施，结至中照规定三分之一设备请由中央补助，此项设备

28

（22）

今割截至五月份止之速三億餘元本公司已付三分之一即已損失至三億餘元之多此項補助費用爲不早蒙撥發則息金之累積半年以後即收得亦等於零本公司實難負此双重負担爲特具呈 市府請求墊發以維息累並請整理實欠公債以公益速收爲顧請本公司幸甚

（3）供給撥用學校之損失請准電力廠比例負担 本公司歸用各廠電量三千瓩其發電總額計至四分之

(23)

30

一至间因受壓閥係自然損失巨大並優待由該廠不比例負擔殊失公允前已電請工務局轉知該廠照實際優待度數比例擔負當電整理實計公司代為主張以減債累為要

重庆电力股份有限公司遭遇之困难（时间不详）　0219-2-186

15

重慶電力股份有限公司

目前所遭遇之困難

工程技術方面

1. 供求不相配合　供給1100KW　需要
3500KW或4500KW.

2. 機器過舊　隨時可能損壞
至機使用之程度

3. 因負荷過重　必須多用燃煤
方能[illegible][illegible]全部營業

16

重慶電力股份有限公司

幕以前燃燒太甚來石氣多至
極班將來石內沙包含之燃燒過
4、供電線路過長幕又太細途多
缺材乏資調換
5、電表缺乏無力全部佐底
業務方面
1、竊電無法取締
2、機關學校不付費

17

重慶電力股份有限公司

多請電接失
失市民不相諒解
再外滙昔高而簽訂電器材料
係外滙按集每一電表一只
係係四十億萬元而簽訂收電表
押金每只億[illegible]元之收電表一只
即係預繳付四千億萬元每月付金即
係四萬億元而訂收電費是否即

18

重慶電力股份有限公司

能達到四万億之者，感尚需一萬四
是差千兆，隔缺四億，此款
又於何處籌湊

103-1

重慶電力公司之現狀

竊公司自三十二年七月調整電價後，迄今一年有五閱月，電價未蒙調整，而一般器材與發電成本，莫不繼漲增高，最高者已達四五千倍，如方棚油等，是以致公司成本負累虧損甚深。早蒙社會人士所洞察，疊經公司不斷呼籲，分別呈請，復蒙社會與論之協助，始荷政府核定不准加價，自本年六月份起，每月補貼壹千萬元。是時公司虧賠每月已達式千五百萬元，政府補貼之數仍難維持，復經分別陳明困情，并請派員核計實需成本，合理增加補助。頃閱報載，國家總動員會議業經採納市政府原送之第二項意見，自本年十月份起，每月增加津貼壹千萬元，合計按月補助式千萬元。公司雖尚未獲明令，具見政府洞悉民艱，體卹週至，尤以主管當局之明察，代陳周詳，雖在准予貼補及增加貼補以前，公司早已深受鉅額虧賠，至今負債鉅萬，仍然無法填補，但際茲時會，以本公司素日忠誠服務之精神，以及服膺政令之誠恪，自應黽勉將事，先赴目前之急，惟是尚有若干亟待解決之困難問題，以及最低限度之希望，殊有不能已於言者，謹略陳其安狀，乞鑒察。

甲、亟待解决之困難

(一)供應不敷之實情　本公司各發電廠之總共發電量為壹萬壹千瓩，是為公司之最大發電量，經據估計公司所有供電區域之需要量最低限度約為兩萬瓩，供求不能平衡，遂致機炉負荷過重，電壓降低，形成燈光不明，馬達轉慢之現象。在每日午後五時至十一時電燈已開，工廠未停之時間，問題尤為嚴重，多數用戶因是改用較傍燈泡調節度變壓器，改換馬達接線方式，或使用較大之馬達，以致電壓愈弄愈糟，燈光愈益暗淡，此經常之現象也。近來到廠燃煤量既不多，品質尤壞，摻雜沙泥石塊已達百分之四五十，常使鍋炉無法燒用，更無從燒足額定汽壓，被迫拉去一部份用電，以資維持。凡此種種，不但經常阻碍電壓，且更增加機炉損傷之程度，公司各廠機炉七八年來日夜開動，未曾有一刻之休息，并非如戰前電廠尚有備用機件，故倘遇任何一廠機件發生故障，必須停電方能修理，該廠借電區域亦勢必全部斷電。機炉故障時有發生，則停電次數自亦隨之增加，且雜亊前報告，此為最近時常停電之原因，亦為公司最大之痛苦，一般用戶對於時常停電莫不責怨紛至，殊不知公司之苦衷，以及所蒙損傷更有難於盡言者。

103-2

（二）燃煤問題之嚴重　近來燃煤不但本質太劣，燒不起汽，以致發電深受影響，且因價格及生產關係時常斷絕，不但益增調度之繁，且偶一不繼，即迫而停電，影響所及，尤為不堪設想。最近兵工署第五十兵工廠亦因煤源之斷阻，竟至停電，致本公司所購以轉供之電源亦告斷絕。以五十廠地位使命之重大，調度指使之便利，亦致發生此種現象，則本公司燃煤問題之嚴重，已不言可知。竊查本公司每屆冬季均有存煤，以應緩急。在本年三月以前，公司尚有儲煤約式萬噸，嗣因電價限制，無款購煤，不得已陸續燒用存煤，至於罄盡，現在各廠均係隨到隨燒，雖欲購儲而不可得。幸蒙主管機關加力協助，并派專人負責主持，公司尤不避萬難，全力以赴，得以勉維現狀，惟似此朝不保暮，隨時可以發生問題，故加撥儲煤，實為當務之急。

（三）材料不濟之困難　與存煤同一情形，因不合理之限價，使公司所儲材料逐漸應用，未獲補充，現所存者數量日少，且不齊全。銅綫僅存二十噸，高壓磁瓶、接户材料等存量更微，方棚油早已告罄，以致綫路方面應調整改善者無法辦理，如遇空襲，更將不堪收拾。透平油僅敷一月之用，機炉配件所餘幾微，叠請政府代向國外定購，尚無消息，至為危險。其須轉向國外定購者，因貴時間，即在圖內可以收購或製造者，亦不能即得，亟應趕速補充，以免青黃不接。

(四)竊電用戶之增繁　本公司負荷增重之第二原因，即為竊電之風加厲，公司力薄權微，無法取締，以致此風逐日加漲，不但公司之負荷日益增重，且於公司收入方面亦蒙重大影響。茲據統計，公司每月抄表度數約為發電度數之百分之七十，除線路損失與自用外，即以百分之十五計算，每月損失亦達六、七百萬元，故竊電在本公司實有雙重之損害。根據調查，竊電用戶約可分為二類，一為呈請裝用未獲核准者，不得已而出於竊用；一為公軍警憲機關之強行無表用電，或雖有表而延不付費。雖一般公務機關辦公費用原甚短少，或并未電費之預算，然在公司實無負擔此種損失之責任。倘能加以合理之取締，則不獨公司負荷可以稍趨平允，即收入方面亦可隨以增加，以減少成本之虧累也。

103-3

乙、最低限度之希望

(一)發電量之迅速增加　欲求增加今之發電量，不外有二途：(1)以政府力量，由美國訂購機爐，機爐飛運來渝，裝置備用。惟機爐面積甚巨，是否能運，尚是問題。(2)自有動力之各廠儘速自謀發電，並以所餘電量售由公司轉供。凡此二者，仍以後者較為簡而易行，且易有效。公司數年來迭經詳列本市自有發電設備之各廠名及其可發電力量，以及可能轉售電量，呈請主管政府轉呈最高當局，分飭限期實行，聞現已蒙崇批准，仍望社會輿論一致催促，俾能早獲實現。

(二)燃煤與器材之趕速購儲　燃煤等器材問題之嚴重，以及亟待購儲之必要，前節業經詳敘。茲據估計，但求先將本年三月前本公司所有存煤兩萬噸予以購足，即需價款四千六百萬元。材料之補充，則需款達兩萬萬元以上，其須向國外訂購者，關於洽購手續及飛機噸位等，尤須仰求政府視同軍需用品，須賜籌，則方克有濟。凡此二者，亦經詳列表報，呈請主管政府察賜核辦。尤望社會輿論力為贊助，俾可速底於成。

(三)津貼不敷之補貼　燃煤為發電之主要成本，故電價向係隨煤價調整。本年三月煤又加價，電價則未準，故成本之負累益甚。

原請自三月份起予以補貼，但政府係核定自六月份起，其間三至五月三個月之虧損，仍然無法彌補，又據報載，最近核准增加之壹千萬元，係自十月份起，則六至九月四個月之不數部份，仍未解決，所有增加補助之壹千萬元，似應自六月份起，其三至五月每月壹千萬之津貼，自亦應一次予以補發，俾能稍資填補。

（四）國營與民營之平等待遇與一般官制

謹案國父遺教，民營事業原在政府扶植獎勵之例，惟現行官制辦法、國營與民營事業之待遇相距懸殊，已深受社會輿論之指責，即以國營之廠而論，既能享受平價物品之供應，復可豁免一切稅捐，成本電負担已較民營工廠大為輕減，照理對於效率方面，尤其是電價方面，原應具有示範之作用，以領導民營事業，至少亦應以較低之成本，發展較高之效率，并以較廉之價格供應社會，然按之實際，則大謂不然。譬如宜賓電廠二月份電灯價每度為十四元，電力價每度為七.六元，十一月份即增為電灯價二二元，電力價為二五.二〇元。自流井電廠二月份電灯價為十四元，電力價為十一元，十一月份即增為電灯三一.五元，電力三四.三元。貴陽電廠二月份電灯價為十五元，電力價為八元，十一月份即增為電灯

103-4

五、六元，電力價為五十元，而本公司之電價則自三十二年七月份以迄於今，已達一年有七閱月，電燈價仍為十元，電力價仍為五元，則是國營電廠不但無示範之作用，且較民營電廠價格波動甚劇，以較適之成本反出以最高之售價，已甚不平，且其價格之調整復毋須適遇若干管制，但由其直接主管之政府核准即可實行，則是政府之管制政策徒以重複限制民營事業，使其竭力彌賠，無從發展，揆之統制經濟之真諦，實亦不甚合理。今後擬請國營民營事業須受同等待遇，且須受同等之管制，俾民營事業可謀正常發展，以負起應盡之責任。

五、竊電之取締與黨政軍警機關付費辦法之實施

竊電之影響，前已詳叙，公司力量不及，似亦須政府加派憲警切實予以協助，俾可一面減少公司之負荷，一面提高國民之道德。前訂「黨政軍警機關用電付費辦法」係經約集各有關當局開會所決定，辦法甚為平允易行，尤望迅予呈請最高當局通飭實施，叢電前途實深利賴。

凡上所陳，均係犖犖大者。公司在事員工已竭其最大之努力，縱有萬難，亦無不全力以赴，惟望政府特予援救，社會加意贊助，俾保持此後方唯一之動力，而可繼續為國効力，以達抗戰建國

之最后使命。

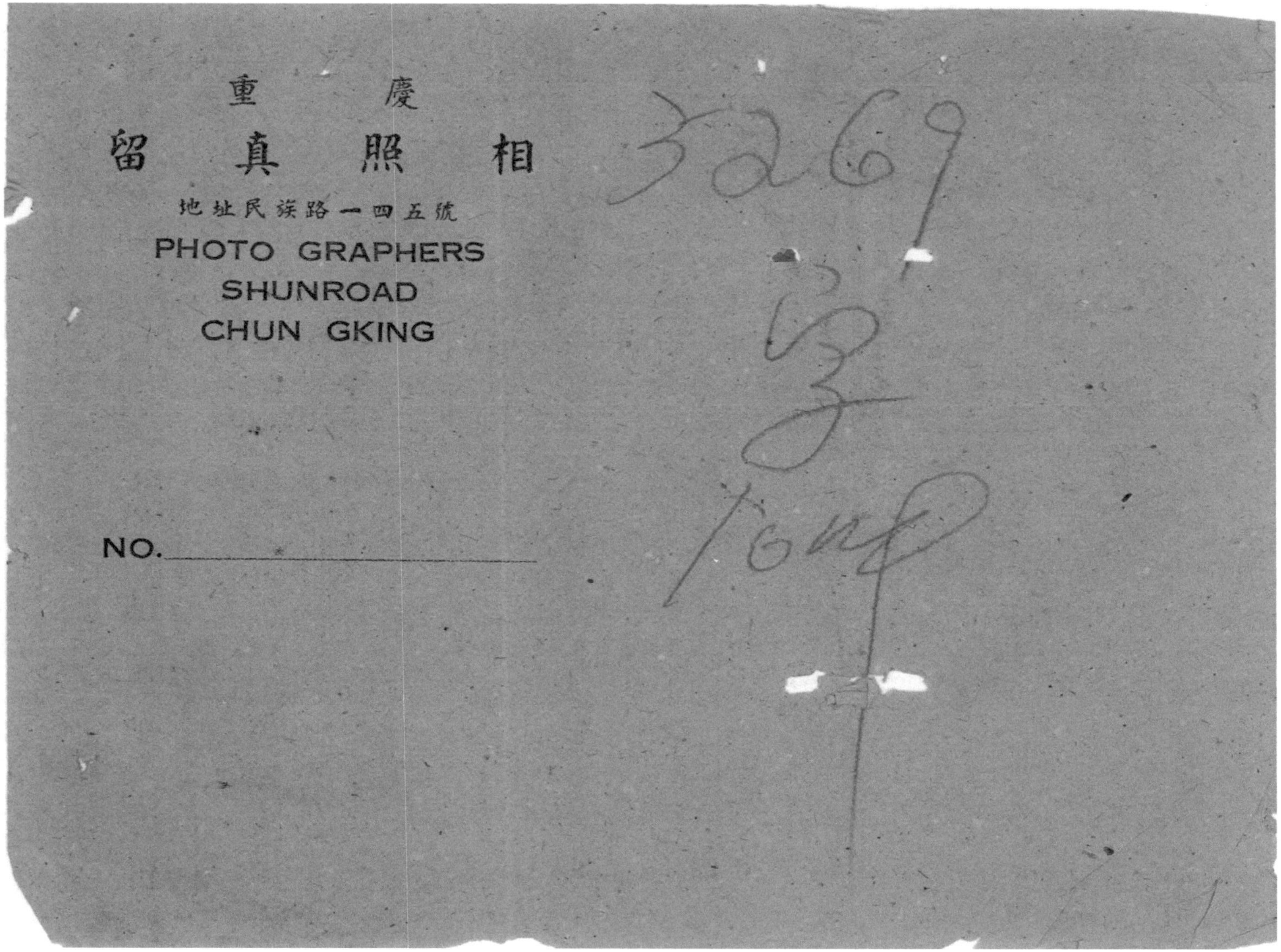

重　　慶

留　真　照　相

地址民族路一四五號

PHOTO GRAPHERS

SHUNROAD

CHUN GKING

NO.________

3269

重庆电力股份有限公司执照（时间不详）　0219-2-191

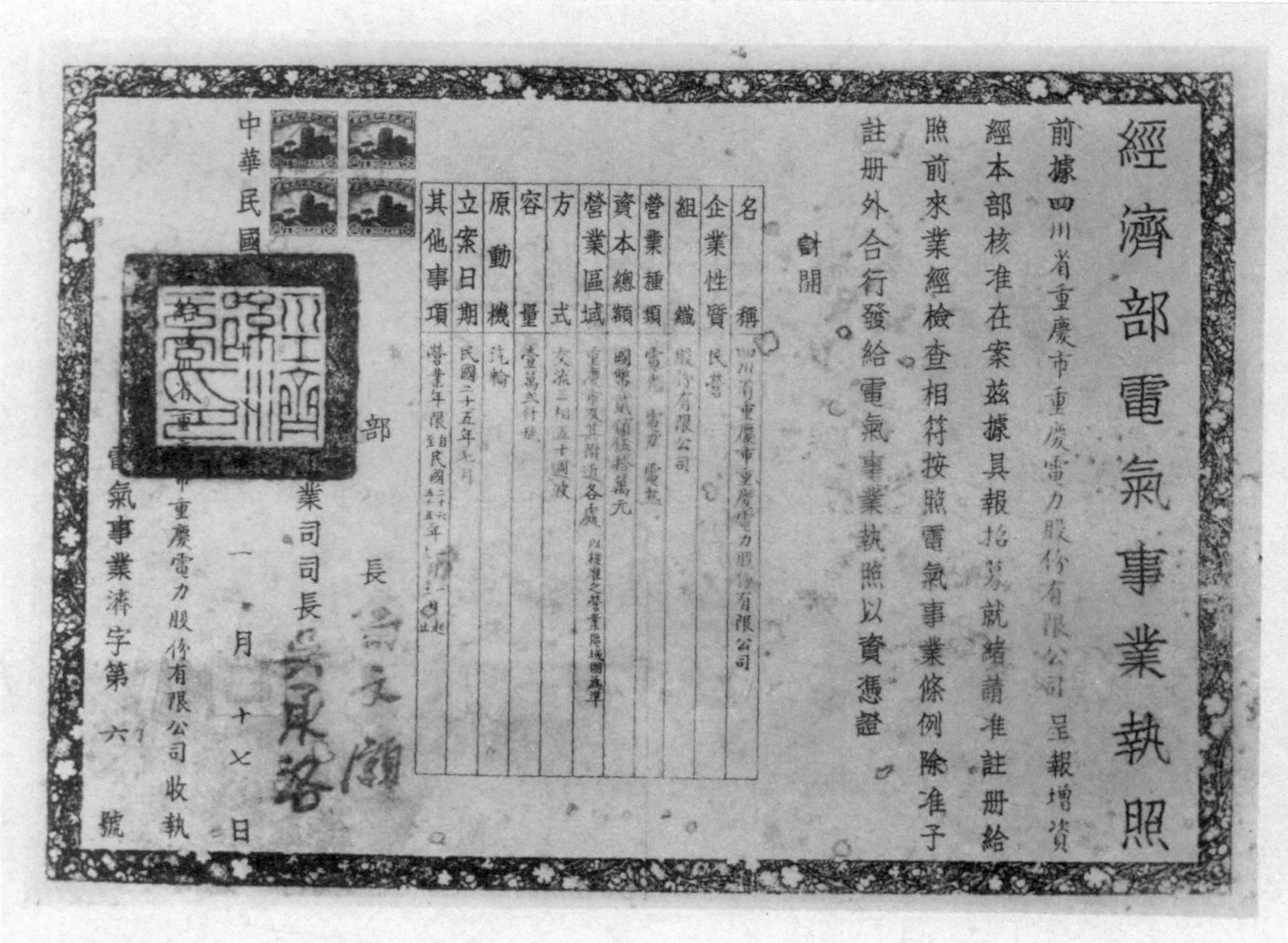

經濟部電氣事業執照

前據四川省重慶市重慶電力股份有限公司呈報增資經本部核准在案茲據具報拾萬就緒請准註冊給照前來業經檢查相符按照電氣事業條例除准予註冊外合行發給電氣事業執照以資憑證

計開

名稱	企業性質	組織	營業種類	資本總額	營業區域	方式	容量	原動機	立案日期	其他事項
四川省重慶市重慶電力股份有限公司	民營	股份有限公司	電光　電力　電熱	國幣貳佰伍拾萬元	重慶市及其附近各處（以核准之營業區域圖為準）	交流三相五十週波	壹萬貳仟瓩	汽輪	民國二十五年九月	營業年限自民國二十六年一月一日起至民國五十五年十二月三十一日止

中華民國　　一月十七日

部長

電業司司長

電氣事業濟字第六號

重慶電力股份有限公司收執

61

重慶電力公司當前困難及其請求事項

一、機器陳舊不勝負荷分設三廠管理不便開支加大成本增高非將三廠合併添置新機器增加發電量不足以減低發電成本維持供需由

說明(一)本公司原有機爐設置使用已逾十四年經晝夜不息消磨實已殘舊不堪再難為長期超負荷之供應(二)本公司設備原只敷三十萬市民需要詎本市人口超過百萬目前供需情形不敷約五千瓩(三)在抗戰時奉令疏散保護機器由一廠分為三廠管理既不方便人工費用亦比例增加為構成電費增高原因之一(四)第三廠遷移在岩洞內起水不便發電量較第一廠減少百分之十五耗煤反較第一廠增加百分之十又為構成電費增高原因之一(五)每月抄見電度佔發電量百分之五十幾除線路消耗百分之十五外其餘百分之三十以上俱為竊用本公司雖有用電檢查組之設置但並非執行法令機關可比取締至感困難竊電既不納費更無限制浪費電流又為[illegible]

61-1

電機負荷之一原因

辦法(一)甲、一二三四項請 貴會轉請行政院工商部將前允撥之日本賠償拆遷物資中之六千餘瓩電機三部，迅予提前撥給本公司。乙、在日本賠償拆遷物資電機未撥給前，請 貴會查照本公司本年三月十九日致 貴會代電，並為轉請院部將五千瓩電機兩部迅予撥借，俾可將三廠復合併為一廠，集中發電，藉減輕成本與市民負擔。(丙)最近資源委員會擬撥出日本賠償拆遷物資中六千二百五十瓩電機一部另建一川東電力公司，查新設機構既多耗財力，復多費時，且緩不濟急，擬請 貴會轉請院部將此項電機先行撥借與本公司，裝置在大溪溝現成廠址內發電，俟本公司日本賠償拆遷電機撥出調換，以解救本市電荒。

(二)第五項請 貴會大聲疾呼喚醒市民注意，提倡道德，使竊電問題在法治之外得到人治幫助，以收實效。

61-2

(二)物價煤價上漲太快影响電價計算并加重用户負担請政府援照京沪各地電廠成例對本公司需用之煤款一次核准貸放三個月所需採購之電氣器材外匯一次准結匯三個月以輕負担由

說明(一)六月份物價上漲太快一月數倍其中尤以五金電器材料與燃煤價格變動極鉅燃煤並係自七月份起隨米價漲跌百分之十自動調整七月初煤價為八百九十萬一噸至目前止各煤商已將牌價調整為一千六百三十萬元本公司電價每月祇能調整一次且七月份電價中生活及物價指數係採用六月份者中間相差過遠其不合理與賠累之鉅不難估計此種辦法如不速謀改善救濟短期即將無法維持而有崩潰之虞

辦法(一)請轉請行政院工商部援照京沪電廠成例對於本公司所需燃煤價款准予一次核借三個月訂購存儲以免受以後煤價上漲影响減輕發電成本及市民負担(二)請援京沪電廠成例對本公司需用之國外器材援照三個月所需數量准予一次結成外匯免致時價波動增高成本

重庆电力股份有限公司维持现状之意见（时间不详）　0219-2-116

62

D169

(B)

重慶電力公司維持現狀之意見

查自本年三月煤價變動後，公司電價未准比照調整，雖蒙政府核准自六月份起按月補助一千萬元，並儘量節省開支、裁汰員工，仍屬難以維持。實際虧損情形及種種困難問題，已蒙洞見查核，本毋待贅述。第公司前途發展之可慮、事關國防，不容停頓，是以不敢緘默，謹將急待補救並仰祈政府予以維持者點，略陳於左：

（一）煤價之補救：數月以來，為何補苴罅漏，以資挹注，一方燒用存煤，至三月以前，公司共有

十六

63

(二

平油僅敷一月之用，機燈配件，所餘無幾，尤多危險。且材料之補充，比之燃料猶多困難，須向國外定購者，固需時間，即在國內可以收購或製造者，亦不能即得。亟應尋即補充，以免青黃不接，大略估計約需貳萬萬元。（另有詳表）共須向國外訂購者，關於洽購手續及飛機噸位等，仍須仰求政府視同軍需用品，擊務提前速辦，期能濟急。

（三）供應不敷之補救：自本年五月第二廠一千噸鐵爐修復并向五十、五六、二廠購電，轉供水泥廠及南岸龍門浩一帶後，乃應輪流停電辦法，得暂行消。兹月以来，新户受政府限制，增加尚不甚多，但冬季用电，照较夏季为高。现二厂已满负荷，一三两厂亦过负荷，一厂负荷尤高，自昼至夜均超过微量，上夜须超过百分之二十以上发电。压已降至四千伏，如不设法补救，恐非恢复分区停电不可。现五十兵工厂之储供合同已满期，要求予润政府补助，并停止供给水泥厂用电，此至要由洽商，万一发生波折，则问题更为严重。而有第二十一、第二十四兵工厂及自来水公司等各有发电设备之厂家，拟请政府促其发电，以期配合。

山陳三縣，是其舉之大者。至於煤礦之購儲器材料之補充，均非有的款不可。現應付未付之煤款，尚有八百萬元，下月須遷移，預行遷移支一千萬元，自三月份起，職工薪津，折扣支發，茲政府令飭照補，計應補之數，截至九月底止，又需貳千四百萬元，其餘舊欠如何清理，急需如何應付，公司本身一籌莫展。但事又不能不办，乃舉經濟部分謹條陳救濟意見如下：

（一）彌補以前虧損：經大員考核後，三至九月實在虧損數字，不難明瞭。向例煤價調整時，電價隨予调整，并按煤价调整之月起算，现政府补助，係自六月份起，而有三至九月数拨数月，拟请一次予以全部津贴，俾可筹备一部份燃煤及补充一部份材料。

（二）酌加以资补助之，俾大众者获悉，实需发电成本，亦不难明瞭。公司本身不图获利，但求对于国家有所贡献，希望能按其实需成本，多数贴些，俾得勉图维持。现在电力电价已超过电灯电价，一为生产，一属消费，似电灯用电，应亦照收调整费。至其调整费之基数，祇照按煤价

65

（9）

且煤價調整費與其他器材及有關管理費用之一部物價、同時亦上漲，故原定調整費之基數擬請酌予提高、前往設為一角、電力與電燈一律辦理、則電價可以不加，亦不必另由政府補助。目下電價兼於任何燃料，故除混費電燈而外、並有以之煮飯煮水者，並施以電查亦難周，似亦宜予糾正。開原由公司供電之已縣電力公司區域，由該公司供電後，該收電力二十五元、電燈四十元，同需民營者並能否採照補助辦法之原則下，對於公司之電價、擬請查明予以考慮。

(三)协助取缔窃电:公司抄表度数,约为发电度数之百分之七十,除线路损失与自用外,即以百分之十计算,每月损失即达四五百余元。公司于本年二月加强取缔组织,办理以来,虽稍有成就,但距离理想仍远。窃电用户,可分为二:一因限制新户不能正式装表,而窃电者;照目前供应情形,酌予限制,诚非得已,但用户自用,徒增窃电而已,故要配合工厂用电时间,[illegible]窃电皆将开工时间提早,其他必须二十四小时继续用电者,至上灯时停止用电,则灯力兼顾,限制政策,即可取消。另

66

（七）

一方憲軍警與部隊機關、每藉詞經費無着、不得不節用、有責不付費者亦有、此盡係代政府負擔、前曾洽商政府加價、附加價、但公司力之和諧及擬請政府切實予以推動、或由憲軍警主管機關統籌劃由政府貼補、以維商艱。

（四）請求豫納稅捐：公司以連年虧損、迭往呈請免繳營業稅、以公司并非公營、請爰不遂、實則公用事業、不以營利為目的、同受政府管制、公營私營、并無差異、前因現已虧損至不克維持、擬請特准於抗戰期間或未有盈餘以前、緩征營業税、免再增加损失、垒累国库补助、以符政府维护之至意。

（五）增加周转贷款：公司前以周转需资，曾呈请政府转函四联总处，将煤、铁器材、油料抵押借款增加一千五百万元，全部资产抵押借款增加二千万元，本年复须俟添英美核准再筹。现在储煤、储料及偿付积欠等，所需更巨，除筹一项拟请政府予以贴补外，所差尚巨，平时周转，尤亟请饬拟请迅予转商酌先增贷四五千万元，藉济急需而纾喘息。

67

（六）

（六）提高技薪数额：现在若不提技薪数目，遵照政府规定月得二十万元左右，而随时不添补之器材，其价格无不万千倍于从前，此时照此入帐，虽争一了物价平复，即将负此万千倍之损失。第有机炉等各种设备，经抗战以来日久不敷之使用，与敌机连年轰炸之害损，实已告达其经济之寿命。若不特许提高其技薪之数额，则为每月二十万元之数字，绝不足以购置新机，延续营业，将为必然之事实。故拟请政府鉴念其对于国家不无贡献，与其他工厂

情形不同、特許提高其折舊率、至必需之數字、
假定爲原核定之二十倍、以延續公司之命運。
如上所述、仍不過爲臨時救濟之辦法、期能維持
一时、勉爲國用而已。目下負債已達八千餘萬元、
動用電表押金、電費保證金及各種準備
等約八千餘萬元、現在應付未付之煤款、應發欠
發之薪工、又逾三千萬元、一面又須急予購儲燃
煤、補充材料、而原有設備、則損已達其經濟
之壽命、故公司本身實早已至不堪設想之
地步。爲何使其克負使命、爲何使其彌補虧

68

（x）

然更為何使其有遠債之力量，勿任充期當用電之户多負其費用，準酌協調整電價，而外似祇有仰望政府贊予貸金、寬其補助而已。謹陳概略，

伏祈

垂鑒。

附件

臺灣電力公司臨時維持委員會

重庆电力股份有限公司近况（时间不详） 0219-2-116

87

重慶電力股份有限公司稿

送達機關	
事由	新聞稿
文別	
附件	
總經理	月 日
協理	月 日
主任秘書	月 日
秘書	月 日
文書股主任	
擬稿	百雪
卷號	
收文電字第 號	
發文電字第 號	
會章抄送	
民國三十一年	
繕校	月 日
用印	月 日
封發	月 日
歸檔	月 日

重慶電力公司近况

記者以本市電力問題日趨嚴重近且實行自十一月十八日起分區輪流停電又輒告有臨時停電情事關係國防工業同用必需生產及市民生活至鉅特走訪電力公司負責人承告該公司近况及標準用號

情形甚详，兹摘录如后：

一、机器设备　该公司现有[illegible]四千五百瓩[illegible]　在抗战之前，根有二千瓩之发电[illegible]

於廿六年[illegible]西来[illegible]协进委员会[illegible]宝生[illegible]廠之原动力[illegible]

[illegible]二千瓩机[illegible]十年[illegible]廿[illegible]五[illegible]

國府西遷，工廠內移，[illegible]增[illegible]料，該公司[illegible]

廠又[illegible]一千瓩機爐一座，現在[illegible]電[illegible]

之發電容量共五[illegible]，係民國廿八年夏向英廠定製四千五百瓩機爐一座，[illegible]國

一萬一千瓩[illegible]設於第二廠[illegible]一千瓩

[illegible]路[illegible]

機器之[illegible]損壞[illegible]零件[illegible]運[illegible]　[illegible]

故現在發電力

[illegible]僅一萬瓩[illegible]第一廠之四千五百

瓩機[illegible]本[illegible]有[illegible]

繼續[illegible]年[illegible]

目前各廠[illegible]

83

为修理第三段救炉将紫初发力量消耗
机场长期使用毫无休息日前凝汽器发生
障碍致停电即修理职工不及待锅
炉汽压[illegible]即排出二千度高热下[illegible]爬入炉
中工作每五分钟须换班[illegible]其非常艰苦[illegible]
于轰炸后抢修复电拟前者堤没炉身[illegible]
人知反以为怨也除定期修理外临时发生故
障之事或停供一部份电流即予快速修复

84

務隆不及先期叙報者，蓋以用户諒解，職工協助所賜也。

該公司於二十八年向英廠定購四千五百瓩機爐一套，鍋爐運抵海防，機器在英製造，均未能運入。最近中國汽車公司雖以存昆一千瓩機爐轉讓渝市，近聞亦未實現。本市自有現電設備之改良，多不能自行發電，存渝機爐運達之五年之久，亦只以謀積極擴置，遂致電力

185

無法增加用戶又復日有增加營業之廠擴充設備不予供電阻滯生產殊予供電之勝負為狀之若莫逾於此之線路設備該公司我常供電區域甚~~小模樣設備本市所需供電材料非不相當~~附存戰後在用戶要安裝續擴充今日線路已達數萬以新用戶磁器由上饒（摘去存備材料非不相當的缺乏）張家溪李家沱大興場寸灘附近茅溪等處市區線路達

86

設法遣將機械之材料早經用盡，已向國內外購買，無如交通梗阻，運輸困難，……
已向四條線路所經之新疆省各商號購買材料等
而運中間須經國內各省，貨品購買時均有限制，……
全公司職工仍於極端困難下力求從電繼續安
全，已收獲相當效果。
三、燃煤問題　該公司月需煤斤約八千噸
浙路段以往不敷，本同乃合礦……運費不……
庫無存煤，隨到隨用，煤船偶有延誤，停
電待煤，運到之煤，石頭多，水份……

87

拟三[illegible]电之[illegible]因[illegible]为不时[illegible]

盖因[illegible]电量已不能[illegible]往日黄昏而以同之

加煤生火而火成烟，烧毁之锅炉电压减低，[illegible]常……

运输不灵，电灯路线年老失修，而运煤船只

沿途舞弊，以水沙青石易煤作和炭煤为

统制之物，该公司又不能逐船押运，因之

蒙受不利，公司亦觉进不由己之也

解决电力问题 拟三月前电力不敷之严重问题，[illegible]绝对无法

申请节约用电，[illegible]张少力，常常电用户[illegible]

[illegible]解决事 本月[illegible]请求要有自备原动力之工厂

主任组织[illegible]对于[illegible]电取缔[illegible]收到相当效

能否电力供[illegible]应须协助借给市电[illegible]之工厂

[illegible]惟劝勤用电附同取缔，广告[illegible]当[illegible]

[illegible]停电 邻[illegible]

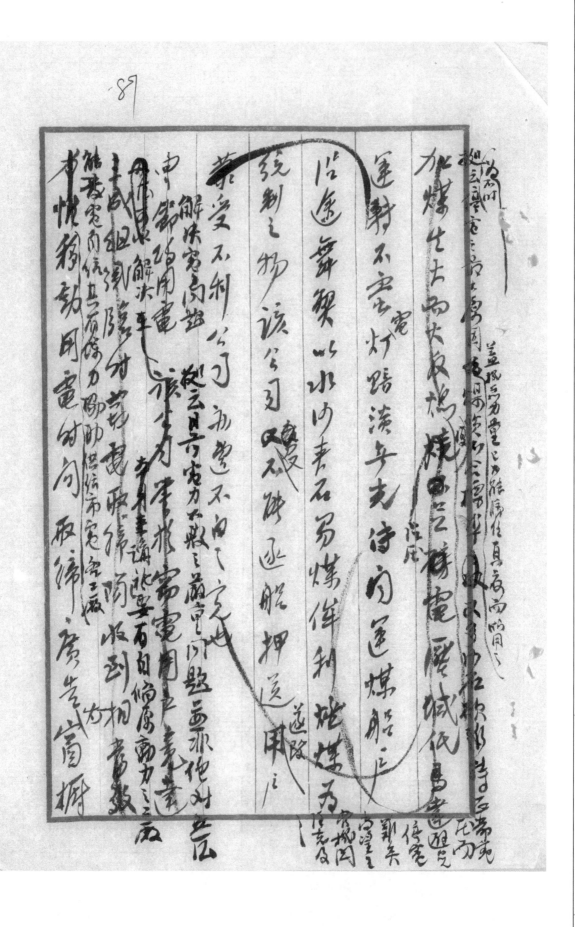

88

姜市長[illegible]密[illegible]
炬電炬電燈及甲支以上燈泡等項辦法[illegible]
各廠所需補充[illegible] 辦法 所缺二
由陳[illegible]市政府商令函中 紗布[illegible]
計開[illegible]
[illegible]便 线迅輔院[illegible]即可取銷清 供給[illegible] 全市用戶[illegible]
為荷
[illegible]電[illegible]

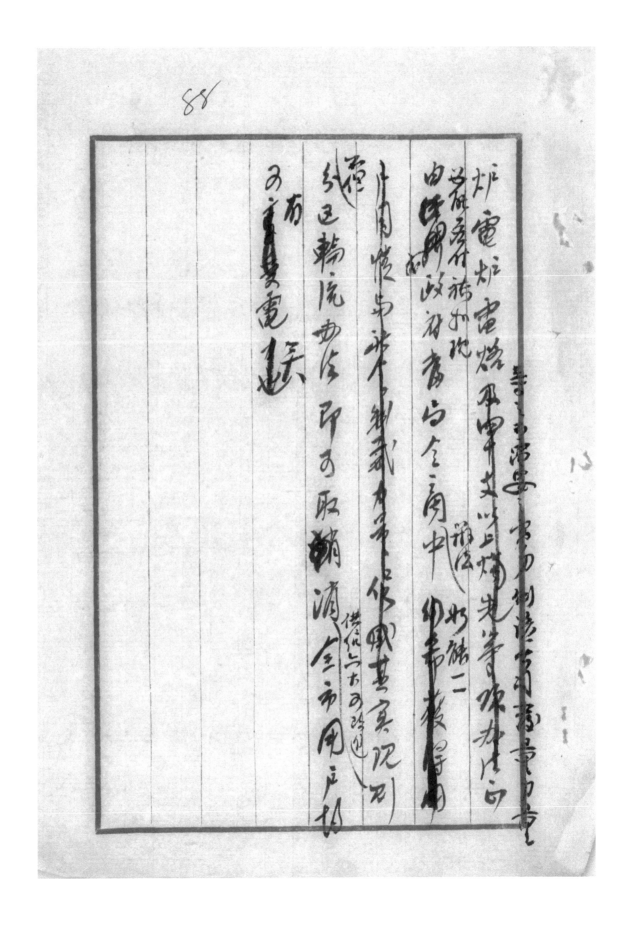

重庆电力股份有限公司应请加级各员姓名表（时间不详） 0219-1-14

015 002

重慶電力股份有限公司竊電取締組

茲將考績應請加級各員姓名列后

督察員 周靜誠 乙級 二九年八月

陳洪奎 乙級 二九年十月

書記 許映槐 乙級 二九年八月

庶務 陶純武 丙級 二八年六月

副組長 王蘊生

四、一六、

重庆电力股份有限公司办理重庆市水电整理方案经过及提请注意事项（时间不详） 0219-2-270

F00078

重慶電力公司辦理重慶市水電整理方案經過
及提請注意事項

查本公司在本年五月下旬奉 重慶市政
府令發本市水電整理座談會紀錄飭即遵辦等
因查原方案共計四款十五項就中有關本公司者十
四項經分別辦理一月以來有已辦理者有已進行者有
遭遇困難者謹分列經過整理工程業務會計等諸
部門并分別項目加具說明以供
參閱其有未盡事項當陸續列報時值
現因本公司處於責任之重大各項生產端

藉電力發動所有一切措施均以建設為前提

俾集

鈞察是幸

（甲）經理部門

（一）關於人事擘備之準備

本公司在抗戰以前各部發電機爐全置大溪溝廠房因管理方便應用發電工人自力於現時迨抗戰軍興國府西遷本市驟形重要本公司僅有機爐四座又為保存軍工生產之最大發電力量避免為敵機轟炸作全部之犧牲嗣奉令疏散乃將

2

四千五百匹机炉一座暹罗鹅公岩将一千匹机炉二座暹罗南岸弹子石均新设厂房另立机构因该厂管理技术之关系人员材料既倍于当时加之廿八九卅年被轰炸频繁抢修之作因轰炸而增加员工亦因抢修而加多当时电流之未中断生产之未停顿实由全体残之军明大义奋不顾身所致现在抗战胜利入于平时状态自应减少员工以节财力惟数年来附员仍多机陞生活又复激涨扰攘不宁外方无因裁减酿成事态本公司有鉴于此故不惜忍痛尽全力裁一人即为社

會減少一分動盪，非只去裁減之可以減少負担也，鳥盡弓藏，大使同類增悲，兔死狗烹之悲，集更非所以激勵將來。因種舉措皆独有五方所營謀前年辦理方第乙款一三兩項關本公司將現有員工人数裁減五分之一節究竟消耗于应敷辦理依限之個月以内办竣查兩項揆之實有相互為用之密切關係，節電辦理猶記錄工作將數倍於往日，人員亦將大有增加，殆竟蹈事如以一項裁減之人挹注於三項應加之員，不但收駕輕就熟之效，且可減少社會上之動盪，一舉實有兩得，本會之改正呈明，亦有再着手進行，此即本公司對員工之保障办法也。

3

（二）办理优待职员子校用电经过

整理方案丁款一二两项规定优待职员学校用电关于一项详细计算用电数量本公司已拟具办法「照每安培计算每安培每月用电在十度以内者依丁款二项规定照普通电价三分之二付费每安培超过十度以外者超过电度照尖峰电价付费」办法公允本公司已尽最大牺牲兼已报请工务局核夺办理关于二项优待付费办法本公司已自本年一月份实施中向净三分之一由各职员子校付现三分之一由本公司优待外

生时二分之一，原案规定请中央补助本公司，已具呈市政府请于每月月终准由公司照列表实价请市府先行照数拨付，再由市府转请中央拨还归垫，藉省时间而资维系。迭经呈恳，迄未奉复。上项记帐电费（已五月份）已达三亿余元之多（原方案甲款九项嘱本公司应以市府政府补贴数字为限，迄今已久，但分文未蒙补给，且其唯钦之文案已宣佈），本公司负债至钜，应付之款如煤炭、子金、换电费用，均属刻不容缓，断难长久记帐，应请代为催促，以资维持。

又本公司换置兵工署各兵工厂电流转供市用，换电中亦有百分之十转供抹实平校使用，上项优待办法自应适用于换电工厂，除已电请市立

5

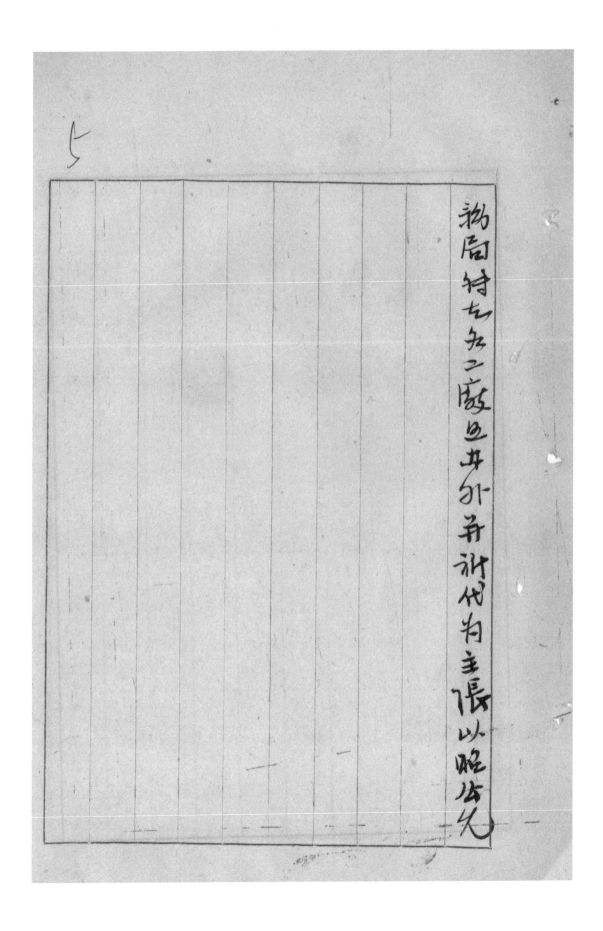

務局特七九二廠退出外并祈代為主張以昭公允

機関学校用户應收三分之一燈費數字

1. 300,000.00 × 507.90 ÷ 3 = 50,790,000.00

2. 300.000.00 × 507.90 ÷ 3 = 50,790,000.00

3. 300.000.00 × 587.90 ÷ 3 = 58,790,000.00

4. 300.000.00 × 719.90 ÷ 3 = 71,990,000.00

5. 300.000.00 × 719.90 ÷ 3 = 71,990,000.00

共計 $304,350,000.00

送呈

董秘書辛甫

重慶電力股份有限公司 業務科

6

（ ）賠償說明

本公司一秉為國家為市民服務之精神不惜
犧牲抗戰時其現時与將來其繼其保全責
任甚大非有高度之人力物力不足以因應事機
當惟自抗戰以來物價激漲本公司所需器材
之價格每天翻倍當時并且擴編不而往往以
購以其一藉免停頓消耗因之加大損失隨同
增多而本公司之價格則受政府之不公平管
制致使入不敷支月、舉債維持迄至目前
負債達　　億元以本市為公用事業政府

就電價格而論，目前均在萬倍上下，而本公司之電價則為戰前之一千九百二十倍，公司最主要之燃煤項漲價，又據各煤礦公司迭告，上月增加一倍以外，且本公司本月開支又增十倍以外，電價如再不亟調整，以資收入，即全部估付利息、煤款亦將不敷，勢必入於停頓，事實所趨，並非危言聳聽。事雖至大，不能不預為指明，特請注意也。亦並將電價與其他公用事業價格作一比較列表（附表〇），以附本公司員工待遇，除津貼外一切均屬自理，從之其他公司供給員工食宿與年節給各種獎金

7

仁息者誠与比較且自緊急方案实施後员工薪津即
未调整自生活指数解除以後物价又上涨数倍政
府之動態亦增加四倍以上与等之薪給而数目等
之生活窘势不能可以想见本公司员工迭请调整
薪工亦属事理所必指瞻区区情势所誠能環顧處事
实更应请区处者也

F00018/7

（戊）窃电部门

（一）窃电损失

本公司电流因供给全市照明及生产动力使用，以发电量仅只一万一千瓩，连同购买电流不足一万五千瓩，而实际需要已超过上数，为顾及军工生产及重要用户，遂受工务局之管制，凡新装用户均须按准指导安装，普通用户因办理困难，于加之物价日高，窃电之风逐日以张，以五月份而论，本公司售出电度（及损耗度数）为（64980039），抄见度数为（38915000），自用电度为130888，实际被窃电流为

60
579.9
80.0
719.9元

（369579）致此當月份之被電供應度（五十之火）七百九十五元七角

供國幣五百七十九元九角而計共損失電供國幣（共十六億四千二百九十九萬零七百九十五元三角）

七億八千五百五十三萬三千二百八十七元五角為數實

大此種竊電不但為本公司之損失抑亦社會上

之損失也

（二）竊電種類

竊戶為避免查覺其竊電所技巧約分數種

①無表用電　在接戶線或供電線上私自

鉤接俾利用竊電轉售他人有[illegible]夜間臨時鉤

接白晝不易發現者有在白晝竊亦不避者

②有表窃电　在电表以外另接火线直达室内灯线窃取电流（于使用时临时取下）须为不易发觉

在表面上为有表之户，当用户实际乃属窃电

③技术窃电　（或）将电表大门封印毁坏，拆验进出线接头，使表逆转（减少电表度数）；丑、（或）将进表电流线接进电壁线圈之电流线，将接头铜件驳脱（或剪断、拆除），使电表不转，大量窃用电流；寅、在进火线与出火线之间两端搭以铜件，使部份电流不经过电表而窃取电流，（以及）其他利用换线及电气工程上（之）技术窃电者种类为多

④以电力线接用电灯　以电灯线接在电力表

線路上用電換取附壓電費

⑤強用電流　為強有力之戶無限制在線路上接用電流者任意竄，雖有軍警在場亦無法取締，實除動手搶用

（三）取締辦法

由公司組織用電核查組專負核查竊電之責，并在公司所屬各廠各辦事處設立分組，分1、臨時核查與2、經常核查。核查時由公司派出之技術員工會同憲警保甲人員持憑核查證件然後前往核查。

1、臨時核查　經人密告竊電者本公司一經接到密告立派人員前往核查

10

丁、经常检查　由各组宪警员工分别区段巡日区段详细普查

（四）遭遇困难

本市窃电已成风气，虽有经常检查之组织，但以法律关系，检查时人员过多，容易走漏消息，窃户闻风即自动取缔，在检查人员走后又复窃用如故。又有强有力者强取电流，即宪警在场亦不接受取缔，因而发生殴打伤本公司员工者已有多起。本公司受窃电之损失之大已如一段所述，应请有有效之协助，减少公私损失为幸。

（五）今後辦法

竊取電流者不為有效制裁，不但使用戶遭受黑暗，而本公司亦將因虧累過大而致無法維持。今後決擬擴大用電檢查組織，以冀竊電減少，或已全無。就中增加人員一項，已在籌備，人事中所決定，就本部內立緊備者，擬調於擴大用電檢查部門，以收駕輕就熟之效。其辦法如左：

子、聯合憲警自治人員擴大用電檢查組織

11

丑、劃全市為十八區域，分區組織檢查小組

寅、分區分組肅清區內竊戶

以上數項由本公司令飭對竊電取締之加強

辦法，其他細節正研討條陳為禀

匡正是幸

12

每月被竊電量：

約二二96308度（上數根據四月份輸出電度5072525減去自用電度（二二2887及3743210兩項）

竊電種類：

1、無表竊電、2、有表竊電、3、技術竊電、4、以電力線接用電燈 5、臨時用竊流

取締辦法：

由公司組織檢查單位定名為用電檢查組再由各廠各辦事處各組份組專門負責查驗用電工作并於每日

13

由技術員率同工人及軍憲警沿街巷檢查并另懸賞報專
程檢查如查獲屬實即根據其宅內電氣設備逐一登記
於後照其竊電量之多寡以每日六小時計算自查得之日
起回推一年照現行電價標準補償電費

取締上之困難：

如遇軍警機關竊用電流根本無法取締即使能進其門
而與其主管接洽每表面接受陽奉陰違待檢查者離去
仍繼續竊用如故甚有不服檢查毆打檢查員工者尤無法應
付之

緣因竊電成風並之於查得後又無法律上之制裁故

重慶電力股份有限公司便箋

16

無數市民皆毫無畏懼，每就便取巧私接燈綫，甚有轉售他人，不能經嚴格取締，照此不啻為一時違守失職，大不往〻核查明後再行接用，甚有將該如此不檢查人員甚以為苦

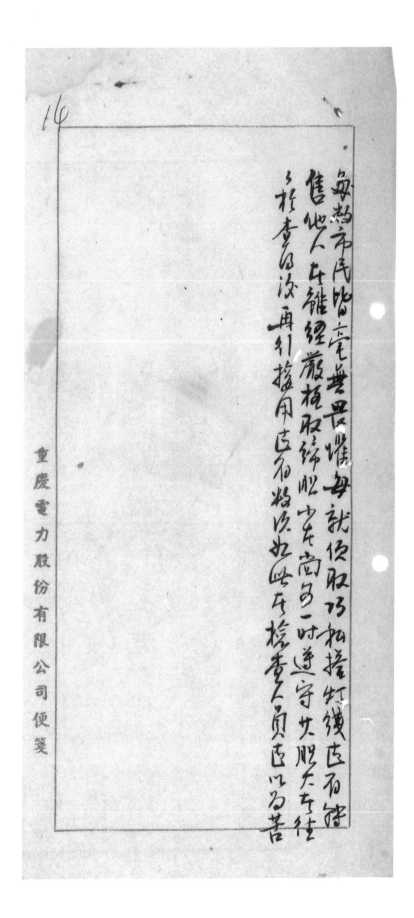

重慶電力股份有限公司便箋

15

會計部門

（一）收支情况

公司電價因受管制收入幾成固定而需用之燃煤五金器材不問公價格如何發電所需均屬不能減少致使收支失其平衡每月不敷之款約計九億餘元中向渝追收電費外完全舉債以應物價波動日增不已今後尚有增無已截至本年六月負債達三十三億四千餘萬元之多（參看附表）。全向國家銀行同地方銀行息借而來此種困難情形至目前尚屬無法

改善

（二）弥补办法

公司负债之钜已如上段所述，举债维持经费，饮酖止渴，原非得已，故求更生实非增加收入减轻负债不可，开拓收入来源应从增加一电价入手，目前电价之廉已如（电价问题）一节所述，应将不公允之官制办解放核计所需之燃煤、五金、电气材料、薪工、呆帐、折旧等之实际[redacted]开支，本乎以合理调整，使收支平衡，下法挽救崩溃，其次应请四联总

16

放大借款金額，俾在緊急當中有活動支付，不受行莊高利借貸威力苛索者，事乃屬解救之方。俾已定請四聯依照外，尚冀代為呼籲是禱